JN318016

この身が灰になるまで

韓国労働者の母・李小仙の生涯

呉道燁
村山俊夫 訳

緑風出版

지겹도록고마운사람들아
이소선여든의기억
by 오도엽

Copyrigh © 2008 by OH DO YEOB
Japanese translation rights arranged with
OH DO YEOB., Korea

JPCA 日本出版著作権協会
http://www.e-jpca.com/

* 本書は日本出版著作権協会（JPCA）が委託管理する著作物です。
本書の無断複写などは著作権法上での例外を除き禁じられています。複写（コピー）・複製、その他著作物の利用については事前に日本出版著作権協会（電話 03-3812-9424, e-mail:info@e-jpca.com）の許諾を得てください。

プロローグ

李小仙、語り始める——

二年前だったか……多分、私が遺家協（全国民族民主遺家族協議会）の事務室に暮らしていたのを、全《チョン》泰壹《テイル》記念事業会に部屋を移したのは。ある日、見たこともない男がうろついてるのよ。その時は黄《ファン》晩鎬《マノ》が記念事業会の事務局長をしていた時で。そいつが仕事もしないでごろつきみたいに、うろうろしているから、一体誰なんだと聞いたら、記念事業会で働いているんだと。それに全泰壹文学賞を二回ももらったっていうじゃないか。ずいぶん欲の深い奴だと言ってやった。何でまた賞を二回もやるんだよ？　すると一回は詩で、もう一回は何とかでもらったんだと。どっちにしても一度やればいいものを何のために二回もやるのかって言ったんだよ。

顔は真っ黒に日焼けした上に、髪の毛は長たらしくして仕事もしないでうろついてる。あいつ仕事しないのかって聞いたら、それでも仕事してるんだと。あちこち行ったり来たりが仕事なんだって黄事務局長が言うんだ。まったくおかしな奴がいるもんだと思ったね。それで一度は「ごろつき！」って呼んでやったんだ。すると自分でも「ごろつき」だって言ってまわるから、悪いことしたかなって思ったよ。これからはそんな風に言わないから、悪かったよって言っても聞きゃしない。

こいつがひまさえあれば私の部屋にだしぬけにやってきては、昔の話を持ち出してあれこれ聞こうとするんだ。「ほら、朴鐘哲《パクチョンチョル》が死んだ時、あの時何をしてました？」とか。そんなこと知ってどうするんだ。そうしたら、いいから何してたかだけ、ありのままに話してよっていうから、おまえは刑事か？　今尋問でもしてるのかって言うと、自分は刑事みたいに調べれば何でもわかるんだから、本当のことを話してって。まったくあきれた人間もいるもんだよ。

ところが、こいつが家にも帰らないで事務所に泊まりこんでいるんだ。そうして夜になるとこっそり部屋にやってきては、根掘り葉ほり聞きただす。私は清渓《チョンゲ》労組（清渓被服労働組合）の頃から、夜になるといろんな人たちと話しこむ癖がついてしまっていたから、なかなか眠れないんだ。四十年間の習慣だから、眠れない夜の間、「ごろつき」を相手にあれこれと話してやったよ。

一度話し始めたらちゃんと終わりまで話さないと気が済まないから、明け方の四時くらいまで座って喋ってると、そいつは横で寝ころぶんだ。何だこいつは、寝ちゃったのかと聞くと、びっくりして起き上がる。また話を続けるとそのうちまた横になって、寝たのかと言うと、寝ても聞いてるから続けてくれって言う。それでも喋ったことは全部知ってるから驚いたね。見るとそいつの横にタバコよりちっちゃな箱が置いてある。携帯でもないし、これ何だって聞いても教えないんだ。腹をたてても らちが明かないから、そのままにしといたよ。こんな奴は初めて見たね。

ある日、事務所に行くとコンピューターから自分の声が聞こえてきたよ。この間の晩に話したことが。あのちっぽけな箱は録音機だったんだね。だから私が夢中になって話している間、あいつが寝ていてもみんな知っていたっていう訳だ。何で録音なんかするのかと言ったら、私の覚えていることを今、集めて置かなくちゃ、後で聞こうと思っても聞けなくなるかもしれないと言うのさ。歳をとれば忘れてしまうから。

確かにもうすぐ八十になろうというのに、一体今まで何をして生きてきたのか、自分でもわからないことがある。自分なりにどうやって生きてきたのか考えなくちゃならないときだとも思ったよ。だけどこうして話をしてみると、つくづく自分が情けないと思うね。よくやったと思えることはひとつもなくて、だめなことばかりで。そう言ったら、だからって今さらどうにもならないじゃないかって、こいつが憎まれ口はよくきくもんだ。

それでも自分が文章にしてみるんだと。自慢できることもないのに何を書くというんだい？　そしたら、だからこそ書くんだと言うんだよ。

考えてみたら、そんな自分を大切にしてくれたたくさんの人たちがいたからこそ、今まで生きてこられたんだから、その人たちに有り難いと伝えるように書いてくれと言ったさ。小説みたいに書くんじゃなくて。

話をしてみると辛くなることもあるし、良かったと思うこともあったよ。

泰壹のことを話すと、三日間は苦しくて寝こんでしまうんだ。でも話し続けたよ。今話しておかなくちゃ皆忘れてしまいそうだから。胸が張り裂けそうになれば讃美歌も歌ったし、お祈りを何度もしたよ。こうして話し終えると、何だか気持ちが楽になったような気がするね。

「ごろつき」には人に辛い思いをさせるようなことは書くなと言ったよ。ただ皆に有り難いという気持ちだけを書いてくれと。自分の情けない姿を描くのは構わないけど、書いたことで他の人が変に思われるようなことは書くなってね。自分の喋ってきたことが本になるっていうから、今さら止めろとも言えないし、誰にも読まれもしないものを書いたんじゃないかという気もするけど……。

ともかく皆にお礼を言いたい。私の話したいことはただそれだけです……。

李小仙の声を書きとめる――

李小仙《イソソン》に会うために全泰壹記念事業会に行ったのではなかった。黄晩鎬事務局長に会いに行った。季節の色濃い秋のことだった。よもやま話をして事務室から出るとき、李小仙オモニが少し前から下の階に暮らしているから挨拶していけと言う。そのまま挨拶だけ済ませて帰ろうとすると、彼女がドアの前まで見送りに来た。集会場で赤い鉢巻をして毒舌をふりまく彼女を思い出して、早くいとまごいをしようとしていたところだった。

「またお目にかかります」「まただって？　あと一、二年でも生きられると思うかい。これが最後だよ」。これが最後、という一言にふり返った。初めて李小仙の顔をまっすぐ見つめた。その言葉は九十を越えた祖母が、二十年前から言い続けていた決まり文句だった。正月に挨拶をするたびにこれがお前たちから受ける最後の挨拶だ、と孫たちに言ったものだ。祖母の言葉がそのまま李小仙の口から出るとは……。今、ドアの前に立つ人は、全泰壹の母でも、労働者のオモニでも、労働運動家でもない、ただの李小仙、まるで私の祖母のようだった。

あと、一、二年でも生きられるか。これが最後だという李小仙の言葉に私はそこにとどまることになった。彼女には内緒で、録音機をつけて夜から明け方まで話をした。いや、彼女は話をして、私は居眠りをしていた。寝ると、今寝てるのかという声に、目を開けて、いいえと言いながらまた目を閉じてしまった。

彼女はよく見えない目で米を研ぎ、ご飯を炊いて屑菜でみそ汁を作り、ホウレン草を和えて食卓を整えてくれた。私がいつも腹をすかせているのではないかと心配してくれるのだった。遺家協に出かけても食事時になれば電話をするか、戻ってきてご飯の支度をしてくれた。一度スープを作れば一週間は食べられるほどたっぷりとこしらえた。少しあればいいのにと言うと、清渓労組の頃からの習慣でつい、たくさん作ってしまうのだと言う。味はいい加減になっていた。スープをすくって飲んでみると、すぐわかる。ホウレン草は苦いだけだ。黙って食べればいいものを、口は軽はずみにものを言ってしまう「何だか変な味だなあ」。李小仙はため息まじりに言う「どうしたもんか。歳をとったら味もわからなくなってしまうんだから」。

李小仙のことを書きながら、李小仙から逃げたかった。自分の心に住みついた李小仙を遠ざけなければ思うように書けないのに、彼女の痛みがそのまま自分の痛みになった。それでずいぶんひどいことを言ってしまった。

「書き終わったら行ってしまうんだろう」「じゃあ、ここにいれば食べさせてくれるんですか?」「いつ行ってしまうのさ?」「知ってるでしょ。僕が明日何をするか考えながら生きてるわけじゃないって。いつ行くか自分でもわかりませんよ」。彼女を辛くさせるとわかっていながら、こんな言葉がためらいもなく口をついて出てくる。この本が出たら、自分はどれほど自由になることができるだろうか。

李小仙が一日に飲む薬は、自分が一日に食べる飯と同じくらいに多い。薬だけ見れば総合病院のフルコースだ。彼女の言葉通り、これまで過ごしてきた歳月がどれほど苛酷なものだったか、その体を見ればわかる。これまで五百日の間、李小仙が作ってくれた食事を口にしながら、その体を隅々まで見てきた。わざと淡々とした態度で、語ってくれることを書きとめようと努めたが、時にあまりにも痛ましくて辛くなると、筆を進めることができなかった。

夜は自らの内面を顧みる静謐の時間だという。だが、李小仙の夜は、懐かしい人々、胸痛む人々を呼び出しては語りかける時間だった。どうしているのか尋ねてみたり、会いたいと言ってみたり、済まないと言うこともあった。その夜に、そうやって慰められたいと思う誰かに向かって、独り言のように繰り返される話を書き写しながら、自分が伝令の役割にどれほど忠実だったのかと振り返ってみる。ずっと心に持ち続けた八十年の記憶の中で、世に明らかにできる言葉だけを集めてまとめた。秘められた話の方がずっと多いのだと思う。だが今は言わなくても、やがて時が来れば、おのずと知られることになるだろう。欲を捨ててその時を待つことにしたい。

これまで自分は「人間の歴史というものは忘却に抵抗する記憶の闘い」だという考えで口述作業にたずさわってきた。人々が語る記憶は多少なりとも飾られることがある。はなはだしくは、あたかも自分だけが歴史の中心にいるかのように記録者に語ることもあるし、自身を神話的な存在ででもあるように描写することもある。

李小仙の話は自然そのものだった。聞いている自分が安らかになるし、穏やかになれた。史官にでもなったような役割の重みに、委縮する必要は少しもなかった。歴史が英雄たちの角逐の場ではなく、普通の人々の生活世界としても叙述できることを知った経験でもあった。無理に解説者にならなくても、記録者の務めだけで充分だったのだ。「労働運動のゴッドマザー」「烈士の母」等々、幾多の修飾語や比喩的な形象などに頼らなくても、李小仙を語ることができるということを悟ったときは、興奮さえ覚えた。

誰かに李小仙はどんな人かと尋ねられたら、誰よりも独特な自分の香りを持つ人、しかしその香りを発した瞬間、自身の姿はそろりそろりと隠してしまって、世の人々に溶けこむことのできる人だと言うだろう。自身の記憶を物語るとき、その中心は李小仙自身の姿ではなかった。自分を前面に押し出したり、高みに持ちあげる必要すら意識しない人だった。生まれついてのものなのか、生きていく中で身に付けたものなのか。ともかく彼女は自分を持ちあげるような人ではなかった。これまでの様々な実践や選択もいつも周辺の人々の切迫した要請に誠実に応えようとした、ただそれだけだった。私は人間と言う存在が果たすことのできる最も高貴な役割は、まさにこういうものではないかと思う。

人生の目的が何かを絶えず自問し、懐疑しながら生きてきた私の駄々っ子のような問いかけに、李小仙はこのように答えてくれた気がする。

「誰だって初めから生きるのは大変に決まってる。それでも共に生きてきた人たちがいる。ありがたいという言葉。思いを果たせないまま、生き別れ、死に別れた人たちが何と多いこと。その人たちが皆、私の人生の主人公たちだ。ありがたいことだ。言葉にし尽くせないくらい有り難くて、有難くて。懐かしいよ。会いたいよ」。彼女が肉声で私たちに送ってくれた永遠の応援歌であり、希望への慰安だ。

その希望と慰安を信じつつ、今、李小仙の「ありのままの声」を世に放とうと思う。

目次

李小仙（イ・ソソン）

　１９２９年、植民地支配下の朝鮮・大邱《テグ》で貧しい農家に生を享けた。父親が独立運動をしたとして、三歳の時に日本官憲に連行され消息不明となったが恐らく虐殺されたものと思われる。その後母の再婚先で育った李小仙は解放後、小さな裁縫工場を経営する、全相洙《チョンサンス》と結婚して四人の子をもうける。しかし夫の相次ぐ事業失敗で一時家族がばらばらに離散する苦難を経た。貧困のどん底で病気と闘いながら、女手一つで子どもたちを育てる苦労は想像を絶した。ようやくソウル・平和市場の裁断士の職を得て家計を助けるようになった長男、泰壹《テイル》。しかし最愛の息子は劣悪な環境でぼろぼろになって働く、幼い後輩たちの労働条件を改善する運動を始め、やがて自らの身を炎に包んで労働者の惨状を世に知らしめた。息子の遺志を受け継ぐことを誓った李小仙は、その日から韓国労働者の母として、同じ境遇にあえぐ若者たちを守るために、独裁政権の厳しい弾圧と命懸けで立ち向かうようになる。

　数度にわたる投獄と、拷問の後遺症に苦しみながら最後まで労働運動の前線に立ち続け、社会の民主化と人間らしい生活を求めて闘う人々の精神的支柱となったが、２０１１年９月３日、持病の悪化によって八十一年の生涯を終えた。

著者呉道燁（オ・ドヨプ）と李小仙（イ・ソソン）

第1部

貧しかった日々、固い絆

1945年8月――1970年10月

李小仙の見た夢

友だち何人かと臥龍山《ワリョンサン》に登ったんだよ。きつい山道だったから、他の友だちは次々と諦めて戻ろうとした。私も息が上ってもう帰ろうとしたんだけど、その時誰かが名前を呼ぶから、頭を上げて山の上を見上げたんだ。びっくりしたよ。頭も真っ白、髭も真っ白なおじいさんが立っていて、私のことを呼んでいるじゃないか。「ソン、お前なら登れるよ。いや、辛くても登って来なくちゃ。さあ、おいで」と言うんだけど、その声の大きいこと。恐ろしくなってもう、降りられなくなってしまった。這うようにして登っていったけど、登っては滑り、登っては滑りしながら、膝も肘もすりむけて、体中が傷だらけになったよ。それでもようやくてっぺんにたどり着くと、もう息もできなくなってた。そこにおじいさんが足を踏んばって立っているから、聞いたんだ。「おじいさんは一体誰なの。どうしてこんなに辛いのに登ってこいって言うの?」。

するとおじいさんは、これを見なさいと言って、杖を大きな岩に振り下ろした。そしたらその岩がぱっくりと割れて、中を見ると白い大豆がびっしり詰まっているんだ。びっくりして「これは何?」と聞いたら「よく見ていなさい。あの琴湖江《クモガン》の水が地面を伝ってきて、この岩の中の大豆をふやかすから」と言うんだけど、何のことかさっぱりわからない。でも豆を見ていたらお腹が空いてきて、そう言ったら岩の中の豆を食べなさいって言うんだ。もう、たまらなくなってむしゃむしゃ食べ始めたよ。お腹がぽっこりふくらんで、げっぷが出てくるほどね。ところが一体どうしたことか、岩の中に水が一杯あふれてきて、豆がふやけてどんどん大きくなっていくじゃないか。それからその豆が岩をおしのけて、山の峰の方にぐんぐん登って行ったかと思うと、四方に転がり落ちていったんだ。こんなことってあるものかと思いながら、あまりのできごとに口をぽかんと開けていたら、おじいさんが言ったんだ。

「あの豆が世の中のあちこちに転がっていって根を張り、芽が出て花を咲かせ、実がなるようになったら、誰もが不自由なく食べて暮らしていけるじゃろう。これからお前がその仕事をせねばなるまいぞ」。おじいさんの声が、天地を揺るがすほど大きく響き渡った。李小仙は肝をつぶして目を見開いた。夢だった。彼女はしばらくの間、魂が抜けてしまったようにぼんやりとしていた。

その日の朝、米を研ぎ釜でご飯を炊き上げた。「赤んぼができたんだね！」畑でサンチュを摘んできた姑が、傍らでにっこり笑いながら言った。李小仙はつわりがひどくて食事もろくに喉を通らなかった。実家の母の姿が思い浮かんだ。姑に許しを得た彼女は、しばらく実家に戻ることになった。

十五夜なのに真っ暗な夜だった。「どうして月が見えないのか」と訝りながら、部屋の戸を開けたんだ。ところが山の上には月の代わりに陽が昇っているじゃないか。それも真夏の頃みたいに、ぎらぎらした燃え上がるような陽なんだよ。ぼんやり見ていると、真夜中だっていうのに、その陽が部屋に向かって来るんだ。どうしたらいいかわからなかったよ。ともかく呑みこまれてしまいそうだったから、扉を閉めようと手を伸ばしたら、もう部屋の中にまでやってきて、どれほど熱かったか。両手を伸ばして押しやろうとしても、体が動かない。恐ろしいし、熱いし、もうおかしくなりそうだったよ。そのうち太陽が私の胸にぶつかってきて、ものすごい勢いだったから後ろにひっくり返ったさ。顔も胸も真っ赤に燃え上るようで……、そのまま気を失ってしまった。

どれほど経ったのか。目を開けると大変なことになってた。私を呑みこむような勢いでやって来たそいつが、ぶつかって粉々になっているんだ。そのかけらがあちこちに飛び散って、もう慌てて外に飛び出したよ。すると山の上に上って行った火の塊が、柿の木に落ちたり、草屋根に落ちたり、田畑にも。四方に飛び散りながらまたそこで燃え上がったりして。そのとき、またあのおじいさんが現れてこう言うんだ。「お前の胸で太陽を砕いて、この世の中に振りまいてやった。あの飛び散った火のかたまりが、町という町を明るく照らし出すじゃろう」。

１９４８年８月26日、李小仙は男の子を産んだ。大邱《テグ》、南山洞《ナムサンドン》の瓦葺きの家に禁縄（註1）が張られ、赤い唐辛子と真っ黒な炭がぶらさげられた。「泰に壹と書いて泰壹、全泰壹としよう」舅が名をつけた。全泰壹が生まれた日を前後して、朝鮮半島の南側には大韓民国政府が樹立され、以北には朝鮮民主主義人民共和国が建てられた。李小仙、二十歳の時のことだった。

（註1）禁縄（クムチュル）　子どもが生まれた時に門にかけ渡して人の出入りを禁じた縄。抵抗力の弱い新生児や産母を汚れから守る意味があり、男児の場合は赤い唐辛子や炭、松の枝などを縄にはさみ、女児の場合は炭と松の枝だけはさんだ。

全相洙の絶望

李小仙の嫁ぎ先は、大邱の達城《タルソン》公園に近い南山洞にあった。生地商を営む舅は背がすらりと高い洒落者で、いつも糊のきいた韓服の外套を着て出かけたが、笑うと金歯がきらりと光った。義兄は文房具を商い、義弟は専売品の塩や、煙草の葉を巻く紙を捌いていた。李小仙より五歳年上の夫、全相洙《チョンサンス》は結婚前に大邱で服を作る工場に勤めていた。

1946年、大邱では労働者たちの大争議が繰りひろげられた。彼が勤めた工場も争議に加わっていた。「米をよこせ！」「賃金を引き上げろ！」。警察はストに突入した労働者たちに向けて発砲した。労働者たちの憤怒がたぎった。いっそう多くの工場が稼働を停め、さらに大勢の労働者が街に出た。大邱の米軍司令官は戒厳令を宣布した。米軍政はストライキを武力で鎮圧し、銃に撃たれて命を落とす労働者もいた。デモに出た者たちの多くが監獄に引きずられていった。こうして一カ月目にストライキは鎮圧された。

全相洙は大邱のゼネストをしっかりと目に焼き付けながら、自らそのさ中に身を置いていた。だが、市内のど真ん中で血を流して倒れた労働者が、手を振り助けを請いながら必死のまなざしを向けた時にも逃げ回ってばかりいたし、警察の棍棒に打ちすえられて引っ張られて行く同僚を見ても、路地の隅に身を隠して涙を流すしかなかった。怒りを敵に向けなければならない瞬間に、むしろ怖気づいて震えていた自分が情けなく許せなかった。ストが鎮圧され、再び工場が稼働し始めても、もう戻る気持ちにはなれなかった。血に染まった街と人々の悲鳴が記憶にしみついてしまっていた。狂ったように酒をあおり、酔いつぶれなければ眠ることができなかった。いつまでも衝撃から立ち直れないでいた彼に、父親がミシンを買い与えた。彼はそれを元手にささやかな縫製工場を始めて、ようやく悪夢から自分自身を取り戻そうとしつつあった。翌１９４７年には琴湖江の向こうの達城《タルソン》郡朴谷里《パクコンニ》に住む、李小仙と婚礼をあげた。

李小仙は三歳のときに父親を失い、勉学のために日本に渡った兄は解放を迎えても戻らなかったから、身内といえば母親一人だけだった。だから母と別れて嫁ぐことを考えると、涙が止まらなかった。死ぬまで母親と別れないと誓ったはずなのに……。急きょ決まった婚姻によって、自分にとって最後の血のつながりだった母親さえ、無理やりに奪われてしまうように思えた。名前も顔も知らないまま、親同士の考えに従って結婚が決められた時代だった。母と一緒にいたい、嫁になんかいかないとだだをこねても、「こんな歳になって子どもみたいなことを言う」と、きつくたしなめられただけだった。

慶尚道《キョンサンド》出身の全相洙は、愛想がなく細やかな思いやりには欠けていたが、新妻の歓心を買おうと必死になった。だが彼女は夫が自分に気を使おうとするほど疎ましくなり、一人残した母親が恋しくてならなかった。あまりにも長い間、孤独に慣れてきた彼女にとっては、不慣れな人間関係を築こうとするのは、喜びどころか恐ろしくもあり、居心地が悪く気まずいだけだった。

夫は人付き合いを好んだ。初対面の相手にも忌憚なく本心を明かした。騙されて損をすることがあっても、人に損をさせるよりはましだと、笑って済ませてしまった。だがそんな彼が唯一、心を伝えられないのが李小仙だった。時が経っても妻の心は開かれるどころか、冷え冷えとしていくばかりだった。胸苦しさのあまり、外で酒をあおる日が増えていった。工場の仕事も手につかず、納品期日に遅れて催促を受けることがしばしばだった。自然と客が離れていくようになり、給料の支払いも滞りがちになった。悪いことは続くもので、服を納めていた卸売業者が代金を持ち逃げして姿をくらましたため、借金取りから追われる身の上となった。彼女はまだ二歳にもならない泰壹を背負って、夫について夜逃げをするように、釜山《プサン》に発たなければならなくなった。１９５０年５月のことだった。

釜山に着くと全相洙は、チャガルチ市場の小さな食堂に妻と息子を連れていった。「俺は仕事先をあたってみるから、市場見物でもしていればいい」。彼はクッパを腹に流しこむと一人で出て行ったが、釜山で当てになるようなところは一つもなかった。とりあえず夜露をしのげるような間借りさえできなかった。二人目を身ごもって臨月を迎えていた李小仙は、泰壹を背負ったまま市場を三度も回ってみた。日が暮れかかっても夫は戻ってこなかった。通りの商人たちもそろそろと商いをたたみ始めた。先ほどの食堂に戻ると、酒を飲んでいた客たちも一人二人と店を出て行き、やがて店の明かりも消されてしまった。彼女は食堂の軒下にうずくまって夫を待ちながら、夜を明かした。ぐずっていた泰壹もいつの間にか背中で寝息を立てていた。明け方になると冷気が服の袖から入りこんでくるので、背中の泰壹を胸に抱きかかえ、ねんねこでくるんでやった。

夜明けの空気が重くのしかかる頃、市場の通りから腐った魚の臭いが、鼻をついてきてめまいがした。それでも、もしかして夫が戻るかもしれないと思うと、そこから離れるわけにもいかなかった。

「アイゴ、何てことを。こんな所で夜明かししたのかい。旦那は帰ってこなかったんかい」早朝から商売をしに出てきた食堂の女主人が尋ねた。「申し訳ないけど、あたしはともかく息子が何にも食べてないんよ。うちの人が戻ったらお金払うから、ご飯少しだけでももらえないかねえ」女主人は李小仙を食堂に入れてやってから、豚肉のクッパにご飯を入れて持ってきた。「お金は心配しなくていいから、食べなよ。足りなかったらもっと持ってくるから。お腹がずいぶんふくらんでるのに、そんな体でどうして外で夜露にあたってたの」。

不憫に思ってくれた女主人のはからいで、李小仙はその日から食堂の雑用を少しずつ手伝いながら、食事にありつくことができるようになった。店が終わると、酸っぱいマッコリと豚の生臭い臭いが混じった食堂の土間で、睡眠をとった。夫のあまりの仕打ちに子どもと一緒にどこかに逃げてしまいたかった。それでもまだ幼い息子と、臨月の腹をかかえて一体どこに行って仕事を見つけるのかと思いなおしたが、どうにもならない自身の境遇がみじめでならなかった。

数日後、夫はようやく服のリフォーム店で働くことになったと、食堂に戻ってきた。その店は朝六時から夜の十時を過ぎるまで営業していたから、その間、李小仙は泰壹を背負って市場をうろつきまわり、閉店に合わせて店にやってきてようやく眠ることができた。

その頃朝鮮戦争が始まったという知らせを聞いたが、釜山ではまだ戦争の実感はなかった。彼女はリフォーム店の作業台の上で二人目の子を出産した。幸い、店が閉まってから陣痛が始まり、いくらも経たずに産むことができて安産だった。寝泊まりする部屋もないまま、店の中に寝起きする身の上としては不幸中の幸いというしかなかった。男の子だった。出産の喜びをかみしめる余裕もなかった。無事に産むことができたという安堵より、心配が先だって彼女を怯えさせた。

何時間かすれば店が開くだろう。そうしたらまた街角をうろつかなくてはならなかった。生まれたばかりの赤子を抱いて、一体どこに行けばいいのか。胸がつぶれる思いだった。すやすやと眠る次男の安らかな寝息が、自分を苛《さいな》む鞭の音のように聞こえた。


店の主人はぴったり六時になると店にやってきた。李小仙は子どもを抱きあげて起き上がろうとした。「そのまま、横になっていなっせ。そんな体で一体どこに行くというんだか。店は十日の間閉めておくから、ゆっくり休んで養生せんと」。彼女は申し訳なくてどうしたらいいかわからなかった。「そしたら御商売はどうなさるんで。そんなことできません。あたしは大丈夫です」主人は起き上がろうとする李小仙を押さえて座らせた。「わしの店でやや子が生まれたんだから、こんなめでたいことはない。これから店が繁盛するっていう験《しる》しじゃないかい。わしの方こそお礼をいわねばならんね」。

主人は米とわかめを買ってきてくれると、そのまま店を閉めて帰っていった。全相洙は二人目の子に興泰《フンテ》と名づけた。彼は好きな酒も飲もうとしなくなった。いつまでも店の作業台に妻と子らを寝かせて置くわけにはいかないと思ったからだった。何かに憑かれたように働き続けて、少しずつ蓄えも増やしていった。

戦争の災禍から免れた釜山には避難民たちがごった返して混乱のるつぼだったが、技術一つで身を立てるしかなかった彼にとっては、再起する機会を与えられたように思えたのだった。米軍部隊の中に就職した全相洙は、米兵の服を修繕しながらひたすら金をため続け、とうとう凡一洞《ポミルトン》に庭付の一軒家を買って、家族に引っ越しをさせることができた。

どこの町だったかわかりませんが、確か家はかなり高台にあったと思います。眼下に見えるぬかるんだ道には、米軍のタンクやトラックが往来していました。父は近くの米軍部隊で洋服関係の仕事をしていました。朝鮮戦争の末期ということで、多くの軍人たちが釜山に集まっていて仕事もうまくいっていたようです。父は部隊の中に洋服店を設け、米軍兵士たちの服を体に合うように直す仕事の責任者として働いていました。幼かった自分の記憶の中でも、私たちが住んでいた家は、ずいぶん大きな一軒家で、庭も広かったと思います。父は、毎日早い時間に家に戻ってきたので、家の中はいつも和気あいあいとした雰囲気で過ごせる、そんな家庭でした。

――『僕の死を無駄にするな』より

全相洙は米軍兵士が着ていた古い軍服や帽子が、外部に流れて取引されているという情報を知った。「それで服を作って、避難してきた人たちに売れば大儲けができる」。これまでずっと部隊の中で仕事をして信頼を得ていた全相洙は、横流しされる服を安値で仕入れることができた。自宅で服を作っては、米軍放出品ということがわからないように、返し縫いをほどいた生地を工場に送って染色をした。予想通り服はよく売れた。米軍兵士が着た服だから、生地がしっかりしていて避難民たちに人気があった。

そうしているうちに三番目の子ども、順玉《スノク》が生まれた。今度は女の子だった。全相洙は飛ぶように売れる服を見て、これまで蓄えた資金に加え融資まで受けて準備した大金をはたいて、トラック一杯の服を部隊から調達した。彼は染色工場に大量の服を回して、ミシンも新たに購入し、ミシン師も増やして工場で服が仕上がるのを今か今かと待っていた。
「今度服を作って売ったら、故郷に帰ってちゃんとした工場を建てなきゃ」。彼の脳裏に戦争前、大邱から夜逃げ同然に釜山にやってきた頃のことがよみがえった。そして怒った父親の顔も浮かんできたのだった。「今すぐわしの目の前から消え失せろ！」。釜山で暮らしながら、いつかは堂々と父の前に戻れる日を夢見てきた全相洙だった。妻にも子どもたちにもいつも面目なかった。今度成功したら、これまでしたくてもできなかった、子としての、夫としての、父親としての恥ずかしくない姿を見せてやりたかった。

ある日、釜山に豪雨が降り注いだ。満潮時に重なって大雨は市内のあちこちに、甚大な被害をもたらした。街はたちまちのうちに大海と化した。全相洙は不吉な予感がして染色工場にかけつけた。「工場はきっと大丈夫だ。大丈夫に決まってる」。彼の願いもむなしく、工場は水浸しになり資材も水に流されてしまっていた。茫然自失となった彼はその場にへたりこんでしまった。「また始めればいいじゃないの」。李小仙は夫を励まそうとした。「また始めるって？　慰めにもならんことを！　どの面下げておやじに会えるっての」。夫はすっかり意欲をなくしてしまっていた。

戦争のさ中に苦労を重ねて買い求めた凡一洞の自宅も、いつの間にか借金取りに取られてしまった。泰壹と興泰、生まれたばかりの順玉を連れてやり直さなければならないと思うと、胸がつぶれそうだった。「この子たちを飢えさせることはできんでしょ？　私が連れて大邱へ行ってきますけ」「何だと？　大邱へ行くってか。おやじの所行ってまた失敗したって自慢でもするんか。飢え死にしたって行くところじゃねんだ。どんなことしても食うに困らせねから、二度とそんなこと口にするんじゃね」。夫は顔を真っ赤にして怒りだした。一旗揚げるまでは絶対故郷には帰らないと言いながら、釜山の町で必死に働き口を探そうとした。だが戦争が終わった直後とあって、街に人があふれ、仕事の口はたやすく見つけることができなかった。

「ソウルに行かなくちゃなんね。戦争が終わったけ、ここよりソウルの方が金儲けの機会があると思わんか」。夫はソウルに行こうと荷物をまとめた。生まれて一度も行ったことのないソウルで、また一文無しから始めると思うと、腹がきゅっとさしこむように痛んで、冷や汗が出てくるようだった。チャガルチ市場に取り残された日のことが思い浮かんだからだ。腹を空かせて軒下で夜を明かしたことや、人の店の作業台で興泰を産んだことや……。李小仙は怖気づいた。それでも夫がようやく再起を決意したところなのに、自分が反対してその気持ちを挫《くじ》くわけにはいかなかった。「わかりました。ソウルでまたやり直しまっしょ」。

仕事を見つけて家族を迎えにくるからと、夫が先に出発して数日後、舅が夢に現れた。夫と自分のことを必死に呼んでいるのだった。夫は絶対に大邱には行くなと言ったが、不吉な予感にかられて、釜山にとどまっていることができなかった。

子どもたちを連れて舅の住んでいた家を訪ねると、見知らぬ人がこの家の主だと言って出てきた。聞けばかつて営んでいた生地商の店も人手に渡ったという。隣の家の住人が彼女の顔を覚えていて、それまでの出来事を話してくれた。「新しく家を建ててから、あれほど元気にしていたのに、ある日突然寝こんでしまって……。どんな病気なのかもわからないし、どうしてこんなことになってしまったのか」。

不安は募るばかりだったが、引っ越し先を聞くと、ともかくも訪ねていった。「泰壹の母さんじゃないか!」と義姉が大声で叫ぶと、寝こんでしまったという舅までおぼつかない足取りで、板の間まで出てきて迎えた。入口でぼーっと立ちつくす李小仙をしばらく見つめていた舅は、やがて両手を広げて彼女に近づいてきた。顔色は病人そのもので、すっかりやつれた姿は見るに忍びなかった。糊のきいた外套を着こなして、しゃんとした立ち居振る舞いをしていた昔の面影はどこにもなかった。すぐそばまで来て力一杯抱擁しようとしたが、そのまま板の間に倒れこんでしまった。義兄に抱えられて寝床に寝かせられた舅は、李小仙を近くに呼ぶと、その手をぎゅっと握りしめ、目を閉じたまま辛そうに言葉を絞り出した。

「若い身空で、お前さんがどれほど苦労したことか……」。だが、声をかけられても唇が震えるばかりで、のどが詰まって声にならなかった。嫁ぎ先でいつもつらそうにしていた彼女を、やさしくかばってくれたのが舅だった。つい寝過ごしてしまったときなど、先に起きて庭におかれた釜に水を張り、火をつけてくれたりしたものだった。「申し訳ありませんでした。寝坊なんかしちまって……」。あわてて起き出して平謝りにわびると、「いいんじゃ。冷たい水は辛いから湯をわかしといたけ。これで朝の支度をしたらいい」。

実の父親の顔も覚えていなかった李小仙にとっては、舅が本当の父親のように思えた。それなのにこんなに弱り切ってふせってしまうとは……。「お義父さん!」と呼びたかったが、口の中が乾ききって声も出せなかった。「お前さんが泰壹をちゃんと育てなくちゃな」「……」彼女はもじもじするばかりだった。「相洙が今は、しんどい時だからな。お前が兄さんなんだから泰壹に勉強だけはちゃんとさせるんだ」。義兄に孫の行く末を頼むと言って安心したのか、舅はまた目を閉じて眠りについた。

次の日、舅は上着のポケットに入れておいた時計を出すように言うと、約束でもあるかのように、文字盤をこすって見た。「儂《わし》がもう逝く時が近づいているというのに、相洙はまだ来ないんか。もう待てんなあ。このまま逝くしか……」。しゃべり終えた舅は歌を口ずさみ始めた。

果てない青海原に船を浮かべて
オハーオハー　わしは逝くよ
艪もなく帆もかけずに
オハーオハー　わしは逝くよ
この世の憂いは皆忘れて
オハーオハー　わしは逝くよ
果てない青海原に船を浮かべて
オハーオハー　わしは逝くよ（註2）

歌い終わると舅は再び目を閉じた。ソウルに行った夫には連絡がとれないままで、ついに息子は父親の臨終に立ち会うことができなかった。花棺が家を発つと、李小仙は気を失ってしまった。二十五歳のことだった。

（註2）挽歌　韓国の伝統的な葬儀では、三日目に出棺して山にある墓地に行き埋葬した。その際、棺は白い紙の花で覆われ、棺をかつぐ人々が挽歌を歌いながら墓所に向かった。ここでは舅が自らの死期を悟って死出の道を思いながら口ずさんだものと思われる。

オモニの部屋で①

記憶は息遣いの中にある

李小仙の部屋は全泰壹記念事業会（現全泰壹財団）事務室の下の階にある。ドアの前には〈オモニの部屋〉と書かれている。窓を開けて上の事務室に座っていると、オモニの部屋で何が起きているか手に取るようにわかる。電話している声やテレビの声が、窓を通じて伝わってくるからだ。夜中の零時を過ぎたのに、ウィーンという機械の音が聞こえてくる。掃除機を回しているのだ。また李小仙は眠れないでいる。「こんな時間に掃除機をかける人がどこにいるんです？　町中の人が起きてしまいますよ！」「まだ寝ないのかい？　音がそっちまで聞こえたんだね。何しろ寝つけないもんだから」。

彼女は零時に近づくと目が冴えわたる。記憶もはっきりとしてくる。習慣？　いや習慣のせいだけではないのだろう。もしかすると夜が待ち遠しいのかもしれない。というより、夜が懐かしいものを連れて彼女のもとにやってくるのだろう。全泰壹と李小仙は毎晩、語りきれないほど話をし続けたと言う。血を吐いたミシン師の話、お腹を空かせたシタ(註3)たちの話、古着を商う話、人に会って嬉しかったり、悲しかったりした話……。そうしてそうやって過ごした夜や、その時に話したことを、胸をかきむしるほど懐かしく思い出してしまった時は、眠れなくなってしまうのだ。

ある日、真夜中にぼそぼそという話し声が、窓を伝って聞こえてくることがあった。彼女が一人で暮らす部屋からだ。こんな深夜に訪ねてくる人がいるはずもないし、電話してくる者もいないはずだった……。窓の外に首を突き出して下の部屋をのぞきこんでみる。オモニの部屋は明かりが消えて真っ暗だった。そーっと階下に下りて、少し開いているドアの隙間から、暗い部屋の中に目を凝らした。李小仙が一人で聖書を枕元に置き、膝をついて伏せながらお祈りをしているところだった。耳をそばだてて何を祈っているのか聞こうとした。だが、祈りではなく対話をしているようでもあった。誰と話しているんだろう？　そんなにも消え入るように、そんなにも身を切るように、一体だれに向かって語りかけているというのか。

「オモニ、寝ないんですか」「いつの間に来てたんだい。そうさ、寝なくちゃね。でも薬をいくら飲んでもちっとも寝れやしない」。李小仙は精神安定剤を飲まなければ眠れなくなって、もう十年以上になる。胸に火が燃えあがって薬なしでは寝つけないというのだ。もちろん薬を飲んでも眠れない夜は数えきれないほどだ。そんな夜には、こうして尽きることない話を誰かとしなければならない。

「ここにパス（貼り薬）を貼ってみて」。肌着を肩の上までたくしあげて背をあらわにする。「雨が降るっていってたかい？」「雨？　空には星がきらきらしているのに」「いや、訳もなくここが痛いはずがないさ」「機械にガタが来てるからそうなるんでしょ。無理に天気を持ちださなくっても」。体中にパスを貼りつけた日は、嘘みたいに必ず雨が降る。体に貼ったパスの面積は降雨量と比例する。気象庁の予報も李小仙の体の兆しにはかなわない。「これも皆、独裁の奴らにやられてできたもんじゃないか。ここをちょっと触ってみい。ぷっくり盛り上がって固まってるだろ。あたしを引きずっていくときこんなふうに、肘で背中をどれだけきつく、どつかれたか。そんな目に遭いながら生きてこれたんだから、自分でも大したもんだと思うわ……」。今度はピンクの下ばきをめくって、脚を見せてくれる。ところどころに黒いあざが残っている。肉がえぐられたところもあるし、脛のところの骨がぺこんとへこんでもいる。「みんな軍人の靴でむちゃくちゃに蹴られたり、踏みにじられてできた痕だよ。どれほどひどいもんだったか……」「わかったから、そのくらいにして横になって」。それから脚をもんであげた。八十年の歳月がそのまま刻まれた脚だ。すっかりやせ細ったふくらはぎの肉はしなびて、枯れ枝のようになった骨は、すぐにでもぽきりと折れてしまいそうだった。

「ほら、釜山で失敗してから大邱に寄って、それからソウルに上京したときの話、もっと詳しく話してよ。順徳《スンドク》はソウルで生まれたんでしょ?」「そんな話を何でまた聞きたいの? うんざりするほど苦労した話なんか。すっかり忘れたよ。思い出すのも嫌で考えないように暮らしていたら、もう覚えてることもない……それより70年代から始めちゃだめかね」。

彼女にとっては独裁と闘ってきたことより、貧しさと格闘してきたことの方が辛かったのかもしれない。独裁との闘いは、李小仙に言わせれば、必死になって生きようと踏んばったから、何とか全身で持ちこたえてこられたのだった。貧困は身の毛もよだつ、苦痛に満ちた記憶だったたし、そこから抜け出そうと、なりふり構わず身悶えし続けてきた時間だった。「お前は刑事か? 根掘り葉ほりうるさく聞いて」。私はそうやって嫌がられるほど、その時期のことを聞き出そうとした。やがて辛そうにしながら少しずつ語り始めたが、貧しい日々のことを口にするたび、われ知らず唇が震え、青みがかった口元をぎゅっと閉じながら首を振るばかりだった。その胸にこみあげる慟哭の声が、いつの間にか私の耳をふさいでしまうように響いた。

「泰三《テサム》さんの名前がどうして興泰なんですか」「家では興泰って呼んでたんだよ。借金取りに追われて、大邱から夜逃げ同然に釜山に行ったじゃないか。その頃舅は孫たちの名前を順序良くつけておいたんだけど、釜山にいたらわかるはずがない。大邱とは連絡もしないでいたから。二番目が生まれたことをどうやって知ったのか、舅は泰三と名づけて大邱の役場に行って戸籍に入れたんだよ。そんなことを知らないあたしたちは、興泰と呼んでいたんだ。次から次と事業に失敗してばかりだったから、そんなことに気が回らなかった。戸籍のことなんか考えてもみんかったよ」。顔も知らないという姉の話も、夫の全相洙のことも、どうも首をかしげることばかりだった。全泰壹の次の子どもが、どうして泰二ではなくて泰三なのかという疑問もわいた。尋ね続けていくと、消えかけていた記憶もよみがえり、永遠に胸にしまっておこうとした話が思いがけず、口元から飛び出してくることもあった。一方で最後まで隠し続けていた話や、長い間忘れようと努めたおかげで、ついに記憶の中から浮かぶことができなくなってしまった歳月もある。録音機を停めろと言われて停めたけれど、こっそりまたつけながら話を聞いたこともあった。

　李小仙の声からあえて隠れた事実を探し出そうとはしなかった。言葉と言葉の間から聞こえてくる息遣いから、すべてを感じとれたし、涙ににじんだ瞳の中にそれは静かに凝縮されていたからだった。

（註3）　シタ　縫製工場などで技術職の補助的な仕事をする最下級の職責。日本語の「下」から来た言葉と思われる。労働現場では「ノガダ＝土方」のように日本語由来の言葉が多い。

中央市場、浮浪児たちの母

いつの間にか十年の月日が流れた。ソウルに行った夫は学生服を扱う仕事を始めたが、詐欺にあってすべてを失った。一文無しになって大邱に戻り、一からやり直そうとしたが、叶わなかった。所帯道具までひとつ残らず売り払っても、借金まみれになっただけだった。李小仙はもう、夫だけを頼みにしていられなかった。

1964年、正月を前に上京することに決めた。――ソウルで住込みの家政婦にでもなって、お金を貯めよう。そうすれば子どもたちと一緒に暮らせる。このまま、飢え死にするわけにはいかないんだから……。子どもたちの寝顔を、一人ひとり順番になでさすった。ソウルで生まれたまだ五歳の末っ子、順徳を見ると離れることができなかった。ここで涙を流してしまったらだめだ。この子たちのためにも……彼女は歯をくいしばった。「ごめんよ。少しの間だけがまんしてな」。

大邱駅から龍山《ヨンサン》行きの列車に乗りこんだ。怖気づく気持ちをぐっとこらえた。汽車が駅を離れた。途切れ途切れに軋む鉄輪の音に、長く尾を引く汽笛の音がからみつきながら、目の前をかき分けるように進んだ。連結のところにある手洗いに入ると、壁にもたれてそのまま座りこんだ。煙草の吸殻が目にとまった。まだ火がついたままだった。思わずそれを拾って一服吸いこむと、のどが詰まって咳がとまらなくなった。がたがたと走っていた汽車が突然ぐるぐると回り始めた。たった一服の煙に酔って、起き上がることも座りこむこともできなくなってしまった。扉の取っ手をつかんでいると、やがて胸につかえていたものが、すーっと下りていくような気がした。「こうなるからみんな煙草を吸うんだな……」。

彼女は東大門《トンデムン》にある『桃園』という食堂を訪ねた。夫と南大門《ナンデムン》のテド市場で学生服を作っていた時、一緒に仕事をしていた人に無理に頼みこんで口利きしてもらった所だった。食堂の仕事は目が回るほど忙しかった。客足が途絶えることがなかった。それでも必死で厨房で皿洗いをした。最後の食器を洗い終わって、あてがわれた小部屋に戻ると真夜中だった。いくら疲れていてもなかなか寝付けなかった。子どもたちの顔が次々と浮かんでは消えたからだった。

食堂には炭をおこして肉を焼く係の男の子たちがいた。泰壹と同年輩くらいだった。仕事を終えると、炭がこびりついて真っ黒になった仕事着を着たまま倒れこむように寝る姿をみて、ある日李小仙は服を脱ぐように言った。「どうしてですか、おばさん」「眠れないから、あんたたちの服でも洗ってやろうと思ってね」。夜中に服を洗濯してから、練炭の火の前に座って乾かした。

大邱に置いてきた子どもたちが不憫でならなかった。

そんな気持ちを知ってか、泰壹は死んでも母親の顔を見なくちゃという思いで、末っ子を背におぶって当てもなくソウルにやってきた。いざソウルに着いてみると、母を探すことより五歳にしかならない順徳が問題だった。こんな小さな子を連れていては、仕事を探すのも母親を訪ね当てるのも不可能なことだった。まだ春には遠かったから、凍りつく寒さが身を切るようだった。泰壹は順徳をおぶって西大門ロータリーにある赤十字病院の前まで行った。もしここに順徳を置いていったら、誰かが連れていって育ててくれるかな。その方が自分と一緒にいるよりましじゃないか……。

「兄ちゃんどこかでご飯をもらってくるから、ここにじっとしていな」「うん、おにいちゃん。早く帰ってきてね」。何も知らない順徳は兄の顔をじっと見つめて言った。順徳に背を向けて、一歩、二歩と数え始めた。二十九、三十……三十歩まで数え終わるとがむしゃらに走りだした。冷たい冬の空気が頬を殴りつけた。夢中で走った。どれほど走っただろう。「うん、おにいちゃん。早く帰ってきてね」。順徳のまん丸の瞳が行く手をさえぎった。いくら逃げようとしても最後に聞いた言葉が耳から離れなかった。泰壹は振り返った。罪の意識から到底逃げられそうになかった。

――順徳！　この悪い兄ちゃんを許してくれ。どうかさっきの所にいてくれよ

私はまるで獣のように叫び声を発して病院の見えるところまで走っていった。見ると、妹のいた所には人垣ができていた。数メートル手前の所に来ていたのに、得体のしれない不安感と罪責感で、息が止まってしまいそうだった。

――『僕の死をむだにするな』より

もう一度赤十字病院の前に引き返した。あたりには人が集まって騒いでいた。順徳はさっきいた所にそのまま立って泣いていた。思わずぎゅっと抱きしめた。このまま一緒にいたら二人とも死んでしまう。そうかといって幼い妹を捨てることもできなかった。どうしたらいいかわからなかった。

「市役所に行ってごらん。そこに行けばきっと、妹を預かってくれるところが見つかるよ」。道の真ん中で抱き合って泣いている、兄妹の境遇を不憫に思った人がそう教えてくれた。泰壹は市役所に相談して迷子保護所に妹を預けることができた。泰三もまた、兄がいなくなると逃げ出すようにソウルに向かった。全相洙まで妻を探しに順玉の手を引いてソウルにやってきた。大都会の空の下

に家族が皆、ばらばらになって暮らすことになったのだった。

李小仙は毎日続く辛い仕事で体がぼろぼろになっていた。ある日、腹が痛くてがまんできずに手洗いに駆けこむと、血がかたまりとなって流れ出した。赤黒い血のかたまりを見た瞬間、彼女はその場で気絶してしまった。「そんな体でどうやって仕事を続けるというんだい？　早く体を直さないと、大変なことになるよ」。食堂の支配人は、気がついた彼女に仕事をやめるように勧めた。

「とんでもない、大丈夫ですよ。ここ何日か眠れない日が続いたもんで……。ちゃんと働けますから」支配人にしがみついて頼んだ。ここを追い出されたら行く所がない。一日も早く金を貯めて、大邱にいる子どもたちを連れて来なくてはならなかった。だが、下血はなかなか止まらなかったし、顔も別人のようにやつれてしまった。「事情はわかるけど、どうしようもないじゃないか。このままいたら、うちの店から棺を出さなくちゃならなくなるよ。少し体を休めて養生してからまたおいでな」。食堂の社長はそう言うと、今までの給料を清算して渡してくれた。

李小仙は当面行くあてもなかったから、食堂を紹介してくれた、相律《サンニュル》の母のところを訪ねるしかなかった。食堂は大変だから、家政婦の仕事でもするようにと勧められたのを、少しでも稼ぎのいいところにと言って、無理やり勤めたのが桃園だった。相律の家は南山のふもとのバラック集落にあった。バスに乗って向かう間にも下血は止まらなかった。「だから言ったじゃないか。そんな体で勤めきれるはずがないって。私がもっと強く止めていればねえ……」。スカートに血がこびりついたまま、歩くのもままならなかった。びっくりした相律の母は、ただちに彼女を病院に連れていって、点滴を受けさせた。

それからしばらくは薬を飲んで家で養生していたが、少し体が回復すると待ちきれないように働き口を探してくれとせがむようになった。自分と同じ貧しい身の上の他人の家に、いつまでも厄介になっているわけにはいかなかった。「もう少しだけ休んでなよ。気を使わないでいいから。無理してまた体を壊したら、薬代ばっかり高くつくだけだよ」。

そう言われて仕事に出るのを諦めたがじっとしていられず、ソウル駅の裏にあった中央市場に出かけてみた。地面に落ちた白菜の屑菜を拾い集めて、売ろうと思ったのだった。「そんな葉っぱどうするのさ」「これを茹でてこの辺で売ろうかと思って……」。相律の母が茹でた屑菜は、貧しい人たちが集まって暮らすバラック村でたちまち売り切れた。李小仙はもっとたくさん拾い集めようと、明け方になると起きだして市場に出かけた。思うように動かない体で、市場とバラック村を行き来する時間がもったいないと考えた彼女は、やがて市場の片隅に腰をおろして屑菜を売り始めたが、そうやって稼ぐ金はたかが知れていた。一体いつになったら、子どもたちを迎えに行けるのだろう。先のことを思うとため息が出るばかりだった。

市場には髪の毛を買い集める商人がいた。人の髪の毛でかつらを作って輸出していた時代だった。彼女は髷を結って、かんざしを挿すほど伸ばしていた髪を売ることにした。できるだけたくさん髪を切ってくれと言うと、商人は「女なのに、そんなに髪を切ったら道を歩けないよ」と心配してくれた。「手ぬぐいを巻くから余計な心配しないで、髪代をたっぷりおくれよ」。髪の毛をばっさり切って手にした金で、まもなく白菜売りを始めた。慣れない商売で売り物にならない白菜を買って大損をすることもあった。ある時は一〇〇株も買い付けたのに、手元に残ったのは五〇株分の代金にもならなかった。

落胆のあまり、道端に座りこんで途方にくれていると、一人の浮浪児が、はあはあと息を切らせてかけつけて来た。「おばさん！　兄ちゃんを助けてよ」。垢と涙で顔をぐちゃぐちゃにした子どもがいきなりしがみついてきた。「どうしたんだ？」「兄ちゃんが死んじゃうよ」と浮浪児は兄ちゃんが死んじゃうという言葉を繰り返しながら袖を引っ張った。後をついて行くと、浮浪者が群れをなして住みついていた塩川橋《ヨムチョンギョ》の下に着いた。むしろを持ちあげて中に入ると、薄汚い身なりの子どもが冷や汗を流しながら横たわっていた。顔は生気を失い手足は冷えきって、目の玉まで裏返ってしまったその子は、話すことさえろくにできなかった。

「一体、いつからこんなになったんだい？」「今朝からです」。傍らを見ると、空き缶に残飯があった。鼻をつくような酸っぱい臭いがしたので「これを食べたんか？」と聞くと男の子はこっくりとうなづいた。「悪くなったものを食べたからだな。それともあわてて食べて腹をこわしたのか」。李小仙は急いで市場で針を買ってくると、子どもの手の指と足の指に順番に刺していった。刺すたびにどす黒い血がどくどくと流れ出た。血を抜いてから両手、両足を力いっぱい揉んで、ゆっくり腹をさすってやると、真っ白だった顔に次第に生気がよみがえってくるようだった。「もう大丈夫だろ」「ありがとうございます。ありがとうございます……」。浮浪児の兄弟はただ感謝するばかりだった。

「いくら腹がへっても、腐ったものを食べるんじゃないよ。それにゆっくり良く噛んで食べることだ」。むしろを持ちあげて外に出ると、兄弟が後を追ってきて挨拶をした。「お母さん、気をつけて」。お母さんだって！　びっくりして振り返った。「あたしが何であんたたちの母さんなんだよ。おばさんだろ」「お母さんの顔も知らないで育ったから、こうして命を救ってくれたおばさんを、これからはお母さんと思っていたいんです」。

涙が浮かんできた。母さん！　どれほどその言葉を聞きたかったことか。泰壹はしばらく離れて顔を見ない間にぐんと背が伸びただろうし、いつも腹を空かせていた泰三や、大人びた口のきき方をしていた順玉と末っ子の順徳たちの顔が、胸の奥深くに浮かび上がっては消えた。今すぐにでも子どもたちのいる大邱に走って帰りたかった。「これからは、辛いことがあったら、いつでも訪ねておいで。母さんだと思ってな」。

次の日、中央市場で商売をする彼女の前に、浮浪児の兄弟が友だちを引き連れて現れた。片手には空き缶を持って、もう片方には屑菜を握ったままそれを差し出した。「一体どうしたんだい」目を丸くして訳を聞くと「僕たちも母さんと呼ばせてください！」背のひょろっと伸びた子どもが答えた。それからは、物乞いをしながら屑菜を拾うと必ず李小仙の所に持ってくるようになった。

――こんなにいい子どもたちが、生まれ合わせが悪くて道端をうろつく身の上になるなんてな……。

子どもたちが持ってきた屑菜の売り上げを、別に貯めておいて古着を作って着せてやると、子どもたちは物乞いをしていて美味しいものが手に入ったときに、彼女のところに持って来てくれるようになった。「食べなよ、お母さん」「あんたたちが食べなくちゃ。何でここに持ってくるんだい」「僕らの母さんじゃない！」。

李小仙は浮浪児たちと家族のように過ごした。相律の家に寝泊まりするのが申し訳なくて、体が良くなると塩川橋で一緒に寝ることもあった。市場の人たちは彼女を浮浪児の母さんと呼ぶようになった。そう呼ばれるのは嫌でなかった。誰かにとっての母親の役割を果たせるのは幸せなことではないか。子どもを捨ててきたという罪悪感に心休まる日が一日としてなかったが、浮浪児たちと一緒にいる時だけは、苦しみを忘れることができた。

双門洞二〇八番地

昼は新聞配達や靴磨き、夜は通りを歩き回って、煙草の吸殻を拾い集めては売り歩く仕事で食いつないでいた泰壹は、平和市場《ピョンファシジャン》の縫製工場にシタとして入った。相律の家に行った時には、探していた母の行方を知ることもできた。李小仙は息子に、自分が一間の部屋でも借りられる金を貯めるまでは、離れて暮らしていようと言った。ある日、泰壹が南大門市場の果物屋の前で靴を磨いていると、泰三が空き缶を持って物乞いをしながら目の前を通り過ぎていった。弟の名前を呼ぶと、泰三は缶を放り出して兄の胸に飛びこんで、わんわんと泣きだした。

一方、全相洙は東大門で裁断の仕事をしながら、順玉と一緒に妻の行方を探しまわっていた。相律のところにも足を運んだが、彼女が蓄えができるまでは居場所を知らせないように言っておいたために、ついに会うことができなかった。しばらくして泰壹が清渓川《チョンゲチョン》の中部市場にすいとんを食べに行った時、ちょうど昼飯を食べに来ていた順玉に再会して、ようやく父の居所を知ることができた。

ソウルの空の下、散り散りになって暮らしていた家族は、一年余りの時を経て、李小仙と泰壹が稼いで得た金を合わせて、南山洞《ナムサンドン》のバラック村に借家を借り、初めて一緒に暮らすことができるようになった。順徳も保護所から連れ帰った。新しい家と暮らしが馴染まないのか、一日中ぼーっと座っているばかりの順徳は、母親を見ても笑わなかった。明け方に一人で起き出すと顔を洗って、鏡の前で髪の毛をとかしてからは、一言もしゃべらずにじっと座ってばかりいた。「順徳！　何でそんなに座ってばかりいるの」「こうしていないと先生に怒られちゃうの」。こんな小さな子が、保護所という所で経験した苦痛を思うと、彼女の胸は張り裂けそうに痛かった。

南山洞五〇番地のバラック村に大火事が起きた。家はすべて灰になってしまった。この一角をなくすためにわざと火をつけたという噂もあった。ソウル市は、被災民たちをソウルの外れに追いやった。李小仙の家族も道峰洞《トボンドン》を経て双門洞《サンムンドン》に移らざるを得なかった。双門洞二〇八番地は共同墓地だった。昔の官僚の墓だったのか、墓も石碑も大きなものだった。その墓の前にテントを張って寝るしかなかった。怖さより寒さに震えながら夜を過ごさなければならない。雪の降る日にはテントの中にまで雪が吹きこんできた。顔に雪があたると、ひび割れた肌がひりひりとした。

到底テントでは冬を越せなかった。被災民たちはセメントブロックを買ってきては積み上げ、無許可で家を建て始めた。屋根はスレートやアスファルト・フェルトで覆った。風に飛ばされないように、タイヤや石を屋根に載せてしのいだ。時に撤去隊員がやってきて無許可建築だといって、壊していくこともあった。それでセメントを塗って固めずに、ブロックを積み上げるだけにしたのだった。そうすれば彼らが家を壊して行っても、すぐにまた散らばったブロックを積んで元通りにすることができた。

撤去の日には住民たちと隊員たちの間にひと騒動が起きて、野次と怒号が飛びかう中で、バラックを壊す音があたりに鳴り響いた。粉々に砕けたブロックは使い物にならないから、また買わなければならない。泰壹は撤去にやって来るという噂を聞くと、あらかじめ家を解体しておいた。「奴らと争ったからといって、撤去を諦めるわけじゃないし、ブロックが壊されたらまた買わなくちゃならない。こうしておけば、ブロックは壊されずに済むでしょ」。ある時、何の前触れもなく撤去が始められて、住民たちとの間で激しい争いが起こった。ちょうど出勤しようとしていた泰壹が、あわててブロックを外しているところへ隊長がやってきた。「何をしてるんだ！」「壊される前に解体しているんですよ。隊長さんも壊したくてやってるわけじゃないでしょ。上から言われてやってることだし、僕らだって生きるためには何としてでも家がなくちゃならないから、こうやってブロックが壊れないように、前もってばらばらにしておくんです」。隊長は隊員たちに指示した。「この家はハンマーで壊したりするな。ブロックが割れないように気をつけるんだ！」。彼らが帰ると彼はまた家の壁を積み始めた。

李小仙は汗を流しながら仕事をする息子に食膳を整えてやってから、井戸に水を汲みにいった。頭に水甕を載せて戻ると、もう食べ終えたのか泰壹はブロック積みに余念がなかった。「もう食べちゃったんか？」「うん」「少し腹を休めてからやればいいのに。何をそんなに慌てて……」。膳を片づけようとしたが、どこにも見当たらなかった。本人に聞いてもにやにや笑うばかりで答えない。ふと下の方を見ると、両親が仕事に行っている間に家を壊されてしまった幼い子どもたちが、廃墟に座って何かを食べているのが見えた。「お前も少しは食べてから、あげればいいのに」「僕は我慢できるけど、あの子たちはまだ小さいからどれだけお腹が空いてたか……。水でも一杯飲めばだいじょうぶだよ」。

泰壹は建てなおすたびに少しずつ家を広くしていった。「大きくしたら時間もかかって大変なのに。うちの家族だけが住むのに何で大きな家が必要なんだい」と息子に尋ねると「いつかここにはたくさんの人たちが集まるようになるよ」と到底理解できないことを言った。その頃泰壹は、平和市場で一緒に働いている幼いシタたちが苦労しているのを気の毒がって、裁断師の友人たちと労働環境を変えるための計画を立てているところだった。

息子の顔は日に日にやつれていった。通行禁止時間が過ぎて、明け方になって家に戻ることもしばしばだった。「また徹夜作業をしてきたのかい?」。ようやく戻った泰壹をつかまえて李小仙が尋ねた。「違うよ。僕の工場には順徳くらいの小さい子が、シタとして働いているんだけど、一日中、ろくに食べないで仕事していてね。仕事が終わって工場を出ようとしたら、その子たちがあまりお腹を空かせているから、バス代のお金でパンを買ってあげたんです。何とか急いで走って帰って来ようと思ったけど、結局、夜間通行禁止にひっかかっちゃって……交番で一夜を明かしてきたんですよ」。李小仙はあきれて言葉も出てこなかった。

僕はいつの頃からか、感情にもろくなっていました。少しでも可哀想な人を見ると、その日は一日中憂鬱な気分になったりしました。自分自身が同じような環境で暮らしてきて、その気持ちがよくわかるからだったんでしょう。

『僕の死を無駄にするな』より

寒い日にはぶるぶる震えながら出勤する息子を、いつも気の毒に思っていた李小仙は、つくろった冬のジャンパーができると売らずに着せてやった。ところが、数日前からそのジャンパーを着ないで、作業服姿で家に帰ってくるようになった。「ジャンパーはどうした?」「うん、うっかりして工場に脱いだまま置いてきちゃった」「何日も工場に置きっぱなしだって？　また誰かにやっちゃったんじゃないのかい」。泰壹は頭をかきながら「裁断師の補助が入ってきたんだけど、その子が僕の作業服より薄いのを着ていて、それも破れたやつだったんで」「人に優しいのも病気だねえ」。

息子は母親を本当に大切にしていた。ある日、肌着を作ってきたといって差し出したものは、余り布を使って作ったために、前と後ろで色が違っていた。「ほんとは新しいものを買いたかったけど……ごめんなさい。余り布で作ったもんだから、色が違ってしまったね」「色が違うくらい何でもないよ。服の下に着るもんなんだから。だけど、疲れているのに何でこんなものを拵《こしら》えてきたんだよ。そんな時間があったら、少しでも寝なくちゃ……」。

泰壹はどんなに疲れていても、家に帰ると李小仙にあれこれ話しかけた。母が何か言えば、いちいち相槌を打ったし、自分がその日何をしたのか、どんなことがあったのかを一つ残らず話した。そして何が正しいことで、何が間違っているのか道理を立てて話すことができた。女工たちが眠い目をこすりながら仕事をしていて、アイロンで火傷したり、ほこりの舞う所で仕事を続けたために肺病にかかって血を吐き、病院にかつぎこまれた話、作業班長に罵倒されてすすり泣いていたという話……。泰壹はそれらの出来事を、決して見過ごすことができなかった。

「十二、三歳の子どもたちがシタになって、明け方にご飯を食べてから一日中、夜中まで仕事をするんです。わらびみたいな可愛い手で埃まみれの穴倉みたいなところで、腹を空かせながら働いているのを見ると、人間はこんなにしても生きていかなくちゃならないのかと思ったりします。えらいと思う反面、可哀想にも見えて……」。

李小仙も息子に一日の出来事をあれこれ話した。中央市場で古着を売るのに、どこで古着を手に入れたか、いくら売れたのか、代金はちゃんともらったか、どんな人が買っていったのか……。まるで昔話でも聞かせるように、出会った人たちがどんな仕草をして、どんな声だったたか物真似までしてみせた。こうしていると二人は時の経つのも忘れて朝を迎えることもよくあった。

町内でも母子の睦まじさは評判になっていた。「李さんは泰壹がいなかったら、一日も暮らしていけないよ。息子と話してるときの優しさといったら……」。

テント教会

李小仙は双門洞の無許可住居に住んでいるうちに、ひどく健康を害して古着売りもできなくなってしまった。町役場から救護物資として配給される小麦粉で、すいとんを作ってようやく飢えをしのいだ。栄養失調とストレスのせいか、目がかすんできたと思ったら、やがて何も見えなくなってしまった。順玉が手を引いてくれなければ一歩も動けないというのに、明日の食事も心配しなければならない身の上では、病院に行くこともできなかった。夫はみっともないから、外に出るなとくぎを刺した。一円でも多く稼がなくてはならないのに……。家に閉じこもって臥せってばかりいると気が気でなかった。

米をつけで買える店があった。ある日、その店の奥さんが何の前触れもなく訪ねてきた。たまったつけを取りにきたのかとびくびくしていたが、「申し訳ないね。私の体がこんなで……。米代、早く何とかするから」「いいのよ。ゆっくりでいいから、早く体を直さなくちゃね。教会に行って見たら？　イエス様を信じたら目の見えない人も見えるようになるんだって。一〇〇日だけ欠かさずお祈りしてごらんよ」と勧めてくれたのだった。

双門洞二〇八番地には、南山バラック村の火事で集団移住してきた三〇世帯が集まって暮らしていた。ここに一人の伝道師が住みついて、テントの教会を建てて宣教をし始めた。李小仙は目が見えるようになるという一言に、翌日から教会に行くことにした。目の見えない彼女は、道を這うようにしてようやく教会にたどりついた。それから一〇〇日の間、雨の日も雪の日も明け方のお祈りに参列した。どうやってお祈りをするのかも知らなかったが、ただひたすら膝まずいて、目が見えるように哀願し続けた。イエスが誰なのかも知らなかった。このまま見えなくなり、子どもたちのお荷物になってはいけないという一念で、地にひれ伏してしがみつくように訴えた。

一〇〇日目になった日、目が腫れあがり、のどが張り裂けんばかりに祈りを捧げたが、相変わらず何も見えなかった。お祈りも効き目がないのか、と自分の目を呪った。どうか見えるようになってほしい、目が開いてくれたら……あんなに小さな子どもたちがいるのに、何も見えなかったらどうやって生きていけるっていうんだ！　無念の思いがこみあげて、手のひらで目の周りを力いっぱいこすった。余りにひどくこすったために、目のあたりが火照るどころかひりひり痛んで、赤黒い炎が目の中に燃え上がるようだった。町中に涙があふれるような勢いで、おんおん声を上げて泣き出した。

「お母ちゃん、もう泣かないで」。順玉がへたりこんで泣き続ける母親を抱き起し、水を汲んで顔を洗うように言った。目元に水がしみて到底洗うことができなかった。「タ、タオル」。娘が差し出したタオルで、そっと濡れた顔を拭った。タオルを渡そうとしたとき、ぼんやりと黄色いものが目に映ったようだった。タオルだ！　仰天して路地の方に目をやると、灰色のものが見えた。灰色の塀とうどん屋の店先だった。「見えるよ！　見える……」。思わず天に向かって手を上げて叫んだ。朝の陽射しがまぶしく輝いて目に入ってきた。手で目をおおうと庭先にへたりこんだ。手のひらが涙で濡れていた。

「ありがとうございます。ありがとうございます。神様、イエス様。本当にありがとうございます！」。彼女の口から、自然に感謝の祈りの言葉があふれ出た。夫は妻の目が見えるようになったという言葉が信じられなかった。壁に「讃美歌」と書いてみた。「見えるって？　じゃ、これは何て書いてある？」「讃・美・歌……」。一字ずつゆっくり声に出した。夫は李小仙と書いた。「李・小・仙……」。まるで嘘のように彼女の目が開いたのだった。

思えば辛いばかりの人生だった。一筋の光も射さないような暮らしだった。夫の事業の失敗は、貧しさがもたらす飢えよりも、そこから抜け出すことができないという、絶望感で彼女を苦しめた。崖の淵からどこまでも落ちていく、李小仙の手をつかんでくれたのは教会だった。押しつぶされるような生の重荷を軽くして、泥沼にはまった小さな体をすくいあげ、乾いた地の上に再び引き上げてくれたのだった。

彼女はそれから熱心に教会に通うようになった。古着売りをして帰ってきても、礼拝の時間になれば必ずテント教会に駆けつけた。どうしても遅くなって間に合わない時は、どこでも構わず近くの教会に行って祈りを捧げた。

泰壹に学んだ勤労基準法

「母さん、僕は裁断師になるよ。でも裁断の仕事を習おうとすれば、また補助から始めなくちゃならないから、今の給料の半分にもならない三〇〇〇ウォンくらいになっちゃうけど……」。泰壹はミシン師として月に七〇〇〇ウォンほどもらっていた。この給料が家計の大きな支えとなっていた。「裁断師になれば、工場の責任者になるから、僕がシタたちの力になれると思うんだ」。

もともと経営者は泰壹のことをよく思っていなかった。裁断師が、ミシン師やシタたちの事情をくんで良くしてやるのは、経営者にとって何一つ利益になることではなかった。何もいわずに黙々と言うとおりに働く従業員こそが必要だったのだ。ところがこいつは、シタが少しでも具合が悪いと言えば、作業を放り出して薬屋に連れていくことがしょっちゅうだったし、徹夜勤務をさせようとすると顔をしかめて不満をあらわにする……そんなところに思いがけず追い出す口実ができたと思った経営者は、このときとばかりに彼を首にしてしまった。

解雇されたことは泰壹にとっては何でもないことだった。平和市場でそのくらいの技術があれば、働き口を探すのはたやすいことだ。重要なことは、この世界では最低限の人としての情すら許されないという事実だった。彼は初めて裁断師になろうとした時のことを思った。そのとき、その胸には弱い立場の職工たちを助け、可哀想なシタたちによくしてあげたいと考えたのではなかったか。裁断師になれば、ある程度の温情は自分の裁量でかけてあげられると期待していたのではなかったか。工場主がまさかそれほどの事もできないよう、邪魔をするとは想像もできなかった。ここまで思い至ると、自分が今まで何か大きな思い違いをしていたことに気づかざるを得なかった。

――『全泰壹評伝』より

全相洙は息子が労働運動に関心を持っていることを知ると、怯えが先だった。今まで忘れようとしてきた「大邱ゼネスト」の記憶が、目の前にまざまざと甦ってくるようだった。死んでいった同僚や、棍棒に打ちのめされ引きずられていった指導部の人たちの顔が、鮮明に脳裏に浮かんだ。

彼は息子と違う考えだった。ここまで来たら、自分が知らぬふりをしたとしても知らずに済むはずもないし、むしろ自分の知ってる限りを話して、それがどれほど大変なことか、いや、絶対に不可能なことを悟らせてやらなければならない。そして労働運動をすれば、将来にわたってどんな災いが降りかかってくるかを教えて、この機会に完全に断念するようにした方がましだと判断したのだった。

――『全泰壹評伝』より

「労働運動っていうのは、難しくて結局はどうにもならないもんだぞ。くだらないことに興味を持たんで、金でも貯めるんだ。労働者のために作ったっていう勤労基準法っていうのがあるけど、そんなもんただの飾りだ。金がなきゃ法律だってありゃしねえ。人間扱いもされねえんだ」。

「勤労基準法ですって?」父の言葉に泰壹は目を大きく見開いた。そうして勤労基準法について、あれこれ聞きただした。父はそのたびに手を振って、そんなことに関心を持つなとくぎを刺した。だが、そんなふうにするほど、かえって泰壹の関心は強くなるばかりだった。自分が裁断師になったところで、何もできないと知り落ちこんでいた彼は、労働者のための法律があるという、そのことだけでも胸が高鳴る思いだった。「母さん、お金少しある？」。泰壹は李小仙に借りて、古本屋で見つけて買った黒色の、分厚い法典を夜昼なく読み続けた。「大学生の友だちがいたらいいんだけどな……」。ある日息子が気落ちした様子で言った。「いきなり大学生が何だって？」「本の中身が漢字ばっかりで、何が書いてあるのかさっぱりだよ。漢字を一つずつ調べながら読んでいたら、いつになったら読み終わるか……」「うどん屋の旦那さんが大学を出たって言ってたっけ」。一度行ってみたら？」。母の言葉にさっそく家を飛び出した泰壹は、しばらくしてから顔を上気させて戻ってきた。「母さん！おじさんがいつでも来ていいって！　いくらでも教えてやるって！」。

「母さんも勤労基準法を勉強しなよ」。仕事を終えて帰ってきた母をつかまえて、泰壹が言った。「何？　法律だって？　あたしなんかが法律知って何になるんだよ。飯のたねになるわけでもないし」。彼女は冗談だと思って笑いとばした。「どんなことでも、しっかり勉強すればきっと役に立つはずだよ」。息子は母の隣にぴったりくっついて勉強をしようとせがんだ。母も息子の願いを拒めずに、労働法の勉強を始めた。泰壹が一つずつ丁寧に教えてくれると、それにくっついて読んでいくようになった。「母さん、これは覚えなくちゃ。明日の夜僕がまた聞くからね」。翌日になると、前の日にやったところを暗誦してみろと言う。暗記なら小さい頃から得意な彼女だった。「不当解雇って何？」「労働者が何の落ち度もないのに、事業主が解雇することだよ」「解雇って？」「会社に来られないようにすることに決まってるじゃないか」。正確に答えると泰壹は手を打って誉めたたえた。「ほんとに母さんはすごいよ。一度教えただけで皆覚えてしまうんだから」「何言ってるんだい。間違ったらお前に叱られると思って、古着を頭に載せて運びながら一日中、覚えようと必死になってんだから」。

暑い夏の日のことだった。家の近くには草原とどぶがあって蚊が群れをなしていた。李小仙はこのごろ、息子を見ると胸騒ぎがしてならなかった。裁断師になったと喜んでいたのに、いくらも経たないうちに首になってしまった。この世の苦しみを一人で背負ってでもいるように、肩をがくりと落としている姿を見ると自分まで辛くなった。それも勤労基準法のせいではないかという気がしてならなかった。朝に晩に勤労基準法にかかりきりの息子を見ると、とうとう堪忍袋の緒が切れた。

「母さん、ユニオン・ショップって何？」母は横になったまま一言も答えなかった。「具合でも悪いの？」気遣う様子だったが彼女は冷たく言い放った。「もうやらないよ！」「今までずっと一生懸命だったのに、一体どうしたの？」泰壹は母の足をもんだ。「あたしがずっと考えてみたけど、毎晩こんなことしたって何にもならんさ」「あんなによくできたのに、何で気が変わったのかなあ。もう少しの辛抱なのに」「だからあたしが勉強して何になるんだって！」「ひょっとしたら、役に立つかもしれないじゃないか」「そんなときはお前に聞けばいいだろ」「僕がいつまでもいるとは限らないじゃないか。もしいなくなったら、嘆いてもどうにもならないよ」「何だって？　いなくなったら？　嘆くだって？」。李小仙はふいに嫌な予感がして起き上がった。

「お前はどこかに行ってしまうのかい？　何でいなくなるんだ。何を考えてるのか、このごろどうもおかしいよ。はっきり言ってみなよ！」「違うよ。別にただ言ってみただけだよ。じゃ、おやすみなさい……」。李小仙の胸に恐れがよぎった。泰壹が何かをやらかしそうだった。息子の目が今までとは違って見えた。

夫の最後の贈物

全相洙は双門洞の家にミシンを置いて、値の安い作業服を作った。李小仙が古着売りをしながら布を仕入れてくれれば、夫がそれで服を仕立て、妻はそれを再び市場に持って行って売った。売ってもいくらにもならなかった。これまで何度も事業に失敗してきた全相洙はもうすっかり意欲を失くしていた。再び事業を始める気力も無くなっていた。ある日夫が夜遅く酔って帰ると、何かの袋を放り投げた。「これは何です?」「明日はお前の誕生日だろ? わかめスープ(註4)を作りな」。袋の中には赤身の牛肉が入っていた。見ると肉が泥だらけになっていたから、恐らく酒に酔って帰る途中、道端で転んで泥がついたのだろう。「どっかで拾ってきたん? 泥だらけじゃないか」。黙って礼を言って肉を洗い、スープを作ればよかったのに……つい嫌味を言ってしまった。「だったら食わなきゃいいだろが!」。夫は彼女から袋をひったくると、外に持って行ってゴミ箱に放り込んでしまった。

李小仙は夫と二十年も暮らしながら、今まで一度も優しくしてあげることがなかった。これじゃいけないと思っていても、いざ夫の顔を見るとそうするしかなかった。時に夫が無知で粗暴なふるまいを見せるのも、彼女によくしてあげようと思って叶わなかった時の、自責から来る行動だということも承知していた。やることなすこと失敗ばかりの夫を恨む気持ちも、歳月が経つといつか憐れみに変わっていた。背を小さく丸めてミシンを踏む夫が、翼を失くした鳥のようにも見えた。酒をしこたま飲んで帰り、大声を上げるようなこともめっきり少なくなっていた。アルマイト茶碗に焼酎を注いで呑んでいる夫を見ると、豆腐でも買ってきておかずにしてやりたい気持ちもわいたが、いつも、気持ちとはうらはらなことしかできなかった。

1969年の4月頃、妻が教会に通うのを快く思っていなかった夫が、ある日自分も教会に行くと言いだした。全相洙以外は家族皆が教会に行くようになっていた。順玉は南山のバラック村にいた頃から通っていたし、他の家族も彼女が百日祈禱を終えて目が見えるようになってからは、信仰生活をするようになった。夫にもイエスを信じるよう勧めたが、そんな時間があったら寝た方がましだと妻に嫌味を言うばかりだった。自分の目が見えるようになったことを知りながら、それでも信じられないのかと言うと、たまたま見えるような時期になったからそうなっただけで、それをイエスのおかげとはどうかしてると、食ってかかったものだった。

そんな夫が進んで教会に行くというのだから、どうにも腑に落ちなかった。「ほんとに？　あんたが教会に行くって？」「ああ、お前がいつも一緒に行こうって騒いでたじゃねえか。願い事を一つくらい聞いてやってからあの世に行かないと罰が当たるからな」「何言ってんの。イエスを信じるから行くんだろ。あたしのためだなんてそんな言い草があるもんか」「だったら俺が行かないほうがいいんか？」。こうして全相洙も教会に通うことになった。

それから一月ほど経ったころだった。李小仙はその日も夜遅くまで古着を売り歩いて家に帰ってきた。「父ちゃんは寝たのかい？」「近所のおじさんとマッコリを飲んで、寝たところ。父ちゃんが豚肉買ってきたよ。母ちゃんが帰ったら焼いて食べろって……」。順玉が袋を出して渡した。「お酒飲んだっていうんなら、つまみにすればいいのに。あんたたちが食べるとか……腹減ってんじゃないか？」「だめだって！　絶対に母ちゃんが帰ってから一緒に食べろって。早く焼いてよ」。台所に行って肉を焼き始めると、美味そうな匂いが部屋に広がって寝ていた夫も目をさましたようだった。「帰ったんか。肉を買ってきたから焼けって言ったんだけんど……」。

夫が台所に向かって声をかけてきたが、突然後頭部を押さえるとそのまま後ろにひっくり返りそうになった。「あぁ、父ちゃんがひっくり返るよ！　早く体をつかんで！」部屋にいた泰三が父親を支えようとしたが、既に床に倒れた後だった。李小仙は血圧が上った時は、首の上のところを切って血を出さなくてはならないと聞いたことがあった。「早く針を持ってきな！」子どもたちは針が見つからずに、おろおろするばかりだった。「はさみでもいいから！」と夫の首をしっかり持って必死に叫んだ。泰三ははさみを、順玉は包丁を持ってきた。はさみで耳元を切ると、どす黒い血が吹き出た。真っ赤になっていた顔が少し落ち着いてきたようだった。息が詰まって、苦し紛れに胸元をつかんでいた夫の手がだらりと下がった。「よかった。もう大丈夫だよ」。胸をなでおろした彼女は息子に医者を呼びに行かせた。

再び目を開けた全相洙は妻の顔をまじまじと見つめた。「お前には本当に悪いことしたと思ってる。ずいぶんひどいことをしてきたよなぁ。憎くてそんなことしたんじゃないんだ。許してくれよ……」。目もとから涙が一筋こぼれたかと思うと、がくりと首を折った。あんたの気持はわかってるよ――李小仙がそう返事をする間もなく、夫は二度と目を開けることがなかった。それが最後だった。

（註4）わかめスープ　子どもを産んだ母親が産後の体調を回復し、栄養豊かな母乳を作るためにカルシウムなどの栄養分が豊富なわかめは貴重な食品だった。誕生日にわかめスープを食べるのは、自分を産んだ母親の出産の苦しみを理解し、この世に生まれた喜びをかみしめる意味があると言われている。

オモニの部屋で②

誰よりも安らかで、誰よりも厄介な人

李小仙の声はだみ声だ。言葉が口の外にはっきり出てこないで、喉のあたりでからむように聞こえる。録音した彼女の声を文字に起こす作業は、並大抵のことではない。他の人と話していたことをしゃべる時は、その人の口ぶりをそのまま真似て言う。抑揚は慶尚道だが、なまりが混じる。故郷が慶尚道だから仕方がないことだが、清渓労組の労働者たちは大抵、全羅道《チョルラド》か忠清道《チュンチョンド》だ。そうなると彼女の話を聞きとる時には大変なことになる。

さらに困るのはしゃべる速さだ。話したくないことをインタビューされる時は、言葉数も少なくなり速度もゆっくりになる。時には機先を制して、記者に向かって答えに困るような質問をしては、相手を何も言えないようにしてしまう。こんな時は取材手帳にメモしてあった質問だけをするのが精いっぱいで、追い返される破目になる。ところが、言いたいことがあるときは、話の速度ががらりと変わって速くなり、とうていメモが追いつかなくなることもある。その上、興奮してくると音声が高くなるし、速さに拍車がかかる。もちろんいつ終わるのかもわからない。四時間以上一言も質問できないまま、聞き役に徹するしかないこともあった。

「寝ているのかい?」「い、いいえ。続けてよ。寝ながらだってちゃんと聞いているから」。もちろん、私が聞いていようがいまいが、李小仙は最後までしゃべり続ける。集会でマイクを握るときも同じことだ。いくら話してくれと言っても何も言わないことがあるかと思えば、マイクを奪っても話しやめないこともある。2006年11月の〈全国労働者大会〉の時だった。〈全泰壹労働賞〉の授賞式があったが、受賞者であった富川世宗病院に賞を渡して、壇上から降りようとした彼女が突然引き返して壇上に上ったかと思うと、司会者が手にしていたマイクをひったくった。一度は戻ろうと思ったけど、到底このまま帰れないと言いながら口を開いた。言葉だけで労働者は一つだと言ってみたところで何になる？　一番陽の当らないところで疎外され、苦しんでいる非正規労働者たちに目をつぶって、どうして民主労総(註5)だと言えるのか。今自分たちが正社員だからといって、千年万年そのままでいられると思うか？　正社員が非正規労働者と手を結んで闘わなければ、そのうち皆が非正規になって鎖につながれた奴隷のようになる……、という内容だった。市庁前広場を埋めつくした正規雇用労働者たちを厳しく一喝したのだった。

「何か間違ったこと言ったかねぇ。余計なこと言ったんじゃないか？」「誰かが言うなっていったら、黙っていたと思う？　今度のこと言おうと思って、毎晩一生懸命考えていたのに……。よく言いましたよ、よく言ってくれました」「ろくでなしめ、言うにことかいて、よく言ったって？　あたしをばかにしてるのかい」「違うよ。正しいことを言ったっていってるのに……」。家に帰ってからも、昼間言ってしまったことが気になるのか、私に確かめ続けた。

いつもは頑強に見える李小仙だが、一人ぼっちでいることを何より恐れていた。誰でもいいから話していなければいられなかった。話す相手がいなければ、分厚い電話帳ノートを引っ張り出して、番号を押し始める。最近は体調がはかばかしくなく、出かけたくても出られないようになると、受話器を離さないでいる時間がずいぶん多くなった。ニュースを見ていて民主労総が厳しい状況だと思うと、すぐに李錫行《イソッケン》委員長に電話をかける。彼女が電話する時よく出てくる言葉は「会いたいよ」と「愛してるよ」だ。「ハウォンの父ちゃん、このごろどうしてるんだい？　あんたに会いたいよ。話し相手がいないんだから……」「トッキの母ちゃん、ちゃんと食べてるのかい？　来週こっちに来るんだろ。あんまり苦しまんと……愛してるよ」『ハウォンの父ちゃん』とは70年代からずっと苦楽を共にしてきた張《チャン》基《ギ》杓《ピョ》で、『トッキの母ちゃん』は人革党(註6)再建事件で死刑になった宋《ソン》相《サン》振《ジン》の夫人のことだった。

　彼女には到底似合いそうにないこれらの言葉が、彼女特有のだみ声で語られると、聞く者の胸に温かいさざ波を立てるように響いてくる。偽りのない感情がこめられた言葉の裏側には、徹底した計算が行き届いている。ここで言う計算とは損益を分かとうとするものでなく、本能に近いものだ。誤解のないように言えば、計算とは、手厳しく叱咤する時と、熱い激励の言葉をかける時を区別するという意味だ。その底には限りない愛情が流れている。相手の置かれた状況や気持ちを、目の前でえぐり出してのぞき込みでもするかのように、ぴたりと探り当てる。儀礼的な言葉や、意味のない話とは無縁ということでもある。鋭い批判の言葉には、研ぎ澄まされた刃とともに、綿菓子のように温かくほの甘い愛情が同居している。今夜も夜を明かした。私にとっては誰よりも安らかで、誰よりも厄介な人、李小仙と共に朝を迎える。

（註5）民主労総　全国民主労働組合総連盟。１９８７年夏以降、社会全般の民主化が進む中で労働運動も大きく前進したが、解放後唯一の労働運動のセンターだった韓国労総を批判しつつ、民主・革新的労働運動を進めようとする労働組合が１９９５年に設立した労働運動の連合組織。

（註6）人革党　１９６４年に日韓条約締結反対運動を弾圧する目的で、共産主義者が国家転覆をはかり人民革命党を結成したという事件が軍事政権によってでっちあげられた。その後１９７４年に『維新体制』に反対する民主化運動を弾圧するために、人民革命党再建を企てたとして再び活動家を逮捕、八名に死刑を執行したが、２００７年に名誉回復された。

第2部

炎の痕から立ち上がる人々

1970年11月——1971年9月

1970年11月13日

夕方になる頃だったと思う。教会に行くと、牧師が私の頭に手を置いてお祈りをしながら、「執事(註1)さん乗り越えられないくらい大きな試練が訪れるから、その試練に勝つために祈ってください。試練がやってきたら神のお力で打ち勝たねばなりません。今から私と共に五日間の断食祈禱をしましょう」牧師がそう言うんだ。その言葉を聞いて、私は何も考えずにアーメンと言ってしまった。アーメンと言ったら必ずやるって約束することだから、五日の間何もしないで断食祈禱をやったんだよ。三日目に遅くなってから泰壹が教会にやってきた。「母さん、断食祈禱なんかしたらしんどいじゃないか。体も丈夫じゃないのに……。三日だけでやめなよ」。心配しなくても大丈夫だといって、泰壹のいうことも聞かないで続けていた。

五日目だったか、明け方に板敷きの床に座りこんでお祈りをしていたら、それはそれは大きな風呂敷が、布団のカバーみたいに四角くて真っ白な風呂敷が、私のまん前に敷かれているんだ。お祈りをしているところへ、真っ白な布切れが降って来たってことだよ。そこへ泰壹が、歩いてきたわけでもないし、そばにいたわけでもないのに、空中から降りてきたみたいにその布の上にいるじゃないか。すると白い外套を着た男たちがどこからともなく現れて、風呂敷の四隅を持つとあの子を乗せたまま上の方に飛んで行ってしまった……。それが断食祈禱の最後の日のことだった。夢だったんだね。目が覚めたけど気分は良かった。泰壹を連れて行ってしまったというのに……。

説教台の下で一体何が起きたのかってぼんやり考えていると、夜が明けて末娘がやってきた。「母ちゃん、今日で断食祈禱が終わるから母ちゃんを連れてこいって、兄ちゃんが言うから来たの。一人じゃ歩いて帰れないだろうから私に行ってこいって。兄ちゃんは片づけものがたくさんあるから代わりにって」「歩けないわけないだろ。迎えにこなくたって……あたしは一人で歩けるから一緒に帰ろ」まだ若かったからそう言ったよ。

家に戻ってみると部屋がすっかり見違えるようになってた。本は隅に片づいているし、泰壹の服はまとめてハンガーにかけてあるし、他のものもきちんと片づけて置いてあった。読んだ本がひもでしっかりくくってあるのを見て、誰が整理したのか聞くと順玉が「兄ちゃんが、夜も寝ないでやったの。今もやってるよ」と言った。「泰壹、仕事しに行かなくちゃならないのに、何で夜も寝ないで荷物の整理なんかするんだい?」「母さんがものを探すのにいつも大変そうにしてるから、整理しておこうと思ったんだ」「何で早く帰って来いって、妹に行かせたんだい?」すると「母さんは五日間も断食したんだから、ふらふらになってると思ったし、言っておくこともあって迎えにやったんだよ」と答えたんだ。見ると髪もきれいに刈って、靴も叔父さんがくれたのを磨いて履いてたし、ズボンもアイロンをかけコートまできちんと着ているじゃないか……。台所で麦と米を混ぜたご飯を炊いて、今まであまり食べたことのなかった海苔まで出して膳を整えたら、「母さん、こっちに来て食べようよ」

というから「ああ、お前は先に食べといて」と言ったんだ。すると「だめだよ。皆一緒に食べなくちゃ」と言いながら弟たちにも、母さんが来るまで食べちゃだめだぞって念を押していた。

部屋に入るといつもは私がやっていたお祈りを、あの子が始めた。「うちの家族皆が健康でいられますように。何より母さんのことを、主が助けてくれなければ誰も母さんを助けてあげられません……」「母親のために祈り、家族のために祈り、教会のために、そして自分のためにも祈ったよ。自分のために何を祈ったかって言うと、堂々として、勇気のある、男らしい考え方をいつまでも持ち続けられるようにって祈ってたんだ」。私はそっちに、泰壹はこっちに座ると「母さん、一緒に食べよう」と言いながら、順徳の頭をなでて「いいかい、母ちゃんの言うことをよく聞かなくちゃだめだよ」。順玉にも「母さんの言うことを聞けば、誰にも恥ずかしくなく、人の道理をよく守って生きていくことができるよ」って言いながら、何度も妹たちの頭をなでている。

「お前は何でご飯も食べないで、そんなことばっかり言ってるんだい？」と言ったら、「僕はお金を稼いで弟たちに学用品も買ってあげられなかったし、母さんにも孝行ができなかったでしょ。母さん、こんな僕を許してよ」。「どこかに行ってしまおうと思ってるのかい。移民にでも行くつもりなのかい？」「今まで母さんの気持ちに応えることも、ちゃんとした親孝行も一度もできなかったね。今から孝行するから、気持ちをしっかり持って、体を大事にしなくちゃいけないよ」。その言葉を聞いても、何だか変な気がしてしょうがないから、匙を置いてもう一度聞きただしたんだ。

「お前は今からこの家を出てどこかに行ってしまうつもりなんか？　ほんとにどこか行っちゃうんだね」「僕が母さんや皆を置いてどこかに行くはずないでしょ！　だんだん大人になって分別もつくようになったから、昔のことを思いながらそう言ったんだよ」。そうして順徳を見て「お前くらいの子どもも工場に来て働いてるんだ。いつもお腹をすかせて、病気にもかかって……。お前は母ちゃんがいるから、それでも学校に行けるだろ。僕たちは母さんがいるから、ほんとに幸せに暮らしていけるんだよ」。

それからまたいろんなこと言ってたっけ。ご飯が終わって、子どもたちが皆外に出ていくと、私に向かってこう言うんだ。「母さん、僕の言うこと聞いてくれる?」「ああ、言ってごらん」「明日一時に、平和市場のクルム橋のところに来てほしいんだけど」「何でまた?」「新聞見たでしょ? 労働監督官が僕たちとの約束守るって言っておきながら、国政監査も終わったから、後は勝手にやれって知らん顔を決めこんでいるからデモをするんだ」。

だけど、その時は何のことかわからなかったよ。まさか死ぬつもりでいたなんて、わかってたらきっとついて行ったに決まってる。「あんたたちがデモしたからって、要求を聞いてくれんの?」「聞いてくれなくたって、聞いてくれって言わなくっちゃ!」「デモなんかしたって何になる? すぐにどうにかしてくれるわけじゃないし。金曜は礼拝に行かなくちゃならないから、行かないよ」。すると私をつかんでまた、頼みこむんだ。「一時にクルム橋に、たった一回でいいから来てよ。母さん、息子の頼みだと思って……」「あたしにデモを見物しろっていうのかい? それとも一緒に声を上げてくれっていうの?」「ただ見ていてくれればいいよ」。

それでも、自分が執事で金曜礼拝の責任者だから、行きたくても行けない、朝のうちに早めに礼拝を終えて、その後は中央市場に商売に行かなくちゃならないから、来てくれっていくら頼まれても行けないって言ったんだよ。「母さん、これだけ言ってもだめなんだね」。泰壹ががっかりしたようにそう言うから、「わかったよ。私もお前の気持ちはわかってるし、お前も同じだから。だから通じるんじゃないか」。ところがあの子は、「僕が母さんにこんなふうに言うから、気になるでしょ？」そう言いながら台所に行って、釜に残っていたスンニュン（おこげに水を入れて沸かしたもの）だったかを、水を足して持ってくると、私にくれて自分も一緒に飲んでたっけ。ところが扉を開けて外に出ながらもう一度こう言うんだ。「たった一度だけ、寄ってくれたら思い残すことはないんだけど。明日だけは商売を休んでくれたら……」。そんなこと言うからこうやって泰壹を見つめてたら、私が怒りだすとでも思ったのか黙ってしまった。

どうもいつもと違うから気になって、後をついて出て行ったよ。何で来てほしいって何べんも言うのか。何だか腑に落ちなくてデモなんかするんじゃないよって言おうと思ったら、自分もゆっくり歩幅を合わせて「母さん、本当に来ないの？」と言うから「行かないよ。そう言ったろ」。大きな声を出すと泰壹は大きな道路にまで出てから、また私を見つめて「本当に来ないんでしょ？」「行けないって言ってるのに……」。今日に限ってなぜあんなにぱりっとした格好をしているんだろう。死ぬつもりだなんて知らないから、どこかに行ってしまうのかと考えたんだ。ずっと私の来るのを待って立っているから、早く行けって手で合図したら、あの子も手を振って行ってしまった。

次の日が金曜日。1970年11月13日だよ。地域礼拝に行ったら、私のことを呼びに来た人がいて、何の用かって聞くと家に行けばわかるからっていうんだ。帰るとスピーカーから声が聞こえてきた——あの頃はテレビもなかったから。貧しくて、無許可住居だったし、近くのうどん屋に小さいのが一台だけあって、夜になると子どもたちがテレビを見るってわいわい言いながら集まっていたっけ。そのうどん屋のスピーカーから道峰《ドボング》区双門二洞二〇八番地の全泰壹が、体に油を浴びて火をつけたっていう声が、どなるように聞こえてくるんだ。胸がぎゅっとつぶれて、今にも真っ青な天が崩れ落ちてくるみたいだった。

とうとう、とうとう油なんかかぶっちまった！……

〈目の縁が赤みを帯びて、服の胸のあたりを手繰り寄せてつかむと、眉間をしかめ肩を落としたまま、息を深く吐き出すとしばらくの間、言葉を継ぐことができなかった……。ずいぶん経ってから、眼鏡を外しタオルを目に当ててぎゅっと押しつけたかと思うと、曇りガラスのようなレンズを拭き出し、やがて息を整えると再び話し始めた〉。

家に帰ると近所の人たちがみんな集まっていて、そこへあの子の友だちの栄文《ヨンムン》がタクシーで平和市場からやってきた。私を探しに来たんだ。その顔にはちゃんと書いてあった。泰壹は死ぬんだ。絶対に生き返らないって。そう思えてならなかったよ。近所の人たちもみんな、タクシーに乗ってそのまま行けっていうんだ、病院に。私が「いいよ、バスに乗って行くから」って言うと、「どうして？早く行かなくちゃならないのに」ってせきたてる。だけど病院で顔を見てしまったら、もうどうにかなってしまいそうな気がしてた。だって絶対生きられっこないって思ってたんだから。それでタクシーは送り返してバスに乗った。乗ったらそのバスがあふれるくらい満員で、少し行くとパンクしてしまったじゃないか。しょうがないから他のバスに乗り換えて、ちょうど混む時間帯だったんだ。

栄文は、さっきタクシーに乗ってたら今頃着いてたのにって言ったけど、現場に着いて泰壹の姿を見たらきっと気絶してしまう。頭の中ではあの子は助からないだろう、そうしたら自分はどうやっていけばいいか、そんなことを考えるためにわざとタクシーに乗らなかったのに。栄文はそんなことを知るはずもないから、「バスがちっとも進まないよ。オモニにタクシーに乗ろうって言ったのに乗らないから……」って騒いでばかりだった。「うるさいよ。バスで行けばいいんだ！」。倉洞から19番のバスが平和市場まで行くことを思い出した。

「先生、水をくれませんか。僕の舌に水をかけてくれませんか……」、病院に着くと泰壹の声が聞こえてきたよ。11月13日っていったら、その頃はほんとに寒かったんだ。それなのにこんなふうに、ベッドみたいな変てこな所に載せて、火傷したところに塗る薬をべったりと体中に塗りたくって、白いガーゼをぐるぐる巻きにしてから口と鼻の穴だけくり抜いてあるんだ。そんなんだから、声が聞こえなかったら誰なのかわからなかっただろ。

その声を聞くと側に駆け寄って、手を泰壹の胸に置きながら「労働者のために身を捧げたこの子の思いが、こんなふうにしなければ叶わないというんなら、神様の御心に従います。すずめ一羽だってあなたの御心でなければ落ちることはないと言うんだから、あわれなこの命もどうか御心に従わせてください……」というとあの子もアーメンと声をだした。それから聖書を枕元に置いてやると、こう言ったんだ。「母さん、気持ちをしっかり持ってください。そうしたら、僕が、言うことがあります……」そう言ってあたしに何かを話そうとしたんだけど、病院の人たちが他の病院に移すんだといって連れていくじゃないか。

メディカルセンターから聖母病院に移すのに、ほら、こんなふうに荷物をたくさん載せる車があるだろ？　病院の車じゃなくて、変な格好してるやつ。国防色のカバーをつけた、トラックにテントを張ったような車だから、後ろのところがぽっかり空いてるんだ。そこに何人かが乗って行ったけど、誰かが何か話をしているのを聞いて、それが勤労監督官の声だって聞きわけたんだね。「監督官さん。僕が死んでいなくなっても、どうかあの幼い労働者たちの、最小限の要求条件を聞いてやってください……」。わかったと監督官が言いながら、何で死ぬなんて言うんだ？　生きなきゃって言ったら、あの子は「火傷が三度になっても死ぬっていうのに、僕は百度にまでなったんだから生きられるはずがないから」と、監督官に何だかんだと依頼をし始めた。こうこうしてくれっていう、何かの要求条件みたいだった。

聖母病院で私に対しても、いろんなことをずいぶん言ってた。今それを話したら、この胸にためこんでいたものがあふれ出して、三日くらいは寝こまなくちゃならないよ。「三度の火傷でも死ぬっていうのに……、母さん、僕は早く死のうと思ってこの中にスポンジを入れて、火をつけたんだ。こんな姿を母さんに見せたくなくて、皆にも僕の醜い姿を見せないようにと思って……」。私が見てもあの子の言葉通り、体中の肉が豚肉でも焼いたみたいに焼け焦げていたよ。

「あと三分で死ぬか、一〇分で死ぬかわからないから、他の薬を探すだとか、注射を打ってとか言わないで、僕の言うことをよく聞いて、母さんがきっとそれをやってほしいんだ……」こう言って哀願するんだよ。「母さんはきっとそうしてくれる。僕の言うとおりにしてくれなかったら、いつか天国に霊魂となってやってきても母さんに会わないから。きっとやるからって答えてよ」そう声を振り絞って言ったんだよ。約束してくれって。それからもいろんなことをずいぶんしゃべった。「学生たちと労働者たちが力を合わせて闘わなくちゃ、別々にやってたら絶対にだめだよ。真っ暗な闇の中でか弱いシタたちがお腹を空かせているのに、このままだったら皆結核患者になってしまうよ。目も見えなくなって、体も動かせなくなってしまう。僕はこれ以上見ていられなくて、何とかしたかったけどどうにもならなくて、死のうとしたんです。僕が死んで、ほんの小さな粟粒みたいな穴でも、この暗闇に開けることができたら、それを見て学生や労働者が最後まで闘い抜いて、その穴を広げていって力のない労働者たちが、自分たちがしなくちゃならないこと、自分たちの権利を取り戻せるように、母さんが道を作ってくれなくちゃ……」。私がやらなかったら、それでおしまいだからとか、僕の死をむだにするな、そんなことも言ったし、「どんなに金品を積まれても、誘惑に耳を貸さないで、僕のお願いを聞いてくれるよね？」そんな姿を見て私が何を言える？　じっと聞いてばかりいたら「どうして母さんは何も答えてくれないの。僕が死んでも、むだに死んだらだめでしょ？　母さんがどうしても僕の言うことを聞いてくれなくちゃ……」。どうしても確かめたかったのかね。

「牧師たちは隣人を愛するとか言いながら、少しも愛していない。口ばっかりで実践がないんだ。そんな神様は信じないほうがいいよ。貧しい人を愛する神様を信じなくちゃ……」。自分もイエスを信じていたのにそんなことまで言うんだよ。泰壹がいろんなことを言ってるとき、この胸のあたりでぐつぐつと沸き立つような音がして、体中が包帯でぐるぐる巻きになっているのに、何かが煮えているような音が聞こえるんだよ。「母さん、母さん、僕の言ったこと絶対に聞いてくれるって、大きな声で一度返事をしてよ……」。そう言いながら胸のところはぐつぐつ沸き続けてた。「わかったよ。心配しなくても、この身が灰になっても、お前が望んでることを最後までやり抜くから」。もう胸が張り裂けてしまいそうなのに……やっとのことで声を絞り出してそう言ったら、「よく聞こえないよ。

もっと大きな声で、大きな声で……」「私の体が灰になったってあんたが願ってることを最後までやり抜くから！」大声を出して言ってやった。そしたらそのぐつぐついう音が首まで上ってきて、ドクンというと息ができなくなってしまった。

医者があわてて駆けつけると、首に巻きついていた包帯を切り取った。「母さん、もっと大きな声で、僕が思い残すことなく死ねるように。大きく大きく、返事をして……」すると喉から血がごぼっと出てきて、「大きい声で……」って言うとまた血がごぼっと……。そうやってしばらく気を失っていたけど、ようやく目を開いて最後に言った言葉は何だと思う？「母さん、腹がへった……」。

（再び李小仙はタオルで目を覆いながら頭をがくりと落とした。ずいぶん長い間……）

それが泰壹の最後の言葉だった。腹がへった――その言葉を聞いたらもう……その言葉がどれほど胸を締めつけたか、私もそのまま気を失ってしまったんだ。

２００６年11月４日、三十周忌の追悼式を前にしてソウル大の学生たちが訪ねてきた日、李小仙はこの話をしてから丸四日の間、床についてしまった。

（註１）執事　ヘブライ語の〈ディアコノス〉を翻訳した語で、プロテスタント教会で各機関の仕事を引き受けて奉仕する信徒のこと。

燃え上がる叫び

全泰壹が焼身抗議をしてから五日後の、１９７０年11月18日に葬儀が挙行された。

わずか二十三歳、ただの一度も人間らしい扱いを受けたことがなく、ただの一度も腹いっぱい食べたことのない、どん底の貧しさにあえいだ一人の若き労働者の葬儀は、彼の生涯とは不釣り合いなほど盛大に執り行われた……

『清渓、わが青春』より

京《キョン》畿《ギ》道《ド》楊州《ヤンジュ》郡《グン》（現在の南楊州《ナムヤンジュ》市）和道面磨石里《ファドミョンマソンニ》、モラン公園。山を削って造成されたばかりの公園墓地は、まばらに何本かの木が植えられているだけで荒涼としていた。風が吹くと黄色っぽい土ぼこりが舞った。もの寂しい初冬の冷たい風が着ている服の隙間に入りこんできた。胸が凍てつくようだった。白いチョゴリに黒いチマを着た彼女は、ぼんやりと立ちつくしていた。真っ白な菊花が詰められた鉢や花かごがずらりと並んでいる。ござが敷かれてろうそくが灯された。香も焚かれた。荒涼としたモラン公園は弔問に訪れた人々でぎっしり埋まった。短髪をきれいに分けてピンを挿した十三、四歳のシタもいるし、十六、七歳のミシン師もいる。蓬髪の青年たちもいれば、黒い礼服を着た人々の姿も見える。皆が胸のところに黒いリボンをつけている。

どうして菊の花がこんなに多いのか、なぜ人がたくさん集まっているのか、今何をしようとしているのか、李小仙はわからなかった。こんな荒涼として寂しいところに自分はなぜ立っているのだろう。記憶がすっかり消されてしまったようだった。目がぼんやりと霞んできた。耳も遠くなってしまった。黄色く色あせた白黒写真を見ているようだった。

まばゆいばかりの白絹に十字架が刺繡された黒い棺が彼女の足元に運ばれた。その横には大きな穴が掘られている。周りの人々が棺にかけられた幅広の白木綿をつかんだ。少しずつ棺が穴の中に下ろされていった。まるで活動写真でも眺めるように李小仙はじっとしていた。全泰三は穴のふちにうず高く盛られた赤茶色の土くれをスコップですくいあげた。ざざざ。黒い棺の上に土が振り撒かれる音に、はっと我に帰った。そうだ、息子だ……。あの黒い棺の中には誰よりも大切に思い、愛していた泰壹がいる。胸の真ん中に真っ赤な火柱がふき上がってきた。目が内側に落ちこんで、はらわたが燃えたまま飛び出してくるようだった。

黒い棺の中で泰壹が足で蓋を蹴る音が聞こえた。母さん、母さんと呼んでる。「息が詰まるよ、ここから出して、助けてよ！」必死で母親を探している。「わかったよ。出してやるから。誰がお前を閉じこめたんだ！　誰がわたしの息子を土の中に埋めようとしてるんだ！　あの子は死んじゃいない、絶対に死ぬもんか！」彼女は穴に飛び降りると、息子を抱きしめるように身を投げ出して棺を抱えこんだ。「泰壹！　お前が何で土の下に埋められるんだ！　誰より皆のことを愛してたお前が、皆を残して死んでしまったらどうするんだよ。何で黙っているんだ？　私はお前がいなかったら生きていかれない。母さんを一人残して、これからどうやって生きていけって言うんだ？　何か言っておくれよ。早くそこから出てきておくれよ……」。息子が息をひきとってから、一度も泣かなかった李小仙の目から涙があふれ出た。「泰壹！　一緒に行くよ。私も一緒に埋めてもらうよ。泰壹、泰壹、愛する私の息子……」。すべてのものが動きを止めてしまったモラン公園に、李小仙の張り裂けるような慟哭だけが、いつ止むともしれず響き渡っていった……。

どれほど経っただろうか。止まってしまった時間を再び動かすように、彼女がゆっくり、ゆっくりと起き上がった。息子の遺影に近づくと額を自分の胸に抱きしめた。泰三がその背に歩み寄った。泰壹の友人たちが一人、二人と李小仙に寄り添うように集まってきた。遺影を斜めに抱いたまま一歩ずつ歩みながら彼女は人々の間をすり抜けていった。皆がその後を追った。幼いシタたちは涙を拭おうともせずに従いて歩いた。歴史はこうして、一人の青年労働者の死と、息子の遺影を抱いた母と、その後をついて行く無数の人々の歩みによって、新しく始められた。棺に土がかけられるまで、李小仙は息子を失った母親の姿ではなかった。いつもよりずっと沈着でしっかりとしていた。霊安室を訪れた人々は皆、一人の青年労働者の死を悼んで涙を流した。だが彼女の涙を見た者はいなかった。涙を流すことで、息子の死を受け入れてしまうことはできなかったのだ。

どこかに消えてしまった泰壹の日記を探そうと労働庁に行った時は、大騒ぎになった。やってきた労働庁長が横柄な態度を取ると、襟首にかみついて追い払った。キリスト教信徒であることを知った彼らは、牧師を使って懐柔しようとしたが無駄だった。すると中央情報部と平和市場の事業主たちがやってきて、生涯目にすることのないような大金の札束を見せつけた。

彼女は子どもたちを呼んで尋ねた。「これだけの金があれば、こんな無許可住宅に住まわなくてもいいし、あんたたちが何の心配もなく勉強することだってできる。どうしたらいいと思う？　この金を受け取って楽な暮らしをしたほうがいいのか……」。泰三も順玉も末っ子の順徳も、うつむいたまま黙っていた。「いいんだよ。お前たちの気持ちを言ってみな」「母ちゃん、このお金をもらったらどうなるの？」順玉が口を開いた。「お前の兄ちゃんの骨と肉を売って、あたしたちが楽な暮らしをしていくってことだよ」。すると順玉が涙をぼろぼろ流しながら言った。「母ちゃん、あたしは学校なんか行かなくてもいいよ。兄ちゃんを売ってしまうことになるんなら、ご飯食べられなくてもいいから、お金を受け取らないで……」。泰三も金を受け取らないでと言った。まだ小さな順徳も兄や姉の言葉に従うと頷いた。

李小仙は札束を手にすると霊安室の外に出た。「これっぽっちの金で息子を売り渡せって？　冗談じゃない。この子の身体を切り刻んで、あっちの山、こっちの山と韓国中を歩き回って骨をばらまかなくちゃいけなくなったって、葬式なんてやるもんか！」。札束が空中に舞い上がった。そして息子が焼身抗議をしながら訴えた八項目の条件が解決されるまでは、絶対に葬式をさせないと叫んだ。

全泰壹の行動に社会が大きく動いた。大学生たちは逮捕を覚悟しながら自分たちの手で葬儀を行うと宣言した。学校や宗教団体では追悼式とデモが相次いだ。言論は平和市場で働く労働者たちの現実を告発する記事を掲載した。朴正熙政権は苛立った。大統領選挙を前にして、若い労働者の死を一日も早く、国民の関心から消し去らなければならなかった。全泰壹の引き起こした波紋を鎮めなければ、政権の延命に障害となりかねなかったからだ。李小仙の頑強な拒否に会った情報機関は焦った。どんな手段を使っても合意を取りつけて、早く葬儀を終えてしまわなければならなかった。焦りに焦った中央情報部要員たちは、病院のトイレから一人で出てきた彼女を強制的に拉致した。

「ここは一体どこなんだい！」部屋の中央には黒くて細長いテーブルがあり、四方の壁は巨大な鏡で囲まれていた。テーブルにはピンク色の風呂敷包みと一枚の紙が置かれていた。銀色のポットとコップも見えて、高級食堂のようだった。「読んでください」と黒い背広の男が紙を指差した。鏡の方をちらりと見やると、彼女の後ろに立っている男が、親指を立てた右の手首を左手でつかんで、強制的に押させろというしぐさをしていた。――こいつら、無理やり合意書に拇印をつかせるつもりだな……どこともわからない所に連れこまれた上に、屈強な男たちに囲まれて怖くなったが、逃げ出すこともできなかった。これで終わりかと思いながら口を開いた。「この紙きれは何だい？」「合意書ですよ」「合意書だって？　どこの誰とも知らない人間と何の合意をするんだよ」。南山から来たという男たちは葬儀の合意書にハンを押したら、マンションと相当な額の金を渡すからと風呂敷包みの札束を広げて見せた。――南山っていったら、中央情報部のことじゃないか。一声で飛ぶ鳥も落とすっていう……いくら踏ん張ろうとしても、力で叶う相手ではなかった。「喉が渇いてたまらないから、水を一杯おくれな」。黒いスーツの男がコップに水を注ぐと、それをごくごくと一気に飲み干した。

男がもう一度水を注ぐのを見ながら、落ち着かなくちゃと胸の中で何度も言い聞かせようとしたが、スカートの中の足は震えるばかりだった。「わかったよ。もうこうなったら合意するしかないだろ。だけど夫もいない上に、上の子まで失くしてしまったあたしが、後に残された子どもたちを一人で一体どうやって育てていけるんだ。これっぽっちの金で一生涯暮らしてなんかいけやしないよ。もう少し出すんだったらハンコを押してやるけど」。彼女がもっと金をくれと言うと、機関員たちは安心したのか足りない分は五日以内に作って渡すからと言った。「あんたたちは初めて見る顔なのに、どうやって信じろっていうんだよ」「我々は南山から来たと言ってるのに、信じられないと言うのか？」「南山だろうと何だろうとあたしは知らないし、金をくれと言ってるんだよ。必要なのはお金！　口約束なんか信じられるもんか。念書でも書くんならともかく……」。時間を稼がなくてはならなかった。何とかしてここから抜け出さなくてはならなかった。——まさかこの連中が念書なんか書くはずがない。こんな大金を要求したのに、この場ですぐに答えがでるはずがない……。頭の中はソロバンの玉でもはじくようにいろいろな計算が飛びかった。南山から来たと言う男たちはしばらくの間自分たちだけであれこれ評定をしていたが、彼女は知らないふりをして水を飲み干した。いくら飲んでも口の渇きは収まらなかった。しっかりしなくちゃ——渇いた唾を飲みこみながら、何とか平然としているふりをしようと努めた。心臓は時計の秒針よりも速く鼓動を打っていた。しばらくして、機関員たちは、五日後までには通帳に入金するという念書を書いてよこした。「これで言うことは全部聞いてやったんだから、早く拇印を押しなさい」。こんなはずじゃなかったのに！　目の前が真っ暗になるようだった。すべてを受け入れるという相手の言葉に、これ以上難癖をつけることはできなかった。

もう一度よく考えてみようと自分に呪文をかけようとしたが、むだだった。朱肉を差し出した機関員たちが机に手をついて顔を突き出し、自分をにらむように見つめていた。李小仙は朱肉に親指をゆっくりと押しつけた。手がぶるぶると震えていた。ここに押してしまえば、すべてが終わってしまう。息子との約束も反故になってしまう。ぼうっと見ていた機関員たちは為す術もなかった。そう簡単にはハンをつくもんか！　お前たち見ていろ！　彼女は親指で拇印を押すふりをして、いきなり机の上に置いてあった合意書をびりびりに破り始めた。胸が早鐘を打つように波打った。さらに破った合意書の紙片を水の入ったコップに突っこむと、指でぐるぐるかき混ぜた。「だから無理やり押させろと言ったじゃないか！　お前が責任をとれ！」さっき後ろで強制的に押させるよう合図を送っていた男が、向かいの男に怒りをあらわにして突っかかった。

今だと思った李小仙は引き戸を押しあけて外に走り出た。捕まえろ！　という声が後ろで聞こえた。赤いカーペットが敷かれた階段を両手両足ではい上がる、その背後から再び、やめろ！　行かせてしまえ！　という鋭い声がした。捕まえるのを諦めた彼らは、必死で逃げだそうとする彼女の後ろ姿に向かってこう言うのだった。「ここであったことを帰って誰かに話したら大変なことになるぞ。今日は見逃してやるが、絶対に口にするなよ、忘れるな！」。

李小仙は彼らが何と言おうと、ともかく走った。どうして自分を捕まえようとしないのか考える余裕もなかった。ここがどこなのか、これからどこに行かなくてはならないのかもわからなかった。ただ地獄を抜け出したような気分だった。建物を後にしてしばらくは走り続けたが、それ以上息が続かなくなってへたりこんだ。車のヘッドライトと警笛がけたたましく鳴り響いた。しばらくして、何者かがばしりと音を立てるほど頬を強くはたいた。「死にたかったら一人で死にゃいいだろ！　何血迷って車に突っこんでくるんだ？」車道に飛び出してその場に座りこんだのもわからなかった。タクシーの運転手は頬を張りとばしても気が収まらないのか、口から泡を飛ばして息まき続けた。「運転手さん、あたしを、あたしを聖母病院まで連れてってくれよ……」。正気を取り戻した李小仙がタクシー運転手の腕にしがみついて、哀願した。彼はあきれて口を開けたまま彼女を見やった。上着の前は外れて垂れ下がり、スカートがだらしなく横にずれてしまったその姿は狂女そのものだった。死のうとでもするように車の前に飛びだしたかと思えば、今度は病院に連れて行ってくれとは……。「あたしは息子の所に行かなくちゃならないのよ。うちの泰壹が聖母病院で待っているんだよ……」。周りでこの様子を見ていた別の運転手が近づいてきて尋ねた。「もしかして全泰壹のお母さん？」李小仙はうなずいた。「本当に全泰壹のお母さんなんだね？　こっちの車に乗ってください。私が連れて行ってあげるから」、運転手は聖母病院まで送ってくれたが、彼女は料金も払わないで着いたとたんに病院の中に駆け出して行った。

李小仙を懐柔する企みが水泡に帰すると、次に李昇澤《イスンテク》労働庁長が前面に出てきた。零細企業の労働者に対する不当な処遇は、労組が結成できなかったことが原因であることを認め、労組結成を積極的に支援することを表明した。勤労監督官三名も解任した上、勤労基準法の適用範囲を一六人以上の雇用企業にまで拡大した。勤労基準法に違反した場合の罰則も強化することを約束したし、泰壹が要求してきた事項を実現するという合意書を受け取って、葬儀を執行することになった。

李小仙は何も知らなかった。自身が何をしたのかさえ知らなかったのだった。ただ、息子と交わした最後の約束。自分の身が灰になってもお前が願っていたことを実現しよう、それだけだった。市内のビルに住むこともできるし、一生金の心配をしないで子どもたちに教育を受けさせ、食べていけるだけの金の代わりに、労働組合を選択したのだった。息子が炎となって燃え上がったところから、李小仙は立ち上がった……。

清渓被服労働組合

全泰壹が焼身抗議を遂げてから二週間目の11月27日に、清渓被服労働組合が誕生した。労働条件の改善のために三棟親睦会(註2)を作り、彼と行動を共にしてきた金栄文《キムヨンムン》、申進哲《シンジンチョル》、李承喆《イスンチョル》、林炫栽《イムヒョンジェ》、崔鐘寅《チェジョンイン》たちは、泰壹の代わりに息子となって李小仙と共に生きると誓った。李承喆、林炫栽、崔鐘寅の三人はやがて双門洞の家に引っ越しをして来た。組合の幹部たちは清渓川周辺に散在する数百の製品工場を歩き回って、組合の結成を知らせた。だが、それはたやすいことではなかった。しばしば事業主や政府の弾圧に直面せざるを得なかったからだ。労組はやくざ者がすることだとか、組合に加入すれば組合費を払う上に、所得税まで払わなくてはならないから損をする、組合に加入したら工場を廃業するなど、あらゆるデマを流して組合活動を妨害しようとした。市場の警備員たちの監視の目をかいくぐって、労働者が組合事務所を訪ねてくるのも容易なことではなかった。

良い方法はないかと悩んだ末に、組合の存在を知らせる横断幕を掲げることにした。〈身を燃やして勝ち取った砦で、団結して主権を取り戻そう！〉〈労働条件改善のために、労働組合に加入しよう！〉白布に赤と青のペンキで文字を大書して、平和市場の屋上と周辺の電柱に取りつけると、すぐに騒動が持ち上がった。たまたま清渓高架道路を通過した政府高官が、赤い文字で書かれた横断幕を見かけたのだった。刑事たちが組合の事務所に押しかけてきた。「赤い字で労働者たちを扇動するのはアカどもがやることだ。すぐに横断幕を撤去しろ！」組合の幹部たちはあきれてものも言えなかった。

絶対に取り外さないと強硬にはねつけた時、李小仙が入ってきた。「どうしたんだい？」「組合に入るように宣伝する横断幕を外せって騒いでるんです。僕たちをアカだって決めつけて……」。何？アカだって？　ただでさえ、小さなことをあげつらって組合活動を妨害するやり方に煮えくりかえっていたところだったけど、今度はアカだって？　ついに堪忍袋の緒が切れた。「こいつら！　いいとも、あたしがひっぺがしてやるよ！　労働組合がアカのやることだっていうんだな？」刑事たちを押しのけると、市場の屋上にかかっていた横断幕を力任せに引っ張った。怒りに任せてどれほど力を入れたのか、横断幕は一度引っ張っただけでばさりと落ちてしまった。「ここにいる皆、泰壹みたいに死ねって言うんか？　どうだ、降ろしてやったよ。こんな布切れが一体どうだっての。お望み通りはがしてやったんだ、さあ、どうするつもりだ？」李小仙は横断幕をつかんで刑事に飛びかかった。一緒に死のうと言いながら刑事の首に幕を巻きつけて引っ張った。あまりの力に刑事は息もできずに足をじたばたさせた。顔が真っ白に変わっていた。首を絞めつけられて息も絶え絶えだった刑事は、彼女の腕を必死にねじってようやくのことで、逃れ出ることができた。だが再び生きるの死ぬのとわめきながら飛びかかって来る勢いに圧倒されたのか、刑事は後ろも振り返らずにその場から逃げだして行った。泰壹の友人たちも怒りが収まらなかった。事務所にあった鉢植えや什器をかたっぱしから窓の外に放り投げ始めた。横断幕を敷いて座りこんでいた彼女も、さすがに幹部たちのうっぷん晴らしの行動を見るに見かねた。「組合さえ作ればいいと思ってたのに……もう、あたしにできることはないよ。これから一体どうしたらいいっていうんだ！」

力なく立ち上がった彼女は、再び商う服を詰めこんだ包みを背負って中央市場に向かった。市場の前で包みを広げてみたものの、出るのはため息ばかりだった。これからは僕たちが泰壹になりますから……、息子の友人たちが言ってくれた言葉が胸に響いた。あの日から片時も自分のそばから離れずに、組合を作って闘ってきた子どもたちなのに――真冬の風が容赦なく吹きつけてきた。

一方組合の幹部たちは事務所に集まってこれからどうすべきか、対策会議を開いていた。集まった者たちは激昂していた。「このままじゃ泰壹との約束は守れないじゃないか！　こうなったら俺たちも同じように死ぬしかないだろ。横断幕一つかけられないのに何が組合だ！　誰かがまた死ななければ解決できないんだ」。灯油の入ったポリタンクを両手に提げて、事務所にやってきた申進哲が叫んだ。

「さあ、泰壹の道を俺たちも行こう!」しばらく沈黙が包んだ。誰も何も言わなかった。いや、言うことができなかった。心の中で遺書を書いているような雰囲気だった。その時誰かが言った。「ちょっと待てよ。俺たちは毎日食うものも食えないで死ぬ破目になったんじゃないか。せめて一度でいいから腹いっぱい食ってみたくないか。死ぬことは怖くないけど、その前にやりたかったことをやってから死のう。このままじゃ、悔しくて死ぬこともできないよ!」実際、うんざりするほどいつも腹がへっていた。十三か四で金を稼ごうと故郷を離れ、ソウルに上京して工場勤めを始めてから、空腹を宿命のように抱えて暮らしてきた。一日に十四時間も仕事をさせられて、日曜さえなかった。社長から渡される覚せい剤を飲みながら、何日も徹夜作業に耐えてきた。それでもいつも空腹だった。一度だって腹がふくれるほど食べることのできなかった人生だった。職場も捨てて泰壹の志を叶えようと組合を作ったのに、返ってきたのは事業主の冷笑と政府の妨害ばかりだった。

「そうだな。肉の入ったスープでも食ってから死のう」「そうしよう! 食ってからだ」。カルビスープの出前を頼んだ。死ぬ前の最後の晩餐だった。匙を動かす音とスープを飲み干す音だけが、七坪の事務所の中に鳴り響いていた。お互いの顔を見ないように、目の前の器をじっとにらみつけたまま、夢中で料理をかきこみながら。真冬というのに額には汗が浮かんでいた。食事を終えて一人二人とどんぶりを置き始めた。一滴のスープも残さなかった。

器を片づけようとしている時、李小仙が事務所のドアを開けた。様子がおかしかった。いつも腹を空かせていた幹部たちだった。彼女の帰りを今か今かと待ちわびていた彼らだった。食べるものを手に持っていようものなら、群がって奪い合うようにして食べたものだった。昼間のできごとのせいか、皆の顔は重く強張っていた。「オモニ、ちょうどよかった。これどうぞ食べてください」。彼女の分だと言って、残してあったカルビスープを李承喆が差し出した。「これは一体何なんだい？」「カルビスープですよ」「あんたたち、どこに金があってこんなものを頼んだんだい？」李小仙は日頃、おかしな金はたとえ一〇ウォンでももらっちゃいけないと口をすっぱくして言っていたし、約束もさせていた。ところがラーメンも買えなくてひもじい思いをしていた彼らが、突然カルビスープを注文するとは……。「オモニ、僕らが毎日腹を空かせていなくちゃならないっていう、決まりがあるわけじゃないでしょ。いいから食べて」「どうやって手に入った金なのか言わなきゃ食べないよ」「僕たちはせめて最後に、腹いっぱい肉の入ったスープを食ってから死ぬことにしたんです」「何だって？　死ぬだって！」言われてみると、事務所の中に灯油の臭いがしていた。机の横にポリタンクが二つ置かれているのが見える。幹部たちの顔を順番に見つめた。彼らは李小仙が自分の顔に視線を合わせると頭を垂れた。――ああ、あの顔……コートを羽織って家を出た泰壹が振り向いて自分に手を振っていた、まさにあの瞬間の表情が幹部たちの顔にそっくり映っているじゃないか。駄目だよ。あんたたちまで後を追っていくなんて……。そうしなくちゃならないんなら、このあたしがかぶらなくちゃならない油だ！　何を言わなくてはならないのか、言葉が見つからなかった。灯油のタンクに抱きつこうとしても、手足が固まって身動きすらできなかった。

その時、突然ドアがバタンと開いたかと思うと、警察官たちが乱入して消防ホースから吹き出す水を遮二無二撒き散らし始めた。あっという間のことで、何の抵抗をすることもできず、ものすごい勢いの放水に前も見えなくなった。李承喆が彼女の体を壁のところまで押しやり、自ら盾になって水が当たるのを防いでくれた。強烈な水流は冷たさを感じるより、棒で叩かれるように痛みが体を貫いた。前を見ることも、息をすることもできなかった。たちまちのうちに事務所はあふれるような水に浸かってしまった。灯油を買って組合の建物に入って行くのを見ていた警察が、押し寄せて来たのだった。中進哲が灯油を買う時に警察の姿を見かけて、これから集団焼身自殺をするんだと脅したためだった。「あの、アカのアマから捕まえろ！」思いがけない放水で壁におしつけられ、正気をなくしていた李小仙を警察官たちが乱暴に引きずっていった。あちこちからうめき声が聞こえた。やがて荷台に天幕を張った警察のトラックに、荷物でも放りこむように一人ひとり乗せられていった。皆警察署の留置場に入れられたが、警察は調書も取らなかった。誰もが死ぬとわめくので警察としても対処に窮した。食事が差し入れられた。食べるものが目につけば、じっとしていられなかった若者たち。それなのに警察の飯には誰ひとり目もくれなかった。「死ぬことも思い通りにならないんか！　だったら飢えて死ぬっきゃない」。留置場の片隅には食事を載せた盆が、三日の間手をつけられないまま積み重ねられていった。警察は食べもしない食事を、その都度房の中に押しやって入れようとしたが、食べなくても片づけなかったから、いつか腐った臭いが留置場にたちこめ始めた。連行された者たちは三日後に皆、釈放された。それ以上閉じこめて置く名分がなかったのだ。韓国労総[註3]でも警察署を訪ねて、清渓労組が労使協議会を通じて団体協約を締結できるよう支援をすると言った。警察署から出てくると、街はクリスマスを告げる電飾が埋めつくし、キャロルが鳴り響いていた。帰り道、その足取りはこの上なく重かった。どこまで行けばいいのか見当もつかない道のりだった。それでも進んで行かなくてはならない。決して動揺してはならない。もっと力強い歩みで前に歩んで行かなくては。李小仙は奥歯が潰れてしまうかと思うほど、歯を喰いしばって口をぎゅっと結んだ。

（註2）三棟親睦会　平和市場最初の労働運動組織であったパボ会の後身で、平和市場、東和市場、統一商街三棟の裁断師によって構成され、全泰壹が会長を務めた。それまでの請願や陳情などの方式から、さらに積極的に労働環境の改善のための具体的行動として、労働者の実態調査をもとにして、使用者側と労働環境改善の交渉を重ねた。

（註3）韓国労総　解放直後から組織されていた労働組合連合体が、1961年の軍事政権による労働界再編によって「韓国労総」として再出発した。歴代の軍事・保守政権や経済団体と融和的な路線であったため、95年にはこれに反発して民主労総が結成され、現在韓国労働運動の二大組織の一つとして活動している。李明博大統領当選に貢献したと言われるが、2012年には野党である民主統合党と協力を打ち出すなど、変化が見られる。

大統領に会いに青瓦台へ

事業主は労使協議会に冷淡だった。泰壹の葬儀を行った時に交した「労働組合活動を保証する」という約束は、完全に反故になった。集団で焼身抗議をしようと覚悟を決めて集まった若者たちを座視していることはできなかったが、彼女にできることは何もなかった。力もないし知恵もなかった。そうかといってじっと手をこまぬいているわけにはいかなかった。数日の間悩み抜いた末、青瓦台の前に出かけて行った。（註2）とうもろこしをかじって空腹に耐えながら、大統領官邸の前で一日中うずくまって過ごした。官邸に出入りする人々が何事かと、ちらちら視線を投げかけては通り過ぎていったが、李小仙は口を結んで、ただ座り続けるばかりだった。

数日が過ぎて、じっと座りこむ彼女に官邸から探りに来たのか、「どうしてここに座りこんでいるんですか」と聞く者がいた。「大統領閣下に会いにきたんです」「え？　閣下にどうして会いたいんです？」「直接、会ってお話しするから……」「どうして会いたいのか、言ってみなくちゃ会ってくれるかどうか、わからないでしょ？」何度尋ねてみても答えは変わらなかった。「大統領閣下でなきゃ誰にも話せないよ」彼女を無理やり車に押しこんで、どこかわからない所に連れて行っては、置き去りにしてしまったこともあった。それでも反抗しなかった。大統領に会って談判しなくちゃという一念で、ひたすら大統領官邸の前に座り続けた。座っている間、大統領がそこを通り過ぎることは一度もなかった。ひと月が過ぎると、青瓦台は李小仙の噂でもちきりになった。わめいたり、騒ぎ立てることでもあればどうにかしようもあったが、ただじっと座り続けるだけだったから、なす術がなかった。ある日背広姿の男が二人、近づいてきた。「大統領に一度会いさえすれば、二度とここには来ないんでしょ？」「もちろん、一度だけ会わせてもらえたら、もうここには来ませんよ」「ほんとうですね？じゃあ、明日の十時に来てください」。そう聞くと李小仙は「ありがとうございます」と何度も言いながら家に戻ったが、夜中になっても寝つけなかった。一晩中、大統領に会ったら言うことを口の中で繰り返した。

翌日、再び青瓦台の前に行くと、背広姿の男二人が待っていた。大統領官邸の中で彼女は、床に敷かれた赤い布や、天井の華麗な照明に目を大きく見開いて釘付けになった。きょろきょろと周りを見回しながら、先に立って歩く男たちの後を必死に追いかけて行くと、城門のように巨大なドアが現れた。中にはこれも大きなソファに、今まで何度も写真でだけ見て来た人物が、ゆったりと座っていた。

青瓦台に入ってからも、半信半疑だった。大統領に会わせると嘘をついて、このままどこかに閉じこめてしまうのではないかという恐れもあった。ところが、今、自分の目の前には朴正熙と陸英修《ユクヨンス》（註5）が並んで座っているではないか。大統領の横に、軍服を着て直立不動の姿勢で立っていた男が、威圧するような声で言った。「一言だけ言えばいいというのだから、ここで閣下に一言だけお話しをしなさい。そうして今後は二度と来てはいけないよ」。話せと促されても、いざ何かを言おうとすると頭が真っ白になった。こんな機会は二度とないだろうということは良くわかっていた。息を大きく吸いこんだ。昨夜あれほど練習したはずの言葉が、思いだそうとすればするほど、記憶から消えていくようだった。「さあ、一言だけ言って帰りなさい」先ほどの軍人がもう一度催促した。「一言だけじゃ、話しきれません」。一言ではだめだという気がして、李小仙はやっと言い返した。「じゃあ、二言でもいいから話してみなさい」。それまで口をつぐんでいた朴正熙が薄笑いを浮かべながら言った。渇いた唾を飲みこんだ彼女は、胸の中にしまっておいた言葉を堰を切ったように語り始めた。

「私の息子が全泰壹なんです。平和市場の前で、地獄のような労働者の現実を告発しようと全身に油をかぶりました。葬儀を終えたら、労働組合を作ってやると約束しました。それを信じて葬儀を執り行ったのに、組合事務室といってもたかだか七坪くらいですが、そこに来ようとする労働者を来られないように邪魔したり、労使協議会もこれまでいっぺんも開いてくれません。息子の友人たちが腹を空かせながら、活動しようとしているのに……。ここは大統領のお力で労使協議会だけでも開けるようにお願いしようと参りました」「わかりましたよ。そこまで……」、話が長引きそうな様子に朴正熙が言葉を遮った。「電話をして措置を取るように」横に立っていた軍人にそう指示すると席から立ち上がった。どういうことだろ？　まだ話も済んでいないのにもう行ってしまおうとしてる……。最後の望みと思って、一月以上もの間官邸の前に座りこんできたのに、大統領の顔をちらりと見て、二言三言話をしただけで終わりにすることはできなかった。李小仙はこれではだめだと思って、椅子から立ち上がろうとする朴正煕のもとに駆け寄って行った。「だめです。直接お話ししてくれなくちゃ」「あぁ、それは私が直接話してもいいから、服をつかんだりしないで」軍人が彼女の前に立ちふさがった。朴は軍人に向かって一度うなづくと、背を向けて出て行った。「大統領閣下！」はらわたがちぎれるような思いで叫んだ。

「青瓦台から話をしようが、大統領が直接しようが同じことだから、心配しなくても大丈夫。きっとうまくいきますよ」。傍らにいた陸英修が彼女のそばに近づいて安心させるように言うと、部屋から出て行った。李小仙はきょとんとしたままその場に立ちつくしていた。大統領夫妻が出て行ったあと、軍服を着た男が残って、どこかに電話をかけた。「こちらは青瓦台なんだが、聞くところによるとまだ労使協議会も開いてないというじゃないか？　どういうことなんだ？　速やかに開くようにするんだ！」軍人は電話の向こうの相手を叱りつけると、不機嫌そうに電話を切った。「措置をしておいたから、もう帰りなさい」。軍人も出て行ってしまった。最初に彼女を案内してきた男が腕をつかんで、もう行かなくてはならないと引きずるように連れ出そうとした。後ろ髪を引かれるように何度振り返っても、もう大統領の姿はそこになかった。肩の力が抜けてしまったようにがっくりとした。――大統領が直接電話するまで足にしがみついてでも踏ん張らなくちゃならなかったのに……きっとかけたふりをしただけなんだ。あたしがもう来られないように。たった電話一本でこれまで一度もやらなかった協議会が開かれるもんか！　気が抜けてしまったようだった。今度はどこに訴えればいいのだろう。それでも大統領に会うことは会ったんだから、もうここに来る名分はなくなってしまったし……。青瓦台から平和市場まで、足を引きずるようにして帰っていく道は、辛くやりきれなかった。

「いったい、どこに行って来たんですか？」組合事務所に戻った李小仙を見た崔鐘寅が、にっこり笑いながら尋ねた。「何かいいことでもあったんかい。そんなに浮き浮きして」「労使協議会をやろうって！　今から会議にいくところなんですよ」「それはホントなのかい？　いっぺんに片付いちまったね！　電話一本で、恐ろしいもんだ……」「電話が恐ろしいって？　何の電話が？」「いや、何でもないよ……」彼女は言葉を濁した。青瓦台の前で座りこみ続けたことも、大統領に会ってきたことも言おうとしなかった。軍人がかけた電話ひとつで、これまで死ぬほどがんばっても埒があかなかった労使協議会が開かれるというのも、理解ができなかった。あたしが大統領に会ったからうまくいったなんて。

泰壹の友だちのこの子らが、腹が空くのもがまんして闘ってきたからに決まってる。あんたたちのおかげだよ——脇にノートをはさんで平和市場株式会社の事務所に向かう彼らの後ろ姿が頼もしく見えた。ひとつ峠を越したという安ど感と、これから始まるんだという心配が胸の内にいちどきに押し寄せて来た。前の年に労働組合を作ってから、これまでわき目もふらずにやってきた。この三、四カ月の間に起きたできごと、そしてこれから起きるであろう数々のできごとが目の前に映し出されるようだった。——どうってことあるもんか。ぶつかってみるだけだ。今までもっと酷いことを耐えながら生きてきたんだから。あんなにしっかりした子たちがいるんだから、恐れることなんてないよ……独り言をいう李小仙の口元に、満足そうな微笑みが浮かんだ。

（註4）**青瓦台**　韓国の歴代大統領が執務した官邸で、本館の瓦が青色であることからこう呼ばれる。軍事政権時代は絶対権力の象徴的な名前となり、大統領を取り巻く権力者たちの威光を表す代名詞ともなった。現在は建物と敷地の一部が観光客に開放されている。

（註5）**陸英修**　朴正熙大統領夫人。誠実で温和な人柄で質素を好み、国政のことでは大統領にもしばしば率直に進言したことから『青瓦台の野党』とも言われたという。１９７４年の光復節の式典中、朴大統領を狙撃した銃弾を受けて逝去した。

屑菜粥と米の飯

李小仙は古着を一着でも多く売るために東奔西走していた。古着を手に入れるためには、場所を選ばなかった。誰もが縁起が悪いと見向きもしない、死人の着ていた服を霊安室でもらってくることもあった。そういう服は血まみれのものもある。双門洞の家に持っていくと、順玉がたらいに詰めて頭に載せ、人目のない道峰《トボン》山麓にある小川に持って行った。流れる水に血のついた服を漬けていると、川が鮮紅色に染まっていった。軍服の場合は作業服にしかならないので、安値で売るほかなかったが、霊安室から持ってきた服は上等な品も多かったから、手間をかけてきれいにすれば、作業服よりずっといい値で売れた。観光バスの事故で大量の服が手に入った時などは、荷車にいっぱいになった。洗うのには苦労したが、幸い高級服ということで次々と売れ、実入りは上々だった。こうして金ができると、腹を空かせて頑張っている組合の幹部たちのところに行っては、ラーメンを食べさせてやった。

平和市場の屋上に大きな鍋をかけて、薪を燃やして湯を沸かした。薪に使おうと申進哲が東大門市場で拾ってきた鮮魚箱は、湿っていてなかなか火がつかなかった。しばらくの間、日に乾かすか、灯油でもかけなければ燃えださなかった。ラーメンを茹でる臭いより、生臭い魚の臭いが屋上に広がっていった。八個のラーメンを一六人で分けるのは普通で、多い時は二四人で鍋をつつくこともあった。食べざかりの二十代初めの若者たちにとっては、とうてい食べた気もしなかったが、李小仙はせめてスープだけでもたっぷり飲ませようと、湯を多めに入れて、麺が充分のびきるまで茹で続けた。

夜になると仕事を終えた組合員たちが双門洞の家に次々と集まってくる。家の灯りは朝になるまで消えることがなかった。組合の話に熱中したり、労働法の勉強をする者もいた。そうして家の中が賑やかになると、李小仙は自然に力がわいてくるような気がした。こんなに遅くまで勉強をしていたら、どれほど腹が減るだろう。やってきた組合員たちの食事の世話にいつも余念がなかった。夜中の二時になるとうどん屋に行って行列を作る。大人数の空腹を満たすのに十分な金がないから、普通のうどんは口にすることができない。麺を作る時にできる切れ端でももらって来ようとすると、二、三時間は待たなければならなかった。油断をして遅く行ったら、『くずうどん』さえもらえない貧しい時代のことだった。屑菜に味噌をとき、うどんを入れて炊く粥が双門洞の主食メニューだった。ひらべったく黄色みがかった麦飯や、すいとんを粥に加えればそれでも粘り気が出て、腹にたまるような気がした。だが、そんな機会はめったになかった。

ある日のこと、商売がうまくいって米一升を買い求めて帰った。「これは何ですか？」「何かって？　米に決まってるだろ」「米だって？　麦じゃなくて正真正銘の米なの？　ずいぶん食べられなかったから、名前も忘れちゃった！」冗談を飛ばす鐘寅が、米を手にとって触りながら、別れた弟にでも出会ったように喜んだ。「わかったよ。明日の朝は米の飯を炊いて食べような……」。台所で靴下を乾かしていると、部屋に戻って寝たと思っていた鐘寅がまた出て来た。「いつまでも寝ないで何してる？」「米の飯は……今食べられないかな」「夕飯も食べたってのに、今食べたら明日の朝はどうすんの」「明日の朝のことより、米が目の前にちらついて、ちっとも眠れないんです！」「今夜はがまんしなくちゃ。明日朝しっかり食べなきゃ組合の仕事もできないだろ？」鐘寅は朝食べなくてもいいから、今食べたいとせがみ続けた。——米を見せた私が悪かったんだ。仕方なしにかまどに釜をのせた。ご飯が炊けてきて辺りに香ばしい臭いが漂うと、まだ蒸れてもいないうちに他の仲間たちも次々と台所に群がり、のぞきこもうとした。一升の米がどれほどになるというのだろう。湯気が立つ釜から一人に一握りほどの飯をよそったら、もうおしまいだった。

「米の飯を食べたから、今夜はよく眠れるぞ」、李承喆が腹を叩く仕草をした。「今夜食べちまったから、朝は何もないよ！」「そんな……屑菜粥くらいは食べさせてよ」「そう言うと思ったよ！」こんなに美味そうに食べてくれるなんて……李小仙は不憫だという気持ちが先立った。腹がへったという最後の言葉を残して目を閉じた泰壹の声が、名残惜しそうに茶碗をこそげる音に混じって、聞こえて来るような気がした。

毎日、二〇人を超える組合員が出入りしていた組合の事務所も、時が経つにつれ一人、二人と姿を見せなくなっていった。「組合の仕事も大事だけど、食っていくためには就職しなくちゃならないよ……」。食っていけないからと仕事口を探して去っていく者が現れ始めた。やがて組合の幹部たちも、人件費を減らそうと現場に向かわざるを得なくなっていった。食べていくために組合をやめなくてはならないなんて……無念としかいいようがなかった。その夜、泰壹の友人たちが脱いだ靴下を洗いながら、李小仙は涙をこらえることができなかった。——あの子たちはあたしをオンマと呼んで慕ってくれるのに、何もしてあげられない。ちゃんと食べさせることもできないなんて……胸が詰まり嗚咽がこみあげてきた。靴下を網の上に並べて乾かし終えると、真夜中だというのに教会を訪ねていった。

「神様、あの子たちはお腹を空かせて、一度でいいから肉を食べたいと言ってるのに、その願いをかなえてやることもできません。食べていけないからと皆が組合をやめてしまったら、私一人で何ができるでしょうか？　どうか、一度でいいから肉を腹いっぱい食べさせてやってください」、夜を明かして祈り続けた。祈ったからといって、肉が出て来るわけがなかった。そんなことはわかっていても、切々と訴えて神に祈りでもしなければ耐えることができなかった。祈禱を終えて、夜の明ける頃家に戻ると、ちょうど手洗いに行こうとしていた鐘寅が部屋を出て来るところだった。「どこに行ってきたんですか？」「あんたたちに一度でも肉を食べさせてくださいって、お祈りしてきたんだよ」「そんな、お祈りしたからってどこかから肉が出てくるものでもないのに。いくら食べられなくても、組合のことは一生懸命やるから、徹夜のお祈りなんてしないでください！　オモニが寝こんだりしたら、俺たちも病気になっちゃうよ」。

「さっきどこかの女の人たちがオモニに会いにきてましたよ。後でまた来るって」。昼飯どきに李小仙が組合の事務所に行くと、崔鐘寅が古着の入った包みを受け取りながら言った。「誰だい？」「さあ、初めて見る人たちだったけど。あ、あそこにやって来ますよ」。窓の外を指して鐘寅が言った。

「私たちは梨花女子大の教授なんですが、ちょっとお話しがあって来ました」。外に出た教授たちは、李小仙に昼食でもごちそうしたくて訪ねてきたと言った。「そう言われても、あの子たちが腹を空かせてるのに、私一人でごちそうになるなんて……」「だったら一緒に行きましょう！　声をかけてあげてください」「でも、あんまり数が多すぎるから……」「何人いるんですか？」「九人もいるのに……初対面でそんな迷惑をかけるわけにはいきませんよ。ここで済むことなら、今話してくださいよ」「だいじょうぶですよ。私たちはごちそうしたくて来たんですから、気にしないで皆に言って一緒に行きましょう！」

彼女が頑なに遠慮していると、教授たちは事務所に入って幹部たちを連れて出て来た。乙支路にある焼肉屋に行くと、皆は肉が焼けるか焼けないかのうちにすべて平らげてしまった。教授たちは驚いてぽかんと見守るばかりだった。「まったく、少しは遠慮しながら食べるもんだよ。何人前食べたと思ってるの！」あまりに恥ずかしくて、幹部たちをたしなめるように言うと、「いいんですよ。いくらでも食べてください」。申進哲などは、肉を噛まずにそのまま飲みこんでいるようだったから、教授たちは会計のことより腹をこわさないかが心配になった。だが、ゆっくり食べてという言葉は彼らの耳には届く気配がなかった。「そんなにして食べたら起き上がれないんじゃないかしら。胃が裂けてしまうかも」

一人で六人前食べ終わると、ようやく箸を置いた。李小仙は彼らがいかに空腹を抱えながら、組合の仕事をしてきたかを教授たちに話して聞かせた。「こんなに食べるとは思わなかったでしょ？　礼儀知らずだと思わないで、理解してくださいよ」「そんなこと！　皆が大変な状況の中でも身を粉にして仕事をしてるのに、私たちがこれまで何も知らなかったことが恥ずかしい限りです。皆さんに本当に申し訳なく思っています。私たちは皆さんを尊敬しているんです」。

教授たちの言葉に、幹部たちは鼓舞される思いだった。——俺たちがやっていることは決してむだなことじゃなかった。教授たちが尊敬するというんだから……失意に落ちこんでいた彼らは再び気力を取り戻した。いつも無学であるという理由で人間扱いされなかった彼らにとって、尊敬するという教授たちの言葉は、千軍万軍の支援を得たように力を与えてくれた。食堂を出る時に鐘寅が李小仙にささやいた。「オモニ、お祈りを神様が聞いてくださったんだね。こんなに効験があるんなら、毎日肉を食べさせてくれるようお祈りしてよ！」。

粉々になった朴正煕

初代清渓労組支部長だった金聖吉《キムソンギル》が突然、アメリカに移民となって行ってしまった。「これからは泰壹の友人のあんたたちの誰かが、支部長にならなくちゃならないだろ？」李小仙は崔鐘寅に支部長になるよう勧めた。李承喆も賛成して加勢したが、崔鐘寅はまだそんな時期じゃないと、頑なに固辞した。草創期の清渓労組は韓国労総出身者と、三棟親睦会をやっていた泰壹の友人たちがまとめていた。「オモニ、僕はまだ経験が足りません。もっといろいろ学んでかなくちゃ……」。

結局、1971年4月6日、定期代議員大会を開いて韓国労総出身の具健会《グゴンフェ》を選出した。「一体ここは古着屋だとでもいうのか？　風呂敷包みを抱えて行ったり来たり……みっともなくて顔も上げられんよ。こんなことで組合らしいことができるんかい！」具支部長は就任したとたんに、ささいなことを取り上げてはいちゃもんをつけた。こんなはずじゃなかったのに——そんなことがあると鐘寅は必死に感情を抑えて耐えていた。こっそり事務所を出て中央市場に李小仙を訪ねあてると、「これから組合に来る時は、包みを置いて来なくちゃならないみたい」「どういうことだい？」「支部長が、あいつがちょっとね……」「支部長が、あたしが包みをかついで組合に来るから、何だかんだ言ってるんだね？」肩の力ががっくりと抜けていくようだった。組合員たちの食事の足しにでもなればと、ソウルの底辺を這いずるようにして、古着を集めて売ってるというのに……、事務所に言って直談判してやろうかとも思った。だが「がまんしよう！　こんなことでもめてどうなるっての。もっと酷い脅迫まがいのこともがまんして闘ってきたんだから、事務所には風呂敷包みを持っていかなければ済むことじゃないか」李小仙は悔しい思いをぐっとこらえた。事務所に行く時は包みを手洗いに置いて入った。だが、手ぶらで入って行っても具健会は露骨に嫌な顔をした。「この事務所も手狭なんだがな」。彼女が入って来ると書類を机に叩きつけるようにして、外に出て行った。私を追い出したがってるんだな――支部長の態度があまりにもぶしつけで傷つけられたが、組合員たちが選んだ支部長である以上、尊重したいと思った。もし事業主たちが企んだことなら、ほうきを手に持ってでもそいつらと闘うつもりだったが、今、ようやく労組が足場を固めようとしている時期に、自分のことで内部にもめ事を起こしてはならないという気持ちだった。時々泰壹の友人たちが支部長がいないと連絡してくれると、その隙に事務所を訪ねたりした。「もう少しだけ、辛抱してください。僕らがもう少し組合のことがわかるようになるまで」と彼らは罪を犯してでもいるように慰めの言葉を言った。「だいじょうぶだよ。組合が良くなるんだったら、がまんできないことなんてあるもんか。今はいろんな人の知恵を寄せ合わなくちゃならない時だし。組合が何か、何も知らないで始めたあたしらに、団体交渉が何なのか、組合をどう動かしていくのか教えてくれた有難い人たちじゃないか。いつも感謝してるんだ。

少しばかりの人数じゃ何もできゃしない。あんな人もこんな人も、必要なんだ。そうしているうちにいい考えも浮かぶし、力をつけて組合がよくなって初めて、泰壹の志が叶えられるんじゃないかい？誰もが有難い人たちだと考えて、力を合わせて一生懸命やるんだよ。最初の気持ちを忘れないで、元気を出してやろうよ！」。

ある時、平和市場の代表、劉寅圭《ユインギュ》が組合を訪ねてきて、上からの指示だと事務所の壁にかかっていた泰壹の写真を外して、朴正煕の写真をかけろと言いだした。具健会は彼の言葉を聞くとためらいもなく、写真を取り換えてしまった。外から戻った崔鐘寅は、壁に大統領の写真がかかっているのを見ると全身が震えだしそうだった。李小仙や、友人たちはいつも全泰壹が組合を守っていてくれていると思っていた。会議をしていて難問に突き当たると、写真の中の彼に聞いたものだった。辛い時も彼の写真を見ると、再び力がわき上がるようだった。事務所の灯りを消して帰るときは、夜の間、この事務所を守ってくれと挨拶をして扉を閉めた。それなのに上からの指示だと言って写真を外してしまうとは……、鐘寅の顔がゆがんだ。友人たちはとんでもないことが起きると思った。普段は温厚で、自分の考えを主張するよりは人の話をよく聞いてくれた鐘寅は、仕事をしているときも、めったに怒ることはなかった。何かあると、いつも間に入って事を丸く収める役割を果たしていた。そんな彼が一度怒りだしたら、誰も止めることはできなかった。もちろん一年に一度あるかないかのことだったが。

「劉寅圭の指示で支部長が掛けかえたんだ」、誰かが鐘寅に耳打ちすると、彼は具支部長をじろりとにらみつけた。「そう言われたからって、泰壹の写真を簡単にはがしちまうのか？」殴りつけてやりたかったが、ぐっとこらえた。――一応支部長なんだから、ここで自分が気持ちを抑えなきゃ、組合が困ることになるかもしれない……そこで、平和市場株式会社の代表である、劉寅圭の方に矛先を向けることにした。「あの野郎、俺がただじゃおかない！」机の上にあったナイフを手に事務所を飛び出そうとした鐘寅を、組合幹部たちがよってたかって引きとどめた。「泰壹の写真をひっぺがした奴はどいつだ！　出てこい」それでも身悶えしながら叫んでいると、李小仙が息を切らして事務所にかけつけてきた。「息子の写真をひっぺがした奴はどいつだ？　お前がやったんだな！」支部長に向かって飛びかかっていった。そのとき崔鐘寅は、友人たちに抑えつけられながら、身動きできなくなった自分の動脈をナイフで切った。鮮血がほとばしった。「劉の野郎を殺して、俺も死ねばそれで済むんだ！　いいから放せ！」李小仙も具支部長の首根っこをつかんで、今にも絞め殺そうという勢いで詰め寄った。「お前がやったんだろ？　さっさと元に戻せ！」具は顔面蒼白になり、言葉も出せずに身を震わせるばかりで、朴正煕の写真をおろすことができなかった。誰も手を出せずにいると、彼女は事務所にあった大きなほうきを逆さに持って「あんたらができないんだったら、あたしがやってやるよ！」と叫びながら、壁にかかった写真に勢いよく振り下ろした。額は粉々に砕け、朴正煕の写真は床に放り出された。誰も想像すらできない行動だった。大統領が皇帝のような絶対権力をふるっていた時代である。それが白昼堂々、衆人環視の中で彼の写真が叩き落とされたのだった。瞬間、辺りは静まり返った。血だらけになった鐘寅もその場で動けなくなった。皆、彼女をじっと眺めているだけだった。「息子の写真を返しな。泰壹の写真のせいで組合ができないって言うんなら、あたしが持って帰るよ」李小仙は息子の写真を抱いて事務所を出て行った。

それからは写真をきれいな韓紙に包んで、胸に抱きながら過ごした。つらくなると、いつも写真を取りだして眺めた。道を歩いていても、商売をしていても、息子の顔が見たくなるとその場に座りこんで、胸の写真を取りだしては見つめていた。夜になって双門洞の家に集まった泰壹の友人たちは、その日組合であったできごとを、事細かく彼女に話した。李小仙もまた、今日は誰に会ったとか、服がどれくらい売れたかとか、どこで古着を仕入れたのかといった取りとめのない話を彼らに聞かせた。泰壹といつもそうしていたように。――あたしは幸せ者だ。今はあの子のかわりに、もっとたくさんの息子たちに囲まれているんだから……。

双門洞二〇八番地、その家にはいつも話し声が途絶えることがなかった。組合に行っても、行かなくても、それは変わりなかった。その日は特別に真っ白な月が、家の横にある森の上に浮かんだ。月の光が降り注いで、李小仙と膝を突き合わせて話しこむ青年たちの姿を照らしていた。彼らの顔に良く似た月だった。泰壹にも似た月だった。「オモニ、待っていてください。友人たちを信じて、もう少し待っていてください」月が彼女にささやくようだった。――わかってるよ。あたしは一度も、お前がどこかに行ってしまったと思ったことはないよ。お前の友だちたちも皆ここにいるじゃないか……。

全泰壹の友人たち

組合加入願書を持って平和市場を回っていた李承喆が、組合の事務所に入ろうとした時、女性組合員が一人、顔を隠すようにして飛び出してきた。中には具健会だけが座っていた。「一体、どうしたんですか?」いぶかしげに尋ねたが、具は「いや、何でもないよ」と、まるで隠してあった菓子をこっそり食べるところを見つかった子どものように、あわてて机の上にあった紙を丸めて屑かごに捨てると、落ち着かない様子で立ち上がって、出かけてくると言い残し外に出て行った。何か変だった。屑かごをひっくり返してみると、まがまがしい男性性器が描かれた、くしゃくしゃの紙切れが出て来た。「あの野郎……」李承喆は先ほど飛び出していった組合員を探し出した。何があったのか質したが、彼女は言葉を濁してはっきりと言うことができなかった。「いやらしい絵を見せてからかったんだろ？」自分はみな知っているという口ぶりでもう一度聞きただすと、ようやくのことで頷いた。「よりによって、組合の事務所で破廉恥なことをするなんて！　いつかはこんなことが起きると思ってたけど……」。支部長が組合の事務所でこんなことをしたというのに、知らないふりして、うやむやにすることはできなかった。——来るべき時が来たんだ。幹部たちを集めて相談を始めた。「もう我慢できないだろ。俺たちが責任を取らせなくちゃ」彼の言葉に皆が同意した。

次の日、幹部会を開いて、李承喆が前日のできごとを具支部長にただした。「やったのか、やってないのか、それだけ言えよ！」「何を言ってるんだ！　誤解だよ」。だが、すぐに馬脚が現れた。「これはあんたが描いたもんじゃないのか？」屑かごにあった絵を取りだすと、崔鐘寅、林炫栽、申進哲が怒りに震えて立ち上がった。「ここがどんな所だと思ってるんだ！」「おい、わかってるのか？　泰壹が死を賭して作った組合なんだぞ！」「何て野郎だ！　口で言ってもわかりっこないぜ。俺たちの手で殺っちまおう！」すぐにでも飛びかかって具の首を絞めにかかろうという勢いだった。申進哲が机の上に会ったガラスの灰皿をつかんで殴りかかるふりをすると、具健会は身体をぶるぶる震わせた。「すぐに辞表を書いてここから出てけ！」李承喆の怒声に怖気づいた彼は、その場で辞表を書くとあたふたと事務所から出て行った。

皆は一斉に鐘寅を見た。もう韓国労総の人間ではなくて、三棟親睦会で組合を引っ張っていかなくてはならないという思いだった。彼もこれ以上退くことはできなかった。具が支部長を辞退したという知らせを聞いた李小仙が事務所を訪ねて来た。「そうだよ。あんたたちがやってくしかないだろ」鐘寅を見ながらそう言うと、鐘寅はそのまなざしを見返すことができなかった。「承喆も炫栽もいるじゃないか。あんたなら、何十年も組合をやってきたっていう連中より、ずっとうまくやっていけるよ！」その言葉に鐘寅もついに心を決めた。彼女の傍らに立つと「わかったよ。やってみるよ」と言った。李小仙が彼をぎゅっと抱きしめると、胸から早鐘を打つ心臓の鼓動が聞こえてきた。

１９７１年9月12日、代議員大会で、崔鐘寅が支部長に選出された。彼が就任演説を始めた瞬間、李小仙は彼の顔に泰壹の人の良い微笑みを見たような気がした。

オモニの部屋で③　それでも生きて闘わねば

起隆《キリュン》電子の労働者たち(註6)は千日と二カ月を越えて工場の前にテントを張り、籠城を続けていた。蒸し暑い日が続いた２００８年8月、李小仙は籠城労働者たちのハンストが六十日をとうに超えて、このままでは生命の危険があるという話を聞いていた。「まだ寝てるのかい？　早く朝ごはんを食べなさい」「お願いだから起こさないで寝かせてよ。明け方まで作業をしていたんだから……」「さっさと起きるんだよ！　あたしはあんたに朝ごはんを食べさせてから、行く所があるんだから」「いったいどこへ？」到底家にじっとしていられないから、起隆電子の労働者が籠城しているところに行くと言った。「行くのはいいけど、どんな話をするんですか？」「言うことがなければ、行っちゃだめなのかい？　ハンストが長引いて、死にそうだっていうのにじっとしていられないだろ？　あんたたちにはあたしの気持ちがわかるはずがないよ」。たとえ自分が非難されても、労働者たちを病院に連れていくんだと言って、服を着替えて出かけようとした。もちろん彼らが病院に行こうと言っても、すぐに行くはずがないことはわかっていた。

起隆の労働者たちが、生き残るために命をかけてハンストをしていることも、生きることが死ぬことより辛くて、非正規労働者が立ちあがったことも知っていた。彼女にとっては部屋にただじっと座っているのが耐えられなかった。もう歳を取りすぎて一緒に闘えない自身が憎くてならなかった。一千日以上闘っている間、何も助けることができなかった自分が恥ずかしい。今になって生きて闘いを続けなくてはならないと、ハンスト中止を訴えるのがどれほど情けないことか。

「だからといって、指をくわえて見ていることはできないじゃないか。何を言われてもあたしが行かなくちゃ。子どもを亡くした親が集まって遺家協を作ったのは何のためだったんだ。これ以上自分の子どもたちを死なせてはならないと思って作ったんじゃないか！　独裁と闘っても、殺されてはいけないと、子どもたちをこの手で守ろうとしたんじゃないか！　そんな思いをした時代はもう過去のことだと思っていたら、今も労働者が命をかけて闘わなくちゃならないなんて……一体、世の中がまた七〇年代にでも戻ってしまったのか。全斗煥の頃よりもっとひどいことになってるんじゃないか？」

陽射しがじりじり照りつける日、李小仙は起隆電子の警備室の屋上でハンストを続けている労働者たちに会いに行った。だが誰も病院に行こうとする者はいなかった。労働者たちの固い意志の前に、彼女の説得は受け入れられなかったのだ。屋上から降りて来たのでもう戻ろうと言ったが、しばらくの間、籠城中のテントの前に座りこんでいた。口をぎゅっと結んだまま。家に戻った彼女はそれから三日間寝こんでしまった。

「もう、あたしのできることはないんだね。社長の奴の首根っこを押さえつけることもできなかったし、労働者が死んでいくというのに、それをじっと見ていることしかできないなんて、あたしは何のために生きているんだろ。泰壹が見たら何て言うか。生きて闘い続けろっていう言葉は、子どもを失った親じゃなければわからないよ。こんな気持ちをどうやって人に伝えられるのか……」。顔は腫れあがり、体は痩せ衰えた起隆の非正規労働者たちの顔がちらついて、今も彼女は苦しみ続けている。

李小仙の電話はひっきりなしに鳴り続けている。記者会見をする、集会をする、イベントがあるという連絡が休みなくやってくるからだ。もう老いて何も役に立つことがないと言う彼女にとってそれは有難いことだった。そうして辛いとも思った。いくら呼んでくれても、自分が行けないことが悲しくてならない。全泰壹記念事業会から遺家協の事務所までは、五分もかからない距離だ。そこまで行くのにも途中で三回以上は休まなくてはならなかった。一度行ってくれれば、息を整えるのに三十分間は汗を流している。到底一人で帰れないから、連れに来てという電話をもらったこともあった。今年の夏（2008年）ほぼ毎日開かれた〈狂牛病反対ろうそく集会〉になかなか行けなかったことも残念がっていた。痛む身体を引きずるようにして参加したときも、集会の半ばに手洗いに行くといって途中退場することがあった。歩くこともままならない身体で、デモでも始まればかえって皆に迷惑をかけるような事態になることを恐れたからだった。集会が終われば皆が家に送ってくれると、争うように申し出てくるのが申し訳なくて早めに集会場を後にする。ろうそく集会が開かれる日には、鐘路通りまでずいぶん歩かなければ車に乗ることができなかった。休んでは歩くことを繰り返さなければならない。顔見知りに会わないように、休む時は人目につかない所を探して休む。

ある時、民主労総の委員長をしていた李秀浩《イスホ》が、辛そうに休んでいる彼女を見かけて駆け寄った。どうして一人で出歩くのか、自分が送ってあげるからとついてくるのを、やっとのことで断ったこともあった。闘うこともできない自分のために、一生懸命闘っている人たちに負担をかけてはいけないと言うのだ。「杖を買ってきてあげようか。杖をついたらよっぽど楽でしょ！」「ばかにするんじゃないよ。杖をついて出かけるくらいなら部屋にこもってたほうがましだよ」。今でも、自分の弱弱しい姿を人に見せたくないと思っている。〈労働者のオモニ〉という呼び名が、年を重ねて八十になっても杖をつかせないのだ。「それでも自尊心だけは健在ですね。体はすっかり年寄りなのに、そんなものが何で必要なんだか。大統領になった人（金大中のこと）だって、ちゃんと杖をついて人前に出るっていうのに」「なんだかんだと癪に障ることを言うんだから。大統領がついたって、あたしは絶対に嫌だね、嫌なものは嫌なんだよ！」。

生きている限り、李小仙は自分の二つの足で、しっかりと立って歩いていくのだろう。人の目の届かない所でこっそり休むことはあっても、皆の前では堂々とふるまうのだろう。

「あたしがハンストを止めろと言ったのは間違ってたんだろうか。闘ってる人たちに向かって、そんなことを言ったのは。あたしのことを悪く言ってるんじゃないかな？」「わからないけど、自分で言わなくちゃと思ったことでしょ。言ってどうなるか、知ってて言ったのに今頃何で聞くんです？」「それでも、生きて闘えって言うしかないんだよ……」、額には冷や汗が流れている。手が固まったようになって、ふくらはぎも硬直して冷たい。血糖が落ちているようだ。気を遣いすぎるとこうなってしまう。急いで砂糖水を作ってあげた。「生きて闘えって言うしかない」「わかってますよ。今日は何を食べたんですか？　三度の食事もきちんと摂ってないんでしょ」。

彼女の胸には火柱がそそり立っているのに、体は氷のように冷たい。「腹がへった」と最後の言葉を残した全泰壹。一度だけ腹いっぱい食べてから死のうと、灯油缶を並べてカルビスープの出前を頼んだ清渓の組合員たち。それから三十八年が経った今、非正規労働者たちが人間らしく生きたいと、糧道を絶って工場の前でテントを張り籠城している。山河が三、四回は変わる（註7）ほど歳月が流れたけれど、今も苦しみ疎外された人々の呻吟がやむことのない現実に、ずきずき痛む節々をさすりながら、李小仙は今夜も、うずく痛みを耐えている。

（註6）起隆電子の労働者たち　米国のラジオ放送社に衛星ラジオを納品していた起隆電子は、社員の多くを占める非正規パート労働者に最低賃金水準の賃金で、月一〇〇時間の残業を強いるなどの劣悪な労働環境だった。これに対し正社員としての雇用と、労働条件の改善を求めて立ち上がった労働者たちが、携帯電話のメールで解雇を通知されるという暴挙に憤激してハンストと、籠城闘争が開始された。以降、五年三カ月に渡った闘いは２０１０年11月にようやく労使間の合意をみて解決した。

（註7）山河が三、四回変わる　韓国には「十年経てば山河も変わる」という言葉がある。

第3部

暴圧の闇夜

1971年4月――1978年8月

朴正煕は1972年に維新憲法を作った。維新憲法は立法、行政、司法の権限を大統領一人に集中させ、統一主体国民会議を通じて選ばれた大統領は、永久に執権することができるようにした。思いのままに宣布できる緊急措置は、国民の意識と生命をがんじがらめにし、大統領の一声で、人の命がもてあそばれた。1973年には金大中拉致事件が起きた。朴正煕は自身の権力を脅かす勢力は、国家権力を動員しても除去しようとして、恐るべき殺人行為もためらうことはなかったのだった。幸いにも金大中は死なずに済んだ。

張《チャン》俊河《ジュナ》、最後の日

1975年8月、じっとしていても汗がだらだらと流れるほど暑い日だった。李小仙は元暁路四街《ウォニョロサーガ》にある、咸錫憲《ハムソクホン》先生(註1)の家を訪ねた。

二人が初めて出会った日のことはまるで夢の中のできごとのようだった。1971年4月ごろ、まだ夜の闇が色濃く残る未明、周囲は深い霧に包まれていた。「ごめんください」と門をたたく音が夢うつつに聞こえてきた。まだちゃんと目が覚めないまま、服をかき寄せてひっかけると、部屋の戸を開けて表に出て行った。こんな明け方に一体誰が訪ねて来たのだろう。「こちらは全泰壹のお宅で間違いありませんか？」初めて聞く男性の声だった。何気なく門を開くと白いトゥルマギ(註2)姿で、胸のあたりまで届く白髭をたくわえた人物が立っていた。眼は光彩を放ち、朝霧に包まれた風体は神霊を思わせるようだった。瞬間、イエスが到来したと感じられて、身体が金縛りにあったように強張った。
――イエス様がやってくるなんて……彼女は魂をなくしたように茫然と眺めているばかりだった。

「全泰壹のお母さんですか？」それは人間の声というより、深い眠りについていた万物にそうっと手をあてて目をさまそうとする呪文のように聞こえた。固まっていた身体がその声にするすると解けていく。体だけでなく、心までやすらぎを取り戻して気を取り直した。「私が泰壹の母ですが……」。門の外に立つ人は、トゥルマギの裾を持ち直して一歩歩みを進めた。すると押されるように一歩後ろに下がった彼女の両手は、自然にチマの前で重ねられた。――何の用か尋ねなくてはならないのに……部屋に案内しなければならないのか、いや、まず誰なのか聞かなくちゃ……頭の中ではいろんなことが駆けめぐるのに、口を動かすことができなかった。

「この方は咸錫憲先生です。アメリカで全泰壹のことを伝え聞いて、たった今帰国されたところです」。後から従ってきた若者の言葉に、ようやく正気にかえった。「咸錫憲先生、ですか？」初めて聞く名前だった。とまどう彼女に若者が詳しく紹介をしてくれた。事件当時、先生はアメリカ滞在中で一月半後にようやく全泰壹の事が伝えられたという。海外での日程を終えてその日空港に降り立ったが、自宅にも寄らずにその足で、人づてに聞いた双門洞の家を訪ねてきたのだった。庭の方から話声がするのを聞きつけた泰壹の友人たちが、何事かと眠い目をこすりながら、外に出て来た。

「ああ、君たちが全泰壹の友人たちなんだな。実に偉大な友を持ったものだよ。彼は全体を活かそうと自身を犠牲にした、偉大な青年じゃないか。腐りかけた悪辣な独裁に真っ向から立ち向かって、民族の種を蒔いた人なんだから。全泰壹と友人だったということが、どれほど誇らしいことか。今はよくわからないかもしれないが、君たちが渾身の努力で必ず彼の夢を実現してほしい」咸錫憲先生は崔鐘寅、林炫栽、李承喆の手を順に握りながら後事を託した。そして李小仙の手を力強く握りしめ、こう言った。

「今、進もうとしている道を迷うことなく、最後まで進んでください。そのお気持ちを変わらずに守って。もし苦しいこと、辛いことがあれば、いつでも訪ねてきてください。どんなことであっても、できることがあればお手伝いしますから……」。

　こうして、彼女は元暁路にある先生の家を多い時は月に数度、訪ねていくことになった。困ったことがあると、つい愚痴をこぼしたりしたが、咸先生はうなずきながらじっと耳を傾けてくれた。そうしていると、わだかまっていたことが知らず知らずのうちにかき消えていくようだった。この時のことが縁となって、全泰壹追悼集会を清渓労組と、咸錫憲先生の主催するシアレソリ社(註3)が共同主催することになった。

　その日も『シアレソリ（一粒の声）』に掲載する清渓労組の原稿を持って、元暁路を訪ねて行った。「どうぞ、お入りなさい」先生が迎えてくれた。彼女が挨拶をして板の間に上ろうとしたとき、玄関の門が開く音がした。濃い藍色のズボンに黄色い薄手のジャンパーを着た、張俊河《チャンジュナ》(註4)が入って来た。

「おや、張先生が来ましたよ！」と嬉しそうに声をあげて咸錫憲に知らせたが、思いもかけず鋭い怒声が響き渡った。「どうしてこんなところに来たんだ！」咸先生は眉間をしかめて睨みつけた。柔らかな眼の光はとうに消えていた。見たこともない鋭い眼光に射すくめられたように、張俊河は身動きできなくなってしまった。

「今度はお前の命が狙われているのを知らないのか？　さっさと家に帰らないか！」金大中の次は張俊河だというのだ。既に緊急措置を発動して人革党事件をでっちあげ、八名もの人たちを死刑に処した独裁政権だった。今や彼の生命は個人のものではないのだから、うろうろせずに身の処し方を慎重にしろと、咸錫憲先生は何度も言い聞かせていたところだった。李小仙は傍で聞きながらどうしていいかわからず、「せっかくいらしたんだから、せめて少しの間部屋に上ってから帰るようにおっしゃっても……」と取り成そうとしたが、咸錫憲は断固としていた。「よけいなことは言わんでください。今は奴らが彼を殺そうと血眼になっている状況なんだから」。

その日は張俊河が友人たちと山に行くことになっていた日だった。だが、前夜の夢見が悪く、体調も芳しくないので取りやめにしようとしていたところだった。山行は自分が言いだした計画だったため、電話だけで断るのは申し訳ないと思い、待ち合わせ場所に赴いて直接詫びようと考えての行動だった。外出したついでに咸先生に挨拶だけでもしようと立ち寄ったが、思いがけずお叱りを受けることになってしまった。

「一体、今がどんな状況なのか知らずに山に行くことにしたというのか！　何を考えているのやら……」「私もおかしな夢を見たりして今回はやめにしようと思いました。ただ、自分が言いだしたことですから、ちゃんと皆に会って説明しなくてはいけないんじゃないかと……」「いいか、絶対に山なんかに行ってはだめだよ」「はい、決して行きません。行くつもりだったらこうしておじゃましたりしませんよ」。

靴をはきなおして外に出たその姿は、山に行くような身仕度ではなかった。すっかり意気消沈した彼は、李小仙が板の間に座って話でもしようというのを断って、長い間、持病で臥せっているという咸錫憲夫人の部屋をしばらくの間、見つめていた。「奥様の顔だけでも拝見してから行かなくちゃ」、そう言うと、離れの部屋の戸を開いて中に入った。

「世の中には逆風が吹き荒れて、私は何もできずにこうしています。病の床に就かれているのに、長いことお見舞いにも来られなくて……。ご恩返しをしなくちゃいけないのに、私という人間は罪人のようなものです」。重い病に冒されて、十数年の間ずっと寝たきりのまま話すこともできない夫人の前で、張俊河はぼろぼろと涙をこぼした。しばらくそうして座っていた彼は、涙を拭ってようやく外に出て来た。「では、もう帰ることにします」そう言い残して彼は門を後にした。お気をつけてと挨拶をした瞬間、後ろから再び咸錫憲の声が轟いた。「どこにも行かずにさっさと帰るんだぞ！　山になんか行ったら今日が最後の日になると思え！」うなだれて、背を向け歩いていく張俊河の後ろ姿を見送りながら、彼女はその声が自分の胸に不思議な波風を立てるように感じていた。

清渓労組の原稿を渡してから、再び中央市場に戻った。商売を終えて夜遅く組合の事務所に入って行くと、李承喆が切羽詰まったように「張俊河先生が亡くなられたんです！」と知らせてきた。——そんな、ばかな。朝、会ったばかりなのに……嘘だ！　信じられなかった。山には絶対行かなかったはずなのに。咸錫憲先生に決して行かないと約束したじゃないか……。

朴政権は、彼が登山中に足を踏み外して転落死したと発表した。遺体を調べてみると、耳の後ろにある急所に釘で穴をあけたような傷跡があり、両肘には何かで強く締めつけられた痕跡がはっきり残っている一方、足を踏み外して転落したような傷はどこにもなかったという。日頃尊敬の念を抱いていた張俊河が亡くなったと聞いて、李小仙はじっとしていられなかった。だが、気持ちははやっても何をどうすれば良いのかわからなかった。

夜になると民青学連事件で手配され、身を隠していた張基杓《チャンギピョ》(註5)のもとを訪ねた。「何か私にできることがないものかね。張先生が亡くなったっていうのに、じっとしていられないよ」「それじゃ、お宅を訪ねたらどうですか。白基玩《ペクキワン》(註6)先生や何人かの方たちが遺族に会いに行くことにしたようです。きっと警察が妨害するでしょう。その人たちとは別行動で、近所の住民のような顔をして家に入ることができれば、おそらく奴らが家族に対して何らかの工作をするのがわかるんじゃないかな」。

思った通り、張俊河の家は警察が封鎖していた。在野の活動家の人たちがこれに強く抗議すると、警察は誰かれなく皆連行していった。――張基杓の言う通りだね。彼女は家の向かいの路地に身を隠すと、静かになった家の前をうかがいながら近所のおばさんのような素振りで、何食わぬ顔をして庭に入った。敷き石の上には黒光りのする三足の靴が見えて、部屋の中から威圧的な男の声が耳に入ってきた。こっそりと靴のある部屋に近づいて行った。隙間から見える部屋の中には、濃い黒服に頭髪を短く刈りあげた男たちの姿が見えた。「死因についてよけいな詮索をすると、遺体には二度と会えないと思いなさい」。その陰に隠れて、男が誰に向かって言っているのかは見えない。「奥さん、おとなしくしていれば葬儀も補償も我々が責任もってやりますよ。何にしても食べていかなくちゃならんでしょう。騒ぎになったら奥さん、あんたの命も保障できませんよ！」。

聞き耳を立てていた李小仙は思わず声をたてそうになった。――独裁の奴らがやったんだね……その時だった。誰かが門を開けて入ってきた。驚いて振り向くと、これまで何度も見てきた政府機関員の格好をした男だった。「あんた、誰だ?」「うわっ、びっくりするじゃないか」わざと驚いたふりをしてとぼけた。誰かが来たのかと、中にいた男が外に顔を出した。「あたしかい? この近くに住む者だけど、あんまり騒々しいからのぞいてみたんだけど、あんたたちこそ誰なんだい?」彼らは警戒しながら、頭のてっぺんから爪先まで目を凝らして探ろうとしたが、どう見ても上京したばかりの、田舎のおばさんにしか見えない風采だった。「さっさと行きなさい! ここに入ってきたらだめだよ」「別にどろぼうしたわけでもないのに、何だって大声あげるんだよ。行けばいいんだろ! まったく何てこった」。

彼女は少しも動じないで堂々と家を出ると、再び張基杓のいる所に戻って目撃したことを話した。「このことは、他の所では絶対に口外してはだめですよ。今は状況が良くない……。張先生の死に疑問があると報道した記者が連行されたりするくらいですから。しばらく静かにしていたほうが良さそうです。うっかり口をすべらせただけで、誰にも知られずにどこかに引っ張られてしまうこともありますよ」。

疑問を拭い去れないまま、葬儀は執り行われた。張俊河は、京畿道坡州《キョンギドパジュ》にあるカトリックの墓地に埋葬された。葬儀に参列した李小仙は弔辞を読むように言われたが、著名な在野活動家が顔をそろえる中で、自分には分に余ることと固辞しようとした。「学もない自分が何を言えるっていうんですか? こんなにりっぱな先生方が集まっていらっしゃるのに、場違いっていうもんですよ」。それでも周囲のすすめを断りきれずにマイクを取ることになった。

「全泰壹が息を引き取った時、一番先に駆けつけて弔問をしてくださった方が、張俊河先生でした。中折れ帽をかぶって、葬儀場に入るや否や人目もはばからず泣いていらした先生の姿が、今もはっきりよみがえるようです。もう先生にお会いできないかと思うと、胸の隅にぽっかり穴でも開いてしまったように、つらくてなりません……」。

さらに、自宅を訪ねたときに目撃したことを話し始めた。「それくらいにしたほうがいいですよ」。葬儀を取り仕切っていた李富栄《イブヨン》があわててマイクを取り上げ、彼女を壇上から降ろすように連れていった。「やれと言っておきながら、何で大事な話をさせないんだよ！」「わかってくださいよ。こんな状況だからだめなんですよ……」「一体、何が怖いっていうんだい！　独裁の奴らが犯人だってわかりきってることを、知らん顔してろっていうのかい？」。

張俊河の死を目の当たりにしながら、心は痛むばかりだった。――良心的な人たちが朴正熙維新独裁の連中に次々と殺されていく。独裁を倒さなければ、泰壹の志だって叶うはずがない……

（註1）咸錫憲　１９０１〜１９８９年　思想家。民衆運動、人権運動に大きな足跡を残した。１９２４年に東京高等師範学校に入学し、内村鑑三の影響を受けたといわれる。解放後「暴力に対する拒絶」「権威に対する抵抗」を掲げて李承晩、朴正熙独裁政権を批判し続けて弾圧を受けた。主な著書に『聖書的立場から見た朝鮮史』（１９４８年）『歴史と民族』（１９６４年）『意味から見た韓国史』（１９８４年）など

（註2）トゥルマギ　外出する時に防寒のために着た伝統衣装の外套

（註3）シアレソリ　１９７０年4月19日に咸錫憲が創刊した月刊評論雑誌。文明批評、時事評論を通じて政府に批判的な論調を貫いた。横書き、ハングル専用、口語体使用などで、一般民衆がたやすく読めるようにした

（註4）張俊河　１９１８～１９７５年　解放直前の１９４５年に上海臨時政府の金九主席の秘書を務めるなど、独立運動に奔走。１９５３年には自由、民主、反独裁を掲げて雑誌『思想界』を創刊したが、67年に朴政権によって廃刊させられた。維新憲法に反対する「改憲請願百万人署名運動」を展開し、大統領緊急措置第一号によって逮捕、懲役十五年を宣告された。１９７５年8月17日、謎の転落死をとげた

（註5）張基杓　１９４５年～　ソウル大法学部学生のときに全泰壹の死を知って以来、労働運動に関心を持ち、学生運動、民主化運動に献身しながらたびたび投獄されてきた。80年代末頃から国会進出を志し、様々な政治家と連携して、数度にわたって選挙に出馬したが、現在に至るまで志は叶わずにいる。李小仙がもっとも信頼していた一人

（註6）白基琓　１９３２年～　１９６４年の日韓会談反対運動に参加して以来、朴・全軍事独裁政権に抵抗して、民主化、統一運動に献身してきた。87年、92年の大統領選挙には「民衆候補」として立候補したこともある。詩人、作家としても数多くの作品を残しているが、歴史に残る闘争歌『ニムのための行進曲』の原詩を書いたことでも知られる

民青学連と人革党

維新憲法を作って長期執権陰謀を企む朴正熙は、国民の抵抗が強くなると〈人革党再建委および民青学連事件〉を捏造して、１９７４年４月３日に『緊急措置第四号』を宣布した。

この事件で千余名が連行され、二百余名は軍法会議にかけられたが、この内一三名には死刑が宣告された。文圭鉉《ムンギュヒョン》を始めとする良心的な人々は、人革党関連の家族たちと共に救命運動を始めた。だが、スパイ容疑で死刑宣告を受けた事件ということで、在野の活動家たちもその家族に会うことすらはばかられるという状況だった。明洞聖堂で時局祈禱会が開かれた日のこと。人革党の家族たちが喪服を着て中庭に入ると、集まった人たちの中には顔をそむけたり同席するのを嫌がる者もいた。家族たちもその雰囲気を感じて、聖堂の中に入ることができないでいた。

「ここでこんなふうにしている場合じゃないでしょ？　勇気を持って祈禱会に出て、苦しい身の上を話さなきゃ。どこにでも出かけて行って真実を訴えていかなくちゃいけない時に、怖がっていてどうすんの！　無実の罪で殺されようとしているのに……」。李小仙は家族たちを聖堂の中に連れていった。アカ呼ばわりする独裁政権に向かって、本当のことを訴えていかなくてはと勇気を与えようとしたのだった。――家族たちの辛さに目をそむけてはいけないんだ。何とかしてむざむざ殺されるのを防がなくちゃ……。彼女はもっと力になってあげたいのにできない、自分の非力を恨んだ。

さらに信じがたいことが起きた。１９７５年４月８日、最高裁で、人革党事件に関わったとされる都礼鍾《トイェジョン》を始め八名に対する死刑が確定すると、翌日の明け方には刑が執行されてしまったのだ。恐るべき司法殺人だった。そのうえ朴政権は、遺体を家族に引き渡さずに火葬に付そうとした。火葬場に出発するという情報が伝わると、遺族たちは在野活動家たちと共に、鷹岩洞《ウンアムドン》五差路で遺体を乗せた救急車の前に立ちはだかって車に乗りこんだ。

「死んだ夫の顔も見ていないのに……」。誰かが、泣き叫ぶ遺族の声に促されたように棺の蓋を開けた。蓋を釘で留めるひまもないほど、慌てて始末しようとしたのだろうか。だが、遺体は後ろ手に縛られたまま、うつぶせにされていて、足で踏みにじられたのか、背には靴跡がくっきりと見て取れた。血まみれになった白い韓服を見て、李小仙は驚愕した。

「お前らはそれでも人間か！　きのう判決を出して、次の日の明け方に殺すなんて法律がどこにある？　遺体をゴミみたいに棺に押しこむ不埒な人間が、大手を振って歩いているというんか！」わめくように大声を上げながら、遺体をまっすぐに安置しようと必死になった。手は血でべたべたになったが、時間がいくらも経っていないせいか、その血はまだぬくもりがあった。あわてて出動した警官が彼女を引きずり出した。「放せ！　人の道も知らない奴らめ。独裁と闘ってる良心がアカだってのか！いつかお前らが裁かれる日が来るぞ、それが恐ろしくないのか！」

張基杓も民青学連事件で指名手配された。李小仙は道峰区放鶴洞《トボングパンハクドン》に、隠れることのできそうな部屋を準備した。同じ教会に通う権《クォン》執事の家だった。「公務員試験を受けるためって言うなら、合格する時まで家賃をくれればいいよ」。権執事は保証金の代わりに毎月の家賃を多めに払うと言うと、気持ちよく部屋を貸してくれた。ある日、礼拝堂に入ると牧師が顔をしかめるような表情をした。挨拶をしても機嫌悪く背を向けたまま、不愉快そうに事務室に来るようにと言った。自分が何か間違ったことをしたのか、いくら考えても牧師の怒る理由がわからなかった。

「執事さんは謹慎していなければなりませんね」。事務室に入るといきなりそう言われた。「過ちを悔い改めて神の赦しを得るまでは、教会に出入りしてはいけません」。一体自分がどんな罪を犯したために、教会への出入りを禁じるというのか。礼拝も欠かさなかったし、人の物を盗んだり、嘘をつくこともなかったのに……。「自分が一体どんな罪を犯したのか、愚かな私にはわかりません。どうか、おっしゃって下さい」。牧師はあきれたと言うように溜息をついた。「私はまだ未熟で足りないところばかりですから、牧師様が教えてくださらなくてはわかりません」「人に言えないような恥ずかしいことをしておきながら、厚かましくも私にそれを言えというんですか?」「本当にわからないんですよ」「権執事からすっかり聞きました。若い男と真夜中に何をしているんですか?」顔が真っ赤になるのが自分でもわかった。張基杓のことを誤解しているのだった。他の手配者たちとの連絡役をしていたので、時折彼を訪ねたし、清渓労組のことで相談に行くこともあった。何と説明をしたらいいのか。事実関係はともかく、そんな誤解を受けること自体が恥ずかしくてならなかった。後ろも振り向かずに教会を飛び出したが、道で会う誰もが、自分に向かって後ろ指を指しているような気がしてたまらなかった。

その日の夜、李小仙は再び張基杓の部屋を訪ねていった。いつもよりずっと注意深く、山を回り田を横切り、草むらの間を這いつくばるようにして家に向かった。部屋の裏手に回ると、窓ガラスに向かって小さな石を三回投げた。彼と約束してあった合図だった。「一体、何かあったんですか?」部屋に入った彼女を見て、張基杓が声をかけた。ありのままに話そうと思うと恥ずかしくていたたまれなかった。涙まで浮かべながら口をぎゅっと結んで、床ばかり見つめて何も言わない李小仙の様子を見かねた彼が、もう一度聞くとようやく教会での一件を話し始めた。「ハッハッハ……」。話が全部終わらないうちに張基杓は思わず吹きだしてしまった。「今、笑ってる場合じゃないだろ！」一人胸の内で苦しんでいた彼女の気持ちを、逆なでするような笑い声に怒りが爆発した。思わず拳で力いっぱい肩を叩いて責めると、「ごめんなさい、もう怒らないで。人一人の命を救ったんだから……。もしありのままに話していたら、僕は捕まって今頃死刑でしょ？　濡れ衣や誤解はいつかは解けるけど、人の命はいったん失ったら、もとには戻らないんだから。オモニは僕の命の恩人ですよ！」その通りだった。

権執事が自分と彼の関係を不倫だと思いこんだから良かったものを、もし手配者だと知られていたらどうなったことか……。行きどころのなかった憤懣も少しおさまった。「だからといって、許さないよ！　あたしがどんな気持ちだったと思ってんの」「どっちにしても、ここらが潮時ですね。このあたりに隠れ家があると奴らもかぎつけたみたいだから。道のあちこちに警官が張りついているし、誰が住んでるのか一軒一軒調べ回ってるようで……。何とかここから出ていく方法を考えてくださいよ」。

民青学連に関連した人物が放鶴洞に集まっているという情報を知った警察が、家ごとに検問して回っていた。「あんな風に昼夜なく警察が見張っているから、一体どうしたらいいものか……」「だったら、あたしの言う通りにするかい？」李小仙が尋ねた。「出られさえするなら、何でもやりますよ」「明日の昼間、出ていくんだよ」「昼間に？」夜より昼間の方が好都合だと笑って見せた。「荷物を準備して！　ふとんはギュッと縛るんじゃなくて少し緩めにくくってな」「どうして？」「いいから、言う通りにするんだろ？」「わかりましたよ……」。

翌日の午前中に、張基杓はふとんの包みを、李小仙は本をくくった包みを持って部屋を出た。「あたしが何をしても気にしないで、とにかくまっすぐ前に歩いて行くんだよ！　大きな道に出たら振り向かずに、タクシーをつかまえてそのまま行けばいいよ。言う通りにするんだよ！」彼はふとんで顔が隠れるように、肩にかついで持ち上げた。一体どうやってここから脱出させようというのか、到底見当がつかなかった。道に出たら警察が検問してるはずなのに……、心配で気が気でなかった。案の定、大通りに出るところには刑事が立って目を光らせていた。北部警察署の張刑事だった。李小仙の担当でもあった刑事の姿を見ると、張基杓の歩みが遅れた。ちらりと顔を見るとひきつって白くなっている。もうどこにも逃げられなかった。後ろに戻れば気づいてすぐに追ってくるだろう。一歩ずつ踏み出す足は、千斤の重しが巻かれたように重かった。ところが先を歩いていた彼女は、刑事を避けようともせず、逆に近づいていって声をかけた。

「刑事さん！」その声に張基杓の息が止まった。どういうつもりなのか――彼の頭の先はぴりぴりと緊張が張り詰め、額には冷や汗が流れてきた。彼女が先に行けと、目で合図を送ってきた。「三回も警察署を訪ねたのに、いなかったじゃない」と刑事の袖をつかみながら李小仙が言うと、どういう事かととまどいながら、ふと、大きな包みをかついで歩く男を見やった。彼女はなおも袖を強く引っ張って話し続ける。「あたしが、刑事さんにどうしても話したいことがあったから、三回も行ったのよ！」すぐ横を通り過ぎて行った男が、どこかで見覚えがあるような気がしたが、視線をさえぎるように話しかける彼女に勝てず、何かいいネタでもあるのかと顔を向き直して聞いた。

張刑事は、もし張基杓や他の手配者を見かけたら、他の刑事には内緒で自分にだけ情報をくれと何度も念を押していたところだった。「もちろん、ネタありよ」。すると、刑事の顔がぱっと明るくなった。たった今報奨金をもらって、昇進でもしたような表情だった。誰かに聞かれてはまずいと言うように、刑事は彼女を引っ張っていこうとした。「李さん、誰だい？　いや、ここじゃなくて喫茶店に行こう！」。見ると、大通りに出た張基杓がタクシーに乗りこむところだった。もう大丈夫だ……。「ここで話しますよ」刑事はすっかりその気になって、何とか彼女を喫茶店に連れて行こうと、無理やり引っ張っていった。

「いったい、どんな情報なんだい？」椅子に座ったとたん、待ちきれないというように、せっついてきた。「あー息ができないよ！　もう、水くらい飲ませてよ」。今となっては急ぐことは何もなかった。「張基杓を捕まえろって言おうと思ってさ……」その言葉に張刑事の顔色が変わった。瞬間、先ほどふとん包みをかついで通った男の顔が浮かんだ。「あっ、さっきのあいつが……奴だな？」張刑事はまるで後頭部を殴られでもしたように、頭ががーんとなった。「そうだよ、あいつだよ！　知ってて捕まえなかったのかい？」李小仙は泰然とそう言ってのけた。「だったら、もっと早く言ってくれなくちゃ！」「あたしがしゃべろうとしたら、喫茶店に行こうってしゃべらせなかったのは誰なのさ！」

「李さん、じゃあ、張基杓が隠れていた所を知っていたんだな？」、その声には怒気がまじっていた。「知ってるから知らせようとやってきたんじゃないか」「だったら、知ってて届けなかったってことだろ？」「三回も警察署に行ったのに、あんたはどこかに出かけていなかったんだよ！」「私がいなかったら、他の刑事にでも言わなくちゃ！」「絶対に自分以外には言うなっていっただろ？」張刑事は言葉に詰まった。「だから、奴のいる所を知っていたってことだね？」「さっき、そう言っただろ！」「手配者をかくまったら罪だってことは知ってるでしょ？」「当たり前だろ」。平然と答える李小仙の言葉に、刑事は顔色を変えた。「今、奴がどこにいるか言いなさい！」「捕まれば死刑なのに、あんたならどこに行くか人に教えて逃げるかい？」張刑事は、犯人隠匿罪で連行するから警察に行こうと脅しをかけた。「よし、行こうじゃないか。あたしが三回も訪ねたのに、いつもいなかったのは誰だったか上の人に話してやるよ。自分以外には絶対話すなって念を押されたから、届けもできなかったって。それに、せっかく目の前に連れてきてやったのに、捕まえるどころか喫茶店に行くんだってきかないから、その間に逃がしちゃったこともね。あたしが今話さないで、後で知られることになったりしたら、今度はこっちがお縄になるから……さあ、早く警察に連れて行きなよ！」そう言われると、立ちあがりかけた張刑事は再び椅子に座りこんだ。そうして煙草を一服つけると、じっと考えこむ素振りだった。

「いいかい、今日あったことは私とあんただけしか知らないことにして、死ぬまで秘密にしておこう」「やだね！　後でこの件であたしを捕まえるつもりじゃないか。自首さえすれば、何の心配もないだろ？」「李さん、そんなこと言わないで……絶対に、絶対、誓ってそんなことはしないから！　どうか、なかったことにしてくださいよ……」。張刑事の声は慇懃さを取り戻していた。「だったら、あたしは帰るよ」。本の包みを手に李小仙が立ちあがった。「そうだ、これ張基杓の本なんだけど、あんた持って帰るかい？」「何だって？　とんでもない、そんなもの私がどうするって……」「重くて死にそうだよ！」「嫌ですよ！　李さんが何とか処理してくださいよ。そんなもの持って帰ったら、どんな目にあうか！」。

彼女は本を頭に載せて外に出た。——捕まらなければいいんだけど……、一体どこに逃げたのか、いつまた会えるのか、何もわからなかった。いつも傍で勇気づけ、知恵を授けてくれた張基杓。大通りに出た彼女は、さっき彼がタクシーに乗りこんで去って行った方を、しばらくの間眺めて立っていい続けていた。いつ終わるとも知れない独裁の時代だった。緊急措置は人々の目や耳だけでなく、生命までも奪った。

籠城の砦となった労働教室

１９７２年、清渓労組婦人部長だった鄭仁淑《チョンインスク》が模範勤労女性に選ばれて、青瓦台に招請された。「平和市場には十五歳にもならない女性勤労者が、たくさん勤務しています。この子たちは、勉強したくても場所がないからできないんです」。陸英修が催した茶菓会の場で、鄭仁淑は学習の場である労働教室を作ってほしいと、訴えた。青瓦台の一言で世の中が動いていた時代だ。

大統領夫人は平和市場に労働教室を作るよう、指示した。しかし教室はスタートから生みの苦しみを味わった。開館式に咸錫憲を招請したという理由で、組合幹部たちを不純勢力と決めつけて弾圧を開始した。事業主たちはこの事件を口実に教室の運営権を奪い取った。さらに組合の幹部たちを皆解任しようとする圧迫まで加えてきた。

このころ組合員たちの宿願は教室の正常化だった。……李小仙を中心にしたスタッフたちはこれまでの手紙書きや、嘆願などの穏健な方法ではなく、強硬な闘争を通じてはじめて、教室の運営権を取り戻せると認識していたから、労働教室を占拠して籠城を始めようという話が出てきたのは、至極自然なことだった。

――『清渓、わが青春』より

「いつまでも人の顔色をうかがって生きちゃいられないよ。自分たちで労働教室を取り戻そう！」清渓労組は闘いを始めた。1975年2月7日、昼休みを利用して組合員たちが労働教室に集まった。入口をふさいで籠城が始まったのだった。

「我々自身の手で労働教室を取り戻しましょう！　闘わずに得られるものは何もありません。この手に教室を取り戻すまで、一歩たりとも外に出ないという覚悟を持とう！」組合員たちは歌を歌い、シュプレヒコールを叫んだ。

皆が競うように前に出て、これまで胸にしまっておいた辛い話を他の仲間にも聞かせようとした。取材陣が押し寄せてカメラのフラッシュが次々に焚かれると、彼らは一層大きな声でスローガンを唱えた。籠城した労働者たちは意気軒昂だった。すぐに交渉の場が設けられ、籠城開始後わずか七時間目に、労働教室は再び彼らの手に戻ってきた。

こうして乙支路六街《ウルチロユッカ》にあるユリムビルに、労働者が自ら運営する労働教室が誕生した。教室では定期教育のみならず、組合の各種会議、小規模の集まり、一般組合員の会合、行事や記念式等で毎日、市場の通りに人があふれるように大勢の労働者が集まっていた。五月ひと月の間で、公式に記録された使用回数が一四二回、延べ人数は三〇〇〇名を超えていた。狭い組合事務室ではできなかったいろいろなことが、労働教室でできるようになってから活動は一層活性化された。

労働教室の開館は、今後の労組活動に大きな影響を与えることになる。何よりこれを可能にした籠城闘争は、組合員が直接参加した闘いという点に意義があった。勝利した闘争を経験した組合員たちは、大きな自信を得ることができた。清渓労組のその後の活動様相は、これによって非常に大きい変化を遂げることになった。

——『清渓、わが青春』より

組合の幹部たちは李小仙に室長になることを勧めた。「ふん、あたしはちゃんとした教育も受けてないし、弁も立たないし、ごめんだね！」「労働教室の闘いはまだ始まったばかりだし、これからもっと闘わなくちゃならない……。でもオモニが室長になっていれば、政府も手出しができなくなりますよ」「そりゃそうだ。捕まるようなことがあっても、あんたたちじゃなくて、あたしが引っ張られる方がましだね。そういうことなら、あたしがやるよ！」こうして彼女は労働教室の室長になった。幼いシタたちは教育の内容がよくわからなかった。講義を引き受けた講師たちは、維新体制の厳重な監視の目を避けるために、話をするにもはっきり言えずに遠回しな言い方しかできなかった。だが、李小仙が話すときは、易しく明快だった。初めて組合を訪ねてきたような労働者にも、すぐに理解ができた。

「工場に来て一日何時間仕事してる？　日曜も休めないで、ぼろぼろになるほど働いていくらもらえる？　ワイシャツを一着作って、市場が一〇〇ウォン儲かったら、それを死ぬほど働いて作った労働者は、そのうち五〇ウォンでももらわなくちゃおかしいんじゃないか？　それなのに、実際は五〇ウォンどころか三〇ウォンもくれない。二〇ウォンがいいとこだろ？　それも給料日にちゃんとくれるかい？　給料をくれって言ったら、足で蹴飛ばして出て行けって言うだろ？　いつもそうなんだ。首になっても、その時もらうものをちゃんともらえる労働者がどこにいる？　仕事もさせてもらえないで、毎日未払いの給料をくれって言いに行かなくちゃならない。結局いつまでも働かないでいたら食えないから、別の所に就職する。それで給料はとりっぱぐれだよ。だからあんたたちの母さんが、社長の所にかけあいに行くんじゃないか？　働いて、社長を儲けさせたら給料ももらえないで追い出されるのが、労働者なんだ。ここに来てはじめて、息子の泰壹がどうして死んだのかわかった。悔しくて悔しくて……。だから組合を作ったんだよ。組合に入って、労働者が一つに団結して闘わなくちゃ、こんな状態を改善することなんかできない。ただ身をかがめて働いているばっかりじゃ、せいぜい腹をへらして死ぬしかないんだよ。だから、あたしたちの権利を取り戻して、ちゃんと給料をもらうのは他の誰かがやってくれるんじゃなくて、ここにいるみんなが自分でやらなくちゃならないんじゃないか？　違うかい？」

彼女の話が終わると、十三、四歳のシタたちが拍手しながら叫んだ。「その通りです！」李小仙は教育時間に、自分が経験してきたことを、包み隠さず話すこともあった。うんざりするほど貧しかったころの話は、目の前にいる幼いシタたちの物語でもあった。故郷にいる母の姿を思い出すと、教室は彼女たちの涙であふれた。こうして組合に加入した労働者は、次の日には友達の手を引いてやってきた。自然に組合員が増加していった。彼女たちは夜遅くまで仕事をしていても、すきっ腹をかかえながら教室にやってくる。片隅でトッポッキやスンデ（間食になる食べ物）を床に広げて車座になり、けらけら笑ったり話の花を咲かせたりする。

組合に集まった労働者たちは、様々なサークルを作った。アカシア会を先頭に、ユリ、むくげ、鳳仙花、忘れな草、コスモスのような会が次々と生まれていった。闘いを経験して、たいまつ会のような政治意識を持つ会もできた。幹部たちはクリスチャン・アカデミーなどの外部団体に出かけて教育を受けたし、ひそかに張基杓のような進歩的な人物に政治教育を学ぶこともあった。教育は単純な知識にとどまらず、実践に移された。シタの賃金直払い制、週休制実施、労働時間短縮、賃金引き上げ……。組合員たちの闘いが続いた。緊急措置で集会やデモが禁止されていたが、気にもとめなかった。

清渓労組は籠城やストライキで立ち向かった。闘わなければ、一筋の陽射しさえ見ることのできない現実があったからだ。籠城は主に労働教室で行われた。籠城が始まれば、教室は足の踏み場もなくなって、互いの足を重ねながら座りこまなければならなかった。

「労働者も人間だ、時間を短縮せよ！」

「一週間に一度だけでも日の光にあたらせろ！」

「週休制を履行しろ！」

「我々はゴミじゃない、屋根裏みたいな部屋をなくせ！」

労働者であふれた労働教室にスローガンが響きわたった。「労働者のみなさん！　一〇〇人が集まれば四日かかり、一〇〇〇人が集まれば一時間で解決する。一万人が団結すれば、三十分で終わるんです！　みんなが心を一つにすればできないことはありません！」糸屑をつまみ、ミシンを回し続けてごつごつになった幼い手が、今、天井に向かって伸ばされ、李小仙の言葉にシュプレヒコールで答える。籠城が始まれば電気も水道も止められるため、洗面所のたらいに汲んでおいた水で渇きを癒しながら、歌声を響かせた。一時間もたたないうちに、血が吹き出るかと思うほど喉が痛み、スローガンを叫ぶ声はかれてしまった。それでも彼女たちは歌い、叫び続けた。教室の壁も崩れよとばかり、はらわたが飛び出ろとばかりに必死の思いをこめて「勝利は我らに、勝利は我らに……」(註7)を歌った。涙でぐしゃぐしゃになったお互いの顔を見ながら、さらに力強く途切れることなく歌った。学校で国語の本を朗々と読む代わりに、英語の単語を暗記する代わりに、ミシンの音に思春期を埋めてしまった幼いシタたち、ミシン師、裁断師たちも、労働者だって人間なんだと声を張り上げた。

籠城を続ける一方では、交渉も続いていた。〈勝利は我らに〉の歌のように、勝利するまでは閉じられた労働教室の扉は開けられることがなかった。「万歳！　バンザイ！……」。交渉が妥結したという知らせが届くと、皆立ちあがって抱き合った。涙と笑い声が混じりあった籠城現場で、李小仙は胸をなでおろした。――あんな幼い子たちが何の罪があってこんなに必死になって闘わなくちゃならないのか……。

籠城をしている間、ずっと彼女の胸はぐつぐつと怒りにわき立っていた。炎の中に放りこまれたように、燃え上がったかと思うと、冷たく凍りついたりもした。そして心の中では、ひと時も休まず祈り続けていた。どうか、シタたちの願いを叶えさせてくださいと。

刑事や事業主たちは組合員の親に連絡して、籠城を妨害しようとした。「アカのばあさんにたぶらかされて、アカに染まっちまうぞ。早く娘を連れて帰るんだ！」田舎の家にまでやってきて脅迫をすることもあった。驚いて労働教室にやってきた親たちが、いきなり李小仙の髪の毛をつかんで振りまわし、大騒ぎになった。

「あんたが、うちの娘をあんなにしたんだ！」何人もの親たちから、髪の毛を引き抜かれ、殴られ、ののしられたが、彼女はそれを甘んじて受けた。「泰壹を先に死なせたあたしはどうせ罪人なんだ。殴られるよ。あたしがむちゃくちゃに殴られて世の中が良くなるんなら、いくらでも殴られてやるよ！」

（註7）勝利は我らに……　1969年にジョーン・バエズがリリースした〈We shall overcome〉を韓国語に翻訳した歌。集会などでよく歌われた

女スパイ

１９７７年７月２日、永登浦《ヨンドンポ》の協信皮革工業社で、作業中に一人の労働者が有毒ガス中毒によって死亡した。亡くなった労働者は清渓労組の総務部長である閔鐘徳《ミンジョンドク》の兄、閔鐘鎮《ミンジョンジン》だった。

　李小仙と清渓組合員たちは、産業災害を管理、監督すべき労働庁に押しかけて責任をただした。葬儀には半島商事、東一紡織を始め首都圏地域の労働者たちが次々と集結した。彼らはただちに労働三権の保障を訴えて、労働庁に対する連帯闘争を開始した。

　その頃、手配中だった張基杓が拘束され裁判が始まったが、彼女は一度も欠かさずに法廷を訪れた。時代の生み出したすぐれた青年を惜しみ、師のように導いてくれた彼の逮捕に心を痛めながら、ひょっとして死刑にでもなるのではないかと恐れていた。家族でなければ面会もできなかった時代で、法廷は張基杓の顔を見ることのできる唯一の機会だった。澄んだその目を見ただけでも勇気がわいてきたし、口をついて出る陳述と言えば、時代を冷徹に見据えて放たれる絶唱と言うべきものだった。組合員たちも、裁判には欠かさず顔を見せた。

　死刑宣告もあり得る裁判だったが、検事の審問にもひるむことなく、労働問題から政治、統一問題に至るまで、自分の信念を堂々と述べる法廷でのやりとりは、組合員たちにとって生きた政治教育の場となった。彼の一言が発せられるたびに、「その通り！」という喊声と共に、拍手が巻き起こる。一方で検事の審問に対しては、傍聴席から野次が飛び交って裁判長も検事も冷や汗を流すありさまだった。

「清渓組合員たちと組んで、賃金引き上げ闘争を背後から操縦し、社会に混乱を引き起こしましたね?」検事の審問に傍聴席の李小仙が立ちあがって「一カ月の間、死ぬほど働いても三〇〇〇ウォンしかもらえない労働者が、自分の権利を取り戻そうと思って相談したんだ! 勤労基準法を教えてやるのが何で罪になるんだ? 教育を受けられなかった人間に教えるのは知識人の道理だろ、何で罪になるっていうのさ!」と裁判長に向かって叫ぶと、一斉に拍手が起こった。

張基杓は政治演説をし、李小仙は検事に向かって詰め寄り、傍聴席では拍手が続く……。ついに判事が彼女を連れて行くように命じた。法廷職員が手首をつかんで連れだそうとすると、組合員たちが取り囲んだ。李小仙はつかまれた手を振り払い、判事に向かって駆け寄り大声で一喝した。

「あんたたちは、親が牛を売り払い、田畑を処分して勉強させてやったっていうのに、こんな裁判しかできないのか! 本当に勉強したっていうなら、ちゃんとした裁判をやれって言うんだ。教育のない労働者に教えてやるのが、どうして罪になるんだよ!」裁判は中断された。次の裁判もその次も同じことだった。張基杓も質問がくだらないから答えないと言って黙秘を始めると、彼女が検事を非難した。「あたしも緊急措置違反で捕まえればいいだろ!」判事の退廷命令には、そう叫んで応じなかった。朴正熙政権はこれ以上放置することができなかった。捕まえる口実を探すのに躍起になっているところへ、閔鐘鎮事件で労働者の連帯闘争が繰り広げられ、労働庁が占拠される事態にまで至った。

当局には、彼女が室長を務める労働教室の存在が目の上のこぶのように思えた。だがうかつに李小仙に手を出して、気勢の上がる労働者たちの闘争に火をつける結果になることは避けねばならなかった。折しも米国被服労働組合が彼女を招請し、出国手続きをしているところだったが、韓国労働者の現実が国際舞台で話題にされ暴露されることも頭の痛いことだった。

梅雨の終わるころだった。暑いうえに湿度が高く、じっとしていてもすぐに体がべとべとになった。李小仙は出国準備のために、何人かの組合員と双門洞の家に向かった。あまりの暑さに頭から水でもかぶりたかったが、いつも訪問客の絶えない家ではそれもできない。李承喆や幹部たちは上の服を脱いで、互いの背中にホースで水をかけ始めた。彼女は縁台に座ってうちわで煽ぎながらそれを眺めていたが、うちわなど何の役にも立たなかった。「あんたたちは水浴びできるからいいよ……」。少し前に結婚したばかりの李承喆が、向かいにある自分の家で水浴びするように勧めた。「うちで水浴びしてくださいよ。どんだけ涼しくなるか！」「今頃になって何を言ってるんだい！　でも、そうさせてもらうかね」。ポンプでくみ上げた水を持って、新婚住まいの台所に入って背中にかけると、すーっと暑さが消え去っていった。地下のわき水が冷たくて、三、四回も浴びると鳥肌が立つほど体が冷やされ、精神もしゃんと引き締まるようだった。今しも肌着に腕を通そうとしたとき、入口の門をどんどんと足で蹴りやぶる音が聞こえてきた。「誰だい！」そう言ったとたん、女スパイを捕まえにきたと、刑事たちが靴のまま部屋に上がりこみ、彼女を引きずりだした。「女スパイだって？」服を着る余裕もなく、そのままの格好で外に連れ出されたとき、すでに路地には警察官がびっしりと張りついていた。家の中からは組合員たちの怒声が聞こえてきた。彼らは李小仙を取り戻そうと必死になったが、雲集した警官隊の前にはなすすべもなかった。拳を振り上げ、洗面器を放り投げ、ほうきを手に挑みかかったが、警官のこん棒で殴り倒され、靴で無慈悲に踏みにじられるだけだった。

李小仙は乗用車に乗せられ、二人の刑事に挟まれたまま身動きできなかった。扉が閉じられる瞬間、「こいつら！　オモニを返せっ」という李承喆の絶叫が聞こえたが、車はその声をかき消すようにエンジンをかけるとすぐに発進してしまった。彼女の眼は血走ったまま、虚空を睨みつけた。

水原矯導所の乾パンばあちゃん

張基杓の裁判で騒乱を引き起こしたという理由で拘束された李小仙は、控訴審で懲役一年を宣告されて、水原刑務所に収監された。

ここで彼女は『乾パンばあちゃん』と呼ばれた。刑務所にはまだ成人にならない、幼い在所者たちもいた。そばで見ていると清渓川のシタたちの姿を思い出した。彼らの罪は貧しさから生まれたものだった。親に捨てられた子たちもいたし、空腹に耐えかねて盗みを働いた者もいた。「おばあちゃん、俺たちはシャバに行っても人間らしく扱ってもらえないんだ。待ってくれてる人も、面倒見てくれる人もいない。だから法務部の子どもっていうわけだね」「法務部の子どもって？」「だから、刑務所で、着るものも食うものもくれるでしょ？　懲役を務めながら大きくなっていくんだから」「だからといって、こんな所に閉じこめられてたら、どうすんのさ」「腹いっぱい食えないこと以外は、いい所だよ。監獄の飯は、食ってからちょっと動いただけでも、腹がへこむっていうからね」。

何より空腹が辛いと聞いて、胸がふさがる思いだった。「まったく、いちばん食べざかり伸び盛りなのに、どんだけひもじいか……」。順玉が面会に来るたびに、乾パンを差し入れてくれと頼んだ。「あたしは乾パンさえあれば大丈夫だから。差し入れられるだけ入れておくれよ。二十袋くらいはなくちゃ……」「二〇袋も？　ご飯食べないで乾パンばっかり食べるつもり？」「ここにいると、乾パンがいちばんのごちそうなんだよ！」　順玉が乾パンを領置して帰ると、掃地《ソジ》を呼んだ。刑務所の舎棟で食事を配ったり、清掃のような雑用をする在所者をソジといった。「この乾パンを子どもたちにやっておくれよ。誰も面会に来てくれない子どもらがいるだろ?・」それからというもの、彼らは李小仙の房の前を通るたびに、鉄の扉越しに挨拶をするようになった。「乾パンばあちゃん、ご飯たくさん食べた?・」「乾パンばあちゃん、昨夜はよく眠れた?・」面会に来た人たちが差し入れてくれた下着もためておいて、二〇着くらいになったら子どもたちに分けてやった。

——あの時、保育園で順徳が見つからなかったら……彼らを見ると、順徳の顔が浮かんだ。歳もちょうど同じくらいだった。末娘の順徳は高校に通っていて、泰三は何とかして大学に行かせたいと思っていた。「学費はどうにかするから、人文系の高校に行って大学に進学するんだ」「兄さん、私は商業高校に行くから。考えてみてよ！　母さんが私たちのためにどれほど苦労したか……。大学なんか行かないで、就職してお金を稼ぐ。母さんにそのお金をあげたいの！」順徳は名前の通りに心根が素直で穏やかだった。めったに自分の考えを主張することがなかったのに、進学問題だけは譲らなかった。

兄も姉も、労働運動のことしか頭にないと思ったから、自分だけはお金を稼いで母を楽にしてやりたかった。こうして商業高校に願書を提出した。彼女が拘束されてからは、双門洞の家に順徳が一人で寝なくてはならない日が続いた。泰三も順玉も組合で暮すようなものだったし、清渓の労働者たちもあまり来なくなったから、いろんな人が集まってにぎやかだった以前の家が懐かしかった。授業が終わって、がらんとした家に帰る道の足取りは、教科書の詰まったかばんより重かった。母さんも、兄さんも姉さんもいない家。部屋に入ってふとんをかぶっても、なかなか寝つけないときは庭に出た。ひょっとして、兄さんたちが帰ってくるかもしれないと門の方にじっと目をこらす。通りを吹き抜ける風が、門を揺らして通り過ぎていく。順徳は一人で鼻水をすすりながら、歌を歌った。

——母さんが仕事にでかける道には白い野いばら／野いばらのきれいな葉っぱはおいしいな／おな

かが空いた日はだまって摘んで食べたよ／母さん母さんと呼びながら……。

やがて歌詞は途切れ途切れになって、すすり泣く声だけが響いた。悲しみは怖れに変わった。しばらく泣いていた順徳は門を開けて外に出た。ヨンイムという友だちが隣の家に住んでいた。「ヨンイム！ねえ、いないの！」聞こえるか聞こえないかの小さな声で、友だちの名を呼んだ。少しすると大きな門がすうっと開いて、ヨンイムの父が運動服の格好で出てきた。「順徳じゃないか？　こんな夜にどうしたんだ」。順徳は何と言おうか迷った。「あ、あの……」。目の周りがすっかり腫れた顔を見ると、ヨンイムの父も不憫でならなかった。「家には誰もいないのかい？」「……あの、とっても怖くて」。震える声でやっとのことで打ち明けた。だが、まだ幼い娘がたった一人で家にいたらどれほど心細いことか、心ではいくら同情しても、ヨンイムに会わせてやるのはためらわれた。「悪いな……お前には何の罪もないけど、すぐにでも家に入れて一緒に寝かせてあげたいけど……できないんだよ。世の中がおかしいんだ。人が人の道理を守れないようにするような世の中なんだよ」。

刑事たちは李小仙が、まるでスパイでもあるかのように吹聴して回った。町内の人たちには、彼女の家には決して近づかないよう、厳重に言い渡した。南山洞の火災以来、十数年の間苦楽を共にしてきた隣人たちだったから、彼女がスパイだとは誰も信じなかったが、家の前に詰所まで建てて監視しているのを見ると、順徳が可哀そうだと思っても、あえて近づくことはできなかったのだった。

いつの間にかヨンイムが父親の後ろに立っていた。夕食を食べているとき、順徳が一人でいるから泊ってきてもいいかと聞いて、父にさんざん叱られたところだった。ヨンイムも目を真っ赤にしながら「ごめんね……」と消えるような声で言った。「ううん、平気よ……。おやすみ。明日学校で会いましょ」。背を向けて家に戻った順徳は、結局一睡もできないまま朝を迎えた。明るくなるとすぐに、かばんを持って大通りでバスに乗ったが、学校の前で降りずにそのまま母のいる水原刑務所に向かった。

「面会だよ。準備してください！」李小仙はゴム靴を準備して鉄の扉の前に立った。――なんだろ、こんな早い時間に面会に来たことなんてないのに……、不安が先に立った。いつもと様子が違うときは、きまって清渓で何か問題が起きたときだった。彼女が拘束され、労働教室が強制的に閉鎖された後、１９７７年9月9日、労働者たちは昼休みに一斉に集まり、警察の封鎖を体を張って突破して教室を占拠した。閔鐘徳は警察が鎮圧を開始しようとすると、窓の下に投身した。申光用《シングァンヨン》は割れたガラス片で自分の腹を切り、朴海昌《パクヘチャン》も手首を切った。「オモニを返せ！　連れて来なければ飛び降りて死んでやる！」全順玉は服を脱ぎ捨てると、下着姿で窓に向かって突進した。林美卿《イムミギョン》も後に続いて窓に上がると、割腹をはかった。「オモニを釈放しろ！」「労働教室を返せ！」夜の十一時になって五五名の清渓組合員たちは、警察のこん棒洗礼を浴びながら警察署に連行された。その内九名は即決審判に回されたが、金柱三、申順愛、申昇哲、李淑姫、林美卿たちはそのまま拘束された。また、清渓労組に何か事件でも起きたのではないかと心配しながら、面会室のドアを開いた。

「順徳、順徳じゃないか！　学校はどうしたんだい？」「母さん！」順徳はうなだれてただ、泣くばかりだった。「何かあったのかい？　一体どうしたっての！」ふと順玉の顔が浮かんだ。憤激の余り、今度は窓から飛び降りでもしたんじゃないかという、不吉な予感が胸をよぎった。だが、順徳は何も話そうとしなかった。「何か言ってごらん……」。学校も休んでここまで駆けつけて来たからには、何かあったことは間違いなかった。「母さん、もう労働組合、やめるわけにはいかないの？」言う言葉がなかった。これまでたった一人で、どれほど寂しく辛かったのだろう……。面会室の時計の、秒針が動く音がはっきり聞こえてきた。十分しかない面会時間は沈黙のうちに過ぎ去ろうとしていた。

面会時間の終了を告げた看守が、李小仙の腕をつかんで、面会室から出ようとしたとき、「母さん!」ずっとうなだれているだけだった順徳が呼びとめた。母に会ったら言いたいことを言って、怒ったりぐちを言ったりして慰めてもらいたかった。ところが実際に青い囚人服を着た母親の姿を見た瞬間、自分の考えがどんなに浅はかなものだったかを悟ったのだ。「私、大丈夫だから。一生懸命勉強してるから。もう何カ月かすれば終わるんだから、体に気をつけて頑張ってね。もう来ないから、母さんが早く出てきてよ。本当に大丈夫だから……母さん、ごめんなさい」。そうして手を振りながら出て行った。李小仙は出て行く娘に一言もかけられなかった。「大丈夫だって言ったじゃないか。ただ母親に会いたくて来ただけだよ」。看守が慰めの言葉をかけてくれた。

刑務所に収監されてから、彼女は胸の痛みに苛まれていた。

泰壹が息を引き取ってから病むようになった発作のような苦しみは、それでも清渓労組のことで目まぐるしく日々を過ごしているうちに、だんだん癒えていくのかと思った。激しい闘いに没頭していると、そんなことに捉われている余裕もなかったからだった。ところがそれは決して消え去ったのではなく、胸の奥深くで羽を広げる機会をうかがっていたのだった。拘束されてからというもの、赤黒い炎のようなかたまりが、みぞおちにぶらさがっているような気がした。苦しくて息もできないような状態になると、足指、手指が皆固まって身動きもできなくなった。腹は氷の塊のように冷たくなった。独房に横たわっていると、四方のセメントの壁が覆いかぶさってきて、体を押さえつけるような感覚に捉われた。一度そんな発作が始まると、眠ることもできなくなる。飯粒が喉を通らなくなる。冷や汗がだらだら流れ続けて目を閉じることもままならない。無理に目をつぶってもだめだった。たまに眠りに落ちることがあっても、すぐに金縛りにあったようになって眼だけが覚めてしまった。順徳が帰ってから、数日の間苦しみが続いた。医務室に行ったところで、アスピリンふた粒くらいしかもらえなかった。もちろん、薬で治るような病気でないことはよくわかっていた。あまりにひどい時は、頭を監房の壁に打ちつけて死んでしまいたい気持ちにもなった。

誰かがどんどんと床を蹴る。——ああ、びっくりした！　驚いて目を覚ました彼女はあたりをきょろきょろ見回したが、誰もいなかった。どんどん。——いったい、どこから……。今度は自分の尻を蹴りあげているような気がした。思わず下を見ると、自分が棺の上に横たわっている。声をあげそうになって、便器の置いてあるところに逃げだした。再び、どんという音がして棺の蓋が開けられると、真っ黒な作業服を着た全泰壹が、がばっと起き上がった。——母さん、母さん！　泰壹だ。ところが、いつも自分を呼ぶときの優しい声ではなかった。怒って目をむく息子が自分を怒鳴りつけている。「母さん！　約束を忘れたの？　僕とした約束、絶対にやりぬくって言ったでしょ？　それなのに、このまま死にたいだなんて！　死のうと思うなんて……母さんがそんなこと、ほんとに全泰壹の母さんなの？」もう一度力いっぱい床を蹴った。「母さん、歯をくいしばって、気持ちをしっかり持ってよ……」「わ、わかったよ……約束するよ、約束するから……」。息子の顔をもっとよく見ようと目に力を入れた瞬間、泰壹の姿は跡形もなく消え去ってしまった。夢だった。だが、独房の中には息子の温かい息遣いが残されているようだった。今にも、オモニ！　と言いながらやってきそうだった。

「各房、配食！」「各房、配食！」舎棟の廊下でソジが叫ぶ。刑務所の夕食は午後四時半だった。まだ陽射しが鉄窓からさしこんでいる時間だ。在所者は四等級に分けて食事を配るが、等級別に深さの違う、筒のような型に会わせて飯の量を調節したため『型飯』と呼ばれた。等級が低いほど小さな型に詰めて盛られるが、四級囚である李小仙の飯は、かろうじて空腹を満たす程度だった。

ところがこの日は、配食口にプラスティックの茶碗を差し出すと「ご飯をもう少しくれんかね」と催促した。「乾パンばあさんが一体どうしたんだい？　いつもは四級の飯も手をつけずに残してたのに」「今日からはたっぷり食べなくちゃならないんよ」。ソジは型飯をもう一杯分のせてくれた。のどにつかえるかと思ったが、一粒残さず平らげた。――こんなことで寝ついてなんかいられない。しっかりしなくちゃ。清渓に息子や娘たちを残して、死のうと思い詰めるなんて……。刑務所に春と秋はない。十月から訪れる長い冬が過ぎれば、いつの間にか夏になっていた。

暑くなってくると、頭が無性にかゆくてならなかった。かといって、しょっちゅう髪を洗うこともできなかったから、後ろに束ねた髪にはできものができて、やがて膿がだらだらと流れるようになった。医務室から薬をもらって塗っても効き目がなかった。看守に食い下がってなるべく多く髪を洗うようにしたが、一度できたできものはなかなか無くならなかった。とうとう束ねた髪をほどいて、腰のあたりまであった髪をばっさりと切ってしまった。鏡を見た彼女はびっくりした。どう見てもそれは自分ではない別人のように見えた。――夏が過ぎたら皆に会わなきゃならないのに、どうしよう……。

1978年8月24日、水原刑務所の前は、清渓の家族たちでぎっしり埋められた。皆が今か今かと、重い鉄の扉が開けられるのを心待ちにしていた。「どうしてオモニは出てこないんだろう」「どうしたんだ？　今日は確かに出所日なのに」。李承喆は腹をたてて、すぐにでも刑務所の中に飛びこんでいきそうな気配だった。そのとき、風呂敷包みをかかえた見慣れない女性が、近づいてきた。「ああ、みんな！」李小仙の声だった。「オモニ、いったいどうしたんです？」皆が駆け寄って、かわるがわる彼女を抱きしめた。李承喆が一歩前に出て背中に背負うと、大股で歩き始めた。それについて清渓の家族たちも、清渓川に向かい街頭行進でも始めたようにいっせいに歩きだした。

オモニの部屋で④　言い尽くせないほど有難い人々

李小仙は強靭だ。強いけれど情にもろい。一度心を許した人は未練がましいと言いたくなるほど心にかけるし、弱くなる。筆者がまだ彼女をよく理解できなかった頃は、そんな姿が気に入らなかった。労働者の母と呼ばれる人がこれでいいのかと……。失望もしたが、ずっとそばにいてようやくわかった。一度縁を結んだ相手には、愛情の絆を断つようなことはできなかったのだ。だからこそ涙なくしていられない。だからこそ労働者の母であり、それこそが李小仙なのだと悟ることができた。

昨年の追悼式のことだった。四十年の間、全泰壹の追悼式を欠かさなかった友人の中の何人かが姿を見せなかった。

彼女は自分を責めた。「あたしがいつも泰壹の友だちによくしてもらってばかりで、こっちから何もしてあげられなかったからだ。今まで一度も抜けたことがなかったのに、どうしよう……。あたしが悪いんだよ。気がつかないうちに、寂しい思いをさせちまったんだね。電話をして悪かったって謝らなくちゃならないだろ?」「オモニ、電話はよしましょう。みんなもうすぐ還暦だっていうのに、昔とちっとも変ってないですよ。家の事情だって言ったじゃないですか」「そうだね。あたしが何で来なかったなんて電話したら、辛くなるに決まってるよ。だけど、こんなに会いたいのに会えないっていうから、もう悲しくてしょうがないんだよ……」「あの人たちも、いつまでも全泰壹のことばかりで生きているわけにはいかないでしょ。今までオモニの傍でやってきてくれたことを考えてみたら……。ほんとの子どもだってできないようなことをしてくれたでしょ?」。
「そうさ。あの子たちがいなかったら、あたしはとっくに泰壹の後を追っていたところだよ。あたしを本当の母親以上に思ってくれて、あんなに有難い人たちはいやしないよ。順徳が結婚したときは、婚礼家具まで贈ってくれて、実の兄のように、父親のようにしてくれたさ。だから本当に有難いって、言いたいんだけどまだ言ってないんだ。あたしが死ぬ前にどうしても言っておかなくちゃならないのに……」。

泰壹の友人たちが李小仙の手となり足となってくれたとしたら、頭になってくれたのは張基杓だった。全泰壹が焼身抗議をしてから、ソウル大の学生だった彼が李小仙のもとを訪ねてきた。「僕の死をむだにするな」、「僕にも大学生の友だちがいればいいのに」と彼女から聞いた泰壹の肉声を、世の中に知らせ生き返らせたのは張基杓だった。彼女は重要な決定をしなくてはならない時は、いつも彼を訪ねた。そうやって三十年間、清渓労組で、民主化の道で、監獄で、法廷で彼と共に過ごしてきた。在野運動から政党の運動へと方向転換しながらあらゆる試練をくぐってきた彼について「誰かが悪口を言ったとしても、あたしは絶対に言わないよ。いつだって張基杓の味方なんだ。政治に飛びこんだんだったら、本当に国会議員のバッジでもつけるようになればいいのに。金文洙《キムムンス》(註8)みたいにハンナラ党に入ってぺこぺこしてもいいから、一度議員になってくれたら……」「本気で言ってるの?」「ほら、あんたはすぐにそんな言い方するんだから」。

　張基杓が決してそんな人間でないとわかってるから、そう言うのだろう。金文洙がハンナラ党に行ってしまったと、さんざん悪口を言っておきながら、テレビにその顔が出るとボリュームを上げる。「孝行息子が親不幸したからって放りだせないだろ。会って叱ったり、なだめたり、時には鞭で叩いてやって性根を直してやらなくちゃ。それに子どもの中には、いい子もいれば、ダメな子もいるのが普通のことだろ」。

　子どもの前では弱気になってしまう、世間の当たり前の母親と気持ちは変わらない。彼女を大切に思う人々は、他の誰が子どもは皆憎めないものだと言っても、労働者の母がそんなことを言ってはだめだと言う。彼女にとっては、張基杓も金文洙も自分の子どもだと思う。一度結びついた絆は、絶対に切り離せない普通の母親になってしまうのだ。だから李小仙は『闘士』でも『労働運動家』でも『民主人士』でもない、ただの『母親李小仙』として生涯を生きるだろう。それゆえもどかしいと思い、だからこそ尊敬したいと思う。「誰が後ろ指をさしたって、あたしには泰壹と同じくらい大切な人なんだよ……」。

　全泰壹が生きていたら、今年還暦になる。彼の友人たちも順番に還暦を迎える。十三か十四歳だったシタたちは、自分の息子、娘たちが結婚すると、彼女に招待状を送ってくる。李小仙の歳月は、数え切れない人々として残っている。だが、彼女を残して清渓労組を去っていった人はもっと多いだろう。民主化運動から縁遠くなった人々もいる。それでも彼らを恨むことはない。事業を始めた人たちには成功して、金儲けをすることを真実願っているし、政治を志す人々は皆、金バッジをつけてほしいと思う。もちろん罵ったりもする。「そんなことしかできないのか！」「出ていったと思ったら、そのざまは何だ！」それでも毒舌を言い放つ瞬間にも、憐憫のたずなは決して放さない。

「あたしは泰壹が死んだ後、それこそ狂ったみたいにこの道でやってきたさ。だけど他の人たちがどうしてそんな真似ができる？　たった一日だって、ひと月だけだって一生懸命に闘ってきたんだから、あたしには、言い尽くせないくらい有難い人たちなんだ。誰も恨むことなんかないんだよ」。

こうした言葉を聞くと、混乱してくる。一体、李小仙の心は竹のようにまっすぐなのか。葦のようにひ弱だと言うべきなのか。わからない。あまりに人間的で、時に憎らしいほどだが、愛さずにいられない。「どこかで他の人に、あたしがしゃべったことを話すんじゃないよ！」けれどその約束を破ってしまった。

酒を飲まなくても、彼女といれば酔うことができる。彼女に酔って、言ってはいけないことを明け方に書いてしまった。どうか許して……。

（註8）金文洙　１９７４年に清渓川の被服工場で裁断補助工として勤務、以降労働運動に献身的な活動をして、全泰壹記念財団の事務局長まで務めた。しかし、その後１９９６年に与党ハンナラ党に入党し、国会議員となる。２００６年には京畿道知事に当選。大統領選挙では与党の候補者として取りざたされた

第4部

大路に躍り出た人たち

1979年10月――1986年5月

戒厳令、指名手配そして軍事裁判

１９７９年10月26日の夜、軍事クーデターで政権を握り十八年間の独裁体制を維持してきた朴正煕は、腹心の部下だった中央情報部長金載圭《キムジェギュ》が放った銃弾に斃れた。「やっとこれからだよ。朴正煕が死んだんだから……」。次の日の朝、急いで労組事務所に駆けつけた李小仙は、清渓の仲間たちを抱きしめながら喜びのあまりに踊り始めた。顔は涙でぐしゃぐしゃだった。一人の人間の死を前にして、哀悼の涙の代わりに歓喜のしずくがあふれ出たのだった。朴政権によって拉致され、九死に一生を得て米国に亡命していた金大中が帰国したし、ＹＨ貿易労働者の新民党舎籠城事件（註1）で、国会議員職を奪われた金泳三《キムヨンサム》は政治活動を再開した。監獄につながれて除籍処分されていた学生たちも、続々と復学を果たしていった。

１９８０年、ようやくソウルに春が訪れた。長い冬の間、ずっと機会を待っていた生命が、再び地中の根から水を吸い始めた。つぼみを開き花を咲かせようとしていた。清渓労組も労働教室を再開した。労働条件改善闘争委員会を組織して、春を迎えようとするのに余念がなかった。李小仙は民主化を求める人々が必要とするなら、どこにでも駆けつけた。何日も眠れなくても少しも辛いことはなかったし、かえって元気がわいてくるようだった。組合員たちと賃上げを要求する籠城を行っていても、学生たちが呼んでくれれば、抜け出して学校に向かった。学生たちと話に夢中になっていると、いつの間にか通行禁止時間が過ぎてしまうこともよくあった。

「また軍服を着た連中に民主主義を奪われてしまうつもり？　しっかり力を合わせて闘わなくちゃ。学生と労働者が先頭に立って全斗煥《チョンドゥファン》に立ち向かわないと、独裁の暗闇の中でいいようにやられて死ぬしかなくなる。足を鎖でつながれて、奴隷みたいに働かなければならなくなるんです！」。夜も明けて、大学生たちと別れれば、その足でまた清渓川の籠城現場に戻って朝を迎えた。「今、民主だとか、何とかの春とか言って浮かれている場合じゃないでしょ。二度と独裁が大手を振らないように、息の根を止めなくちゃ。私たちが必死に闘わなければ民主主義は来ないだろうと思います。あの独裁の奴らが気持ちよく民主主義を返してくれると思いますか？　絶対にそんなことはない。頭だけで、口だけで騒いでいてもだめ。あたしは教育もないけど、闘わなくちゃ勝てないってことは、体で知っているんです！」李小仙は、籠城現場と集会場を何度も行き来しながら、声の限りに叫んだ。

　不幸にもその年の春はあまりに短かった。１９８０年5月17日の零時、全斗煥は九〇〇〇名に及ぶ労働者、学生、政治家、民主勢力の人々を連行していった。戒厳令が発令され、光州の街は血まみれになった。再び民主主義は軍靴に踏みにじられてしまったのだ。彼女も戒厳布告令違反で指名手配され、逃亡者の身の上となった。城南《ソンナム》市に住んでいた泰三の友人、金泰煥《キムテファン》の家にかくまわれることになったが、数日後、彼の両親が訪ねてきてこのことを知ると「一体、こんな時期にかくまうなんて……出て行ってもらいなさい！」と顔色を変えた。「父さん、僕が一番尊敬する友人のお母さんなんだから。

今逮捕されたら殺されるかもしれないんです」「何でお前がそんなことをしなくてはならないんだ？　かくまってくれる人はいっぱいいるだろ？　どうしてもって言うんなら、警察に通報するしかないな」。

部屋の前で聞いていた彼女は静かに家を出た。人に迷惑をかけるわけにはいかない。自分が苦労すればいいんだから。だが行くあてはなかった。泰煥の家の裏山に上ってみたが、梅雨が始まった時期で雨がやむ気配がなかった。刑務所でひどい凍傷にかかった足が、雨に打たれて皮膚が破れ骨まで見えるほどになった。到底、山にとどまっていられなかった。「ごめんください！」「こんな夜中にいったいどなたですか？」門を開けて出てきた人は、雨に濡れて震えている李小仙を見て驚いた。

思いあまって泰三の妻の実家を訪ねてきたのだった。「ともかく中へ入ってください。風邪をひいちゃいますよ！」「恥をしのんでお願いにやってきましたが、今のあたしは中に入れてもらうこともできないんですよ……、実は追われている身で……、末の娘が商業銀行の本店に勤めているんですけど、あたしが直接話したら、すぐにばれちゃうから、代わりに娘にお金と服を少し持ってくるよう、伝えてもらえませんかね」「いいから、入ってくださいよ。事情を知らないわけじゃないし。このまま出て行けなんて言えんでしょ。連絡はしますから、さあ、入って！」。

連絡を受けた順徳は姉と一緒に服を準備して家を出た。早く母に会いたかった。ところが家を出たとたんに、刑事がぴったり張り付いて後を追ってきた。バスを何度も乗りかえて尾行をまこうとしたが無駄だった。「これじゃ、だめね。家に戻ろう！　明日他の方法を考えてみるから」。順玉は妹を連れて家に戻った。母の顔を見たかったが、姉に従うしかなかった。翌日、出勤しようと順徳が家を出ると、屈強な男たちが現れて道をふさいだ。「ちょっと一緒に行きましょうか」、乗用車に無理やり乗せられた彼女は首都警備司令部に連行された。「あんたの母親は何も罪がないんだ。ただ張基杓や趙《チョ》英來《ヨンネ》(註2)がどこにいるのか聞こうと思っているだけなのに、勘違いして身を隠しているんだよ。何もしないから、母親のいる所を言いなさい！」調査室に座らされたときから、恐ろしくてならなかった。さらに母には罪がないという言葉にも動揺した。「母さんは返してくれるんでしょ？」「心配することないさ。張基杓と趙英來に関連していくつか聞いたらそれで終わりだ。そしたらすぐに家に帰してやるから」。軍服を着た男が会心の笑みを浮かべた。

その頃李小仙は、嫁の実家に隠れながらいつ娘がやってくるか、首を長くして待ちわびていた。コの字型に部屋が囲んで中庭があったが、その内いくつかの部屋は賃貸しをしていて、中庭の水道を共同で使うことになっていた。そこで顔を洗っているとき、ぎいっと門が開けられた。顔を上げて見ると、ジャンパー姿の機関員らしい男が入ってきた。来るべきものが来たかと思った。出入り口はひとつだけで、屈強な男を押しのけて逃げるのは不可能だった。彼女は中庭に入ってきた男のそばに近づくと、周りに聞こえないように耳打ちした。

「ちょっと待ってなよ。引っ張られなくても自分で行くから。ここで騒ぎを起こしたら、取り調べのとき一言も言わないからね」。手配者をかくまえば罪になって処罰される時代だった。嫁の両親に迷惑をかけないように、あらかじめ刑事たちにくぎを刺そうとしたのだった。機関員たちも無理に騒ぎを起こす必要はなかったから、手錠を出しかけてまた後ろのポケットにしまった。服を取りに部屋に入ると、他の住人たちが中庭に出てきた。見知らぬ顔の男たちに驚いて誰かと聞くと、母を連れに来たんだと口裏を合わせた。「父と喧嘩をして家を出たら、こんなところにいたんで」嫁の親たちも出てきた。

「すっかりお世話になりました」。目をぎゅっとつぶって挨拶をすると、「母さん、さあ、行きましょう」

と刑事たちが出発をうながした。道端に停めた車に乗りこむと、手錠を取りだした。「今からは手錠をかけなくちゃならないよ。目隠しも。規則なんでね」李小仙は素直に応じた。

しばらくの間走っていた車がどこかで停車した。鉄の扉が開く音がした。階段をひとしきり降りて、廊下を歩いて行くと、まわりからぞっとするような悲鳴が聞こえてきた。拷問をしているに違いなかった。連れて行かれた部屋は奇妙なところだった。今まで引っ張られていった警察署などとは明らかに違っている。真中に机といすが置かれていて、片隅には硬いシングルベッドがあった。机の真上の天井から下がる裸電球の光が目を刺すようだった。外からは絶え間なく悲鳴が聞こえてきて、もう生きては帰れないんだという気がした。

「さあ、これまでにやってきたことを、ここに全部書くんです。ひとつ残らず、知ってることは全部」。捜査官がざら紙とボールペンを渡しながら、脅しをかけるように喉に力をこめた太い声で言った。「はあ、何だって？」あきれたというように思わず笑いがこぼれると、「ここがどこだと思ってるのかね。笑っている場合か？」かっときた捜査官が顔を紅潮させて叫んだ。「ここがどこだから何だって言うのさ。あんた、ほんとに捜査官なのか？　あたしを捕まえようってんなら、調査ぐらいしたんだろ？　それとも書かせてから、今から調査するってのか？　小学校もろくに出てないあたしが、どうやって字を書くってのさ」。

李小仙の言葉に捜査官もあわてた。「聞いてごらんよ。嘘なんかつかないから」。簡単に人的事項を尋ねたあと、捜査官は張基杓と趙英來の居所を聞き始めた。「あんたが趙英來だったら、自分がどこに隠れたって教えてから逃げ回るかい？　捕まったら命が危ないっていうのに、たとえ親兄弟にだって教えないだろ。あたしだって逃げ隠れするところがなくて、ひいひい言ってるのに、人のことなんか構っていられるもんか。何を聞いてるんだか、とんだ無駄骨だね」。なだめても、すかしても彼女は一言もしゃべらなかった。話したくても知らないものは話せないというのだった。「知らないってのに、まだ同じことを聞くのかい？　喉が痛くて声も出ないよ」。そう言って片隅のベッドに横になると、捜査官の表情が変わった。「一度お灸をすえないとわからないと見える」「灸をすえるって？いいよどんなもんかやってごらんよ。拷問しようが、殺そうが好きなようにしろって！　知らないもんをどうやって話すんだ。しんどいから寝るよ」「評判通り、根っからのアカってわけだ！」「今なんて言った？　あたしがアカだって？　何でアカなんだよ！」。

ベッドから飛び起きると、捜査官に詰め寄って首根っこをつかんだ。彼は李小仙の手をねじあげると、「北ではみんな金日成をアボジっていうそうだが、南では皆が李小仙をオモニって呼ぶんだから、金日成と同じアカに決まってるだろ！」「あんた、それが捜査官の言い草か？　小学生じゃあるまいし。こんな奴に話して何になる？　どうせアカに仕立て上げて殺そうってのに……、さっさと殺せ！　くそったれ」。あきれた彼女が再びベッドに寝転がると、捜査官は横に立っていた男に合図を送った。――とうとう始まるんだ。拷問をやろうとしてるんだ……。捜査官の仕草を見て歯を食いしばった。光州で何千人も殺した奴らなんだから、何だってやるだろ……。一人の男が外に出た。

しばらくすると順徳の声が狭い取調室の壁越しに聞こえてきた。「母さん、あたしこっちの部屋にいるの。この人たちがどこにも行けないようにしてるから。早く張基杓先生の居所を言ってあげて。それさえ言えば帰れるんだって。あたし怖いよ……」。周りを見回した。娘の声が床の下から聞こえるようでもあるし、壁の向こうから聞こえてくる気もした。必死に娘の名を呼んでも、姿は見えずに声だけが聞こえる。「何て奴らなんだ！　娘を捕まえてくるなんて。獣にも劣る奴らなんかに何も言うもんか！」

隣の部屋で、ぶるぶる震えながら自分を呼んでいる順徳の姿が目の前にちらついて、すぐに壁を壊してでもそばに行ってやりたかった。娘を案じる母の思いと同時に、やり場のない憤怒がこみ上げてきた。「みんな殺してみろ！　泰壹を火の中に追いやって殺しても足りずに、今度はうちの家族を連れてきて皆殺しにしようっていうんだな！　人の道も知らないけだものめ、さあ、あたしも殺せ！」。生皮を一枚ずつはがされるような苦痛の瞬間だった。わが身が八つ裂きにされたとしても、この残忍な野蛮に立ち向かっていくしかなかった。順徳を餌にすれば、簡単に済むと思っていた捜査官たちの思惑は水の泡となった。

その夜、李小仙の執拗な要求に根負けした彼らは、取調室で娘に会わせることにした。「母さん、早く言ってよ！　そうすれば家に帰れるんだから」「あたしが知っていれば話すこともできるさ。それにたとえしゃべったからって、簡単に送り返してくれるような奴らじゃないんだよ。今、どんな時局だかわかってるかい？　あんただけでも、早く帰らなくちゃならないけど……」。それ以上調査することもなかった順徳は、その日の夜のうちに釈放された。昼も夜もわからない取調室にいると、何日が過ぎたのかわからなかった。

彼らは李小仙が大学で演説した内容も調べてあったし、籠城したことに関する記録もすべて把握していた。それ以上隠し立てするようなことは何もなかった。「高麗大に行って話したのは、そこに書いてあることより、もっとすごかったよ。労働者と学生が団結して独裁政権を倒すだけじゃなくて、全斗煥を八つ裂きにして殺せって言ったんだ。これでいいかい？　まだ聞きたいことがあるかい？」「李さん、噂通り性根が座っているね。じゃあ、張基杓と趙英來はどこにいるんだい？」「だから、知らないっていってたじゃないか。あたしは、嘘はつけないんだよ。知ってたらそう言うさ。何で隠さなくちゃならないんだい?」。捜査官がベッドのマットを外すと、水道の栓と浴槽が姿を現した。水道栓をひねると、たちまち浴槽は水で一杯になった。あそこにくくって吊るせば言う気になるか、水を飲んだら吐く気になるのかと彼女を脅した。「息子を土に埋めたときから、あたしは死んだも同然なんだ。あんたたちの好きにすればいいよ!」

首都警備司令部で二十九日間調査を受けてから、西大門刑務所に移された。いつの間にか冬になっていた。街路樹は黄ばんで色あせ、冷たい風が肌身に刺しこんできた。気が滅入るばかりだった。また軍事独裁との闘いが始まると思うと、暗澹とした思いに包まれた。裁判は首都警備司令部で開かれた。冷気にさらされた足はゴム靴の中で凍りついた。控室から法廷に入った瞬間、廷内の両側に立っていた軍人たちが、足の横につけていた銃を胸のあたりに構えると、がちゃりという音を響かせて、銃先の剣を隣の兵士と交差させた。恐怖に体が震えずにいられなかった。まるで自身が刑場に引き立てられるようだった。だが、被告人席に立ってみるとそこには信じられない光景があった。判事も検事も見えず、そろいの軍用ジャンバーを着こんだ軍人ばかりがずらりと並んでいたのだ。

判事の席に座った軍人が尋ねてきた。「李小仙被告人?」「あんたは一体何者なんだい? あたしを被告人と呼ぶのは裁判長だろ? 軍人ふぜいが何を言ってるのさ!」判事はあきれたように口をつぐんでしまった。「軍事法廷では軍人が判事です。さあ、答えなさい」。李小仙の腕をつかんで隣に座っていた刑務官がささやいた。「嫌だね! 軍人は軍人を裁くもんだろ? おかしいだろ、あんな奴に裁判を受けるなんて!」。人定尋問を諦めた判事は、検事に尋問を促した。判事と同じ軍服を着た検事が、尋問を始めた。「何であんたが尋問をするんだ?」「私は検事だから尋問をするんだ。いいから答えなさい」。検事は威厳を誇示するように語気を強めた。「ふん、笑わせるんじゃないよ。お前みたいな検事は見たことないよ。ど素人が何を言ってるんだか！」李小仙は鼻で笑ってそっぽを向いた。「こんなことしてたら、裁判が遅れるだけでしょ。知らん顔して答えるだけ答えなさいよ！」刑務官が再び耳元に口を当てて言った。「そうだね、こんな所でぐずぐず言ってたって埒が明かないね。寒いのに何度も行ったり来たりするのもしんどいだけだし」。

検事は高麗大学に行って、何をしたかと聞いた。「軍人たちに民主主義を奪われないように、労働者と学生が団結しなくちゃって言ったよ」。今度はソウル大に行って、何をしたかと聞いた。「何で同じことを聞くのさ！　同じことを言ったんだよ。もっときついことも言ったよ。軍人たちを八つ裂きにしてしまえって」「以上です」検事はそれ以上、尋問をしなかった。懲役一年を宣告された彼女は、軍事クーデターから一年目になる１９８０年12月12日に、刑執行免除となって釈放された。

（註１）新民党舎籠城事件　１９７９年８月９日に会社の廃業通告に抗議する女性労働者たちが野党だった新民党の党舎で籠城を始めた。これに対する鎮圧の過程で金景淑（二十一歳）が建物の屋上から墜落し死亡した。過剰な鎮圧とその後の関係者への弾圧に対して、統一戦線的な抗議行動が生まれ、朴政権崩壊の引き金になったともいわれる。

（註２）趙英來　１９４９～１９９０年　ソウル大法学部在学中から学生運動の指導者として活動したが、卒業後は司法試験に合格し、弁護士としての研修中、民青学連事件で指名手配されて潜行、その間に全泰壹評伝を執筆した。１９８３年からは人権弁護士として活躍したが、１９９０年、四十一歳の若さで病没した。

三人の孫たち

李小仙が監獄にいる間、清渓労組にも嵐が吹き荒れていた。陸軍保安司令部[註3]、憲兵隊、警察が合同で労組事務所に押しかけて、組合幹部ら九名を連行していった。彼らは保安隊の地下で十五日間、恐ろしい拷問と調査を受けた後、ようやく釈放された。翌1981年1月6日には清渓労組を解散せよという公文が送られてきた。1月21日には合同捜査本部が、労組事務所の什器や書類などを強制的に押収し、出入り口を施錠してしまった。

「このまま軍事独裁の前にむざむざ膝を屈するのか、それとも最後まで闘い、当たって砕けるのか？」清渓労組の仲間たちは闘う道を選んだ。

1月30日、二二名の組合員が、国際労働団体であるアジア・アメリカ自由労働機構の事務所を占拠して籠城を始めた。「清渓労組を原状復帰させよ！」赤いマジックで書いたスローガンが壁にかけられた。籠城が開始されると、警察が幾重にも建物を取り囲んだ。中に入れなかった組合員たちは外で示威を行ったが、消防車が配備され照明を設置すると、建物の壁に巨大な穴が開けられて機動警察が投入された。催涙弾と消火器の煙であたりが真っ白になった。申光用が窓を破って外に身を投げた。全泰三も後に続いた。籠城現場の内外で二五名が連行され、一二名が身柄を拘束された。刑務所を出てから二カ月もたたないうちに、李小仙は再度監獄に閉じこめられた。

検事は起訴状の通称欄に「労働者のオモニ」と記し、在所者カードにも同じことが記入された。懲役十カ月が言い渡された。三度目の懲役だった。息子の泰三と並んで法廷に立たなければならなかった。彼は懲役三年だった。

全泰三は三歳になる娘ヨジンと、まだ乳離れしていない双子の息子、トンジュン、トンミョンを残して収監されてしまった。泰三の妻、ユン・メシルはトンジュンを胸に、トンミョンを背におぶった。ヨジンを片方の手で引いて、もう片方の手には姑と夫に差し入れる下着などの包みを持って、面会に出かけた。「何だって、そんなにしょっちゅう来るんだい？　懲役が初めてのことでもないのに……」。李小仙は、孫を前に後ろに背負いながらやってくる嫁の姿を見るたびに、胸を痛めた。だが、いくら来るなと言い聞かせても、嫁は気にも留めずに週に一度は必ず面会に訪れるのだった。「あたしが懲役三年食らえば良かったのに……泰三が先に出たら、あんたがこんな苦労しなくても済むのに。反対になっちまって、どうしたらいいもんか」。

できるものなら、息子の懲役を自分が代わりに務めたいと思った。双子の孫たちの初誕生日が来るというのに、誰も祝ってやる人がいなかった。ふくよかな顔を向ける孫をその手に抱きしめられたら、どれほど嬉しいことか。一方ヨジンは、真っ青な服に囚人番号をつけて立っている祖母が怖いのか、母親の手にしがみついたまま顔を上げようとしなかった。「おばあちゃんに会いたがってたじゃない。おばあちゃん！　って呼んでみなさい」「顔を見せてごらん。ヨジンがどんなにきれいになったか、よく見せておくれよ」。ヨジンはそう言われても顔を上げようとしなかった。「おばあちゃんなんか、嫌いよ。そんな青い服を着た人なんか……」。母親の腕に顔を埋めたまま、すすり上げながら言うと、何もわからない双子の弟たちも一緒になって泣きだした。母親の目にも、祖母の目にも涙がにじんでいた。その年の冬、李小仙は刑期を終えて出所した。

「とうちゃんだよ。あいさつは?」李小仙が双子を連れて面会に行くと、孫に挨拶をさせた。「お・じ・ちゃん、こんにちは」言葉を覚えたばかりの二人は、父親をおじちゃんと呼んだ。「おじちゃんじゃなくて、父ちゃんだってのに!」刑務所の面会室で向かい合った父親は、二人にとってついに、父になることができなかった。父ちゃん、という言葉をいくら一生懸命練習しても、照れくさいのか、どうしてもおじちゃん、としか言えなかった。

「おばあちゃんが、嫌い!」五歳になったヨジンがすねた。「何で、ばあちゃんが嫌いなんだい?」「父ちゃんと一緒に入ったのに、おばあちゃんが父ちゃんを置いて先におうちに帰ってきたじゃない!」ヨジンは父が連れて行かれたのは祖母のせいだと思っていた。それなのに、父は帰って来られないで、自分一人で帰ってくるなんて……。そうだな、ばあちゃんの代わりに父ちゃんが捕まってるのかもしれんな。祖母の顔を見るたびに、父親のことを思い出すし、だから余計に祖母が憎くて嫌いだった。

「父ちゃんは、勉強してるんだよ。勉強がみんな終わったら帰ってくるよ」。李小仙は父親が学校で勉強してるんだと言った。「おばあちゃんがお勉強終わったのに、どうして父ちゃんが終わんないのよ!」いつまでも止まらない孫の質問に、とうとう口をつぐんでしまうと、「知ってるもん。学校なんかじゃない! 警察が連れてったんだから。嫌いよ! おばあちゃんだけ先に帰ってきて……」。思わずヨジンを力いっぱい抱きしめた。「ごめんな。ばあちゃんだけ先に出てきて。どうか許しておくれよ……」。祖母の言葉に、ヨジンの目にも涙があふれそうになった。

(註3) 陸軍保安司令部　「保安司」と呼ばれて怖れられた軍の機関で、本来軍事機密の保安、防諜活動など

を目的とする軍事組織だったが、全斗煥が権力を掌握する過程で政治工作まで担うようになり、12・12軍事クーデター、5・17非常戒厳令全国拡大などを通じて全政権誕生を成功に導いた。その後は民間の反政府活動家を監視、連行、拷問をする秘密警察の役割を果たしたが、1991年に国軍機務司令部として改編された。

全泰壹評伝

1981年、清渓労組も深い沈黙に沈んでいた。全斗煥軍事政権によって労組の活動は止められていた。命をかけて組合を守ろうとしてきた人たちは、監獄に放りこまれるか、地下に潜行せざるを得なかったし、全泰壹の追悼式がやってきても、凍てついたような社会の雰囲気の中では、誰ひとり積極的に準備しようとする者がいなかった。

この時、孔徳貴《コンドッキ》女史を始め、李愚貞《イウジョン》、李昌馥《イチャンボク》、金東完《キムドンワン》等の在野活動家が率先して道を開こうとした。いかに野蛮な軍事政権でも、簡単に手を出せるような人々ではなかった。彼らは金勝勲《キムスンフン》神父がいた東大門聖堂に集まって、全泰壹記念館建立委員会を発足させた。記念館設立という事業を掲げて、全斗煥政権の弾圧を免れることのできる体裁を整えたのだった。記念館建立委員会は『アプリ（アジア・アメリカ労働機構）事件』で拘束された李小仙を始めとする清渓組合員の釈放と、組合の再建を支援する保護膜の役割を担った。

委員会の名前で磨石モラン公園で十一周忌追悼式を開いた。李小仙も、全泰三も、労組委員長だった林炫栽も出席できなかった。彼らは監獄で拳を握りしめながら11月13日を迎えた。そのひと月後、ようやく李小仙が釈放されると、清渓の集まりという名前でひそかに組合の命脈をつないできた組合員たちも、徐々に力を取り戻していった。アプリ事件で拘束されていた朴桂賢《パクケヒョン》、金栄大《キムヨンデ》、金成敏《キムソンミン》も釈放された。手配中だった閔鐘徳も清渓川に帰ってきた。最後まで獄中にあった全泰三も、黄晩鎬とともに減刑されて、ついに1982年の冬には自由の身になった。

1983年の春、建立委員会は趙英來が指名手配中に書いた『全泰壹評伝』の出版を準備していた。金芝河詩人の『灼けつく渇きで』を出した〈創作と批評社〉は税務監査を受け、〈民衆社〉の代表は思想書籍を配布した嫌疑で拘束されていた時期だった。『評伝』が出されたとたんに、出版社と著者が弾圧を受けることは目に見えていた。孔徳貴女史に続いて、建立委員会の会長を引き継いだ文益煥《ムンイックァン》牧師(註4)がこの難題を引き受けた。「すべて私が責任を取るから、建立委員会の名前で本を出すように……」。こうして、その年の6月20日、〈トルペゲ〉出版社から、黄土色のゴシック文字で書かれた『ある青年労働者の生と死――全泰壹評伝』が出版された。

李小仙は本が出ると胸に抱いてみた。まるで息子を胸に抱いているように温もりが伝わってきた。本の表紙をよく見てみた。葬儀の日、黒い韓服の上に毛糸のセーターを着た自身が、泰壹の遺影を抱きしめて目を閉じたまま、泣いている写真が載せられていた。後ろには泰壹の友人、崔鐘寅と弟の泰三が白いマスクをつけて立っている。

表紙をめくった。1970年秋に、修道院の工事現場から平和市場に帰ってきたスポーツ刈りの泰壹が、野遊会で半袖シャツの前のボタンを外したまま、マイクを握って歌を歌う写真がある。ページを繰っていく。文益煥牧師の文があった。「この痛み、この真実、この愛」という題名の短い文章を何度も読んだ。本を手にした彼女は、この本のために窮地に追いやられる人たちに対する心配が先立ち、すぐに本を閉じてしまった。

——この欠陥だらけの冊子に、全泰壹に関する若干の真実でも見出すことができたとすれば、あなたがこの地球上のどこに住み、どんな人種、階層、思想信条を持つ人であったとしても、全泰壹は必ずあなたのもとを訪ねて心臓を叩きながら、「僕の死をむだにするな！」と叫ぶだろう……

「僕の死をむだにするな」——李小仙は裏表紙に書かれた文字を穴のあくほど見つめた。白い包帯でぐるぐる巻きになったまま「母さん、約束できるね？」と声を絞りだした泰壹の姿が生々しく甦った。もうそれ以上読むことができなかった。本を部屋に置いて庭に出た。胸の中は炎が燃えさかるように熱くなっている。水を一すくい飲み干した。洗濯物を持ち出して水道のある所に腰を下ろし、石鹸を塗りつけて服が擦りきれるほど洗濯板にこすりつけた。

——読んじゃだめだ。読んだら胸に火がついてしまう……。それでも知らん顔をすることができなかった。泡だらけの洗濯物をそのままにしてまた部屋に戻る。放り出してあった本を再び手にとった。

——われわれが語ろうとする人は一体誰だろうか？　趙英來の序文を読み始めたとたん、胸が鼓動を打ち始めた。ようやくのことで一ページを読んだ。そして次の一ページを読む。文字と文字の間から、泰壹の顔が見えてくる。『全泰壹評伝』を一枚、二枚とめくりながら、勤労基準法を脇に抱えるようにして暮らしていた息子が、労働現実に目覚めて次第に暗くなっていった顔がはっきりと浮かんだ。

結局、李小仙は何ページも読まないうちに、胸の奥深い所に噴き出す炎に呑みこまれるように意識を失ってしまった。ちょうど部屋に入ってきた順玉が倒れている母親を見つけた。体を揺すって必死に名を呼んでみたが、か細いうめき声を発するばかりだった。水を汲んできて口に含ませようとしても喉を通らずに、体中が硬直していくようだった。慌てて腕と足を強くさすってみた。半時間ほど懸命にマッサージを続けると、ようやく手の先に温かみが戻って、硬くなっていた手足も次第にほぐれていった。息遣いが規則正しくリズムを刻むようになると、「母さん、いったいどうしたの？」と順玉が尋ねてみた。『評伝』を読んだせいでこうなったというのだった。それから三日の間、ずっと苦しみ続けながら李小仙は寝床を離れられなかった。

「兄さん、もう母さんに評伝を見せてはだめね！」家族はもちろんのこと、清渓の組合員たちも目につくところに評伝を置かないようにした。彼女も決して読もうとしなかった。読む自信がなかったからだった。全泰壹の死に接した多くの人たちが、拘束され死に追いやられることも恐れずに試練の道を歩んでいるけれど……。この本がもっと多くの人の胸に火種となり、身を焼く炎と化してしまうのではないだろうか。李小仙は怖れた――これ以上、若い人たちが大切な命を犠牲にして闘うようなことがあってはならないのに。生きて闘い続けなくてはならないのに……。

（註4）文益煥　1918～1994年　牧師、詩人旧満州の北間島で生まれる。存命中に国家保安法違反などで六回、投獄され、民主化運動のシンボル的存在となった。1989年には、民間人の統一問題関与を禁ずる政府の方針にも関わらず、ピョンヤンを訪問。金日成主席と二度にわたる会談を行い、統一三段階方案に合意するなど、その後も統一運動に力を尽くした。著書に『統一はどのようにして可能か』（1984年）、詩集『今さらの一日』（1974年）など多数。

オモニの部屋で⑤

泣くのは辛いからだけではない

全泰壹三十六周忌の数日前のことだった。朝、オモニの部屋に入っていった。いくら遅くまで眠れなかった時でも、人の気配がすると目を覚まして話を始める彼女が、寝たままで起きてこなかった。疲れているのかな……。ドアを閉めて出ようとすると、かすかに呻くような声がした。近づいてどこか悪いのかと尋ねて手を握ってみると、小さな手が強張っていた。どきりとした。オモニ、オモニと呼んでみた。ようやくのことで寝がえりを打った李小仙は、水をくれと言った。水を飲んだ彼女は再び横になった。枕をあててあげると、枕元の一冊の本が目に入った。全泰壹の日記と手記を編集した本だった。その傍には手のひらくらいの虫眼鏡が置かれていた。

「オモニ、一晩中本を読んでたんですか?」「本を読んだら辛くなって、苦しくなって。読むんじゃなかった。始めて評伝が出たときも、読んだ後で何日も苦しんだから、その後は読んだことがなかったのに……。泰壹に会いたくて、会いたくてつい、その本をとり出して読んだら、こんなになっちまったんだよ。どうしよう、追悼式には行かなくちゃいけないのに」。そんなことがあってから、彼女の傍に、全泰壹に関連した本や記事を置かないようにするのに躍起になった。

「あんた、あたしの本持ってったかい?」「僕は泥棒じゃありませんよ!」「あんたじゃなければ、誰が持ってくのさ」「またそんな言い方をして……。これからひどいことは言わないって約束したのに」「これが言わないでいられるかい? いいからさっさと出しな!」「また苦しみたいの? オモニが苦しむと僕がどれだけ大変な思いをするか。誰が食事作って、皿洗いしてくれるんです?」「自分でやればいいじゃないか。こんな歳になっても、あんたの面倒見なくちゃいけないのかい？」「オモニなんだから当たり前でしょ！」「変な味のスープを作るとか文句言っといて。ずうずうしく飯の支度をしろだって？」「もうそれくらいにして、昔の話でもしてくださいよ。労働運動しながら大変なこともあったでしょ？　やめたくなった時はなかった？」「何言ってんだ！　息子が死んで始めた運動なのに、大変だなんて考えたことがあると思うか？　子どもに先立たれた試練に比べたら何が大変なもんか！　あたしは教育もちゃんと受けてないんだから、難しく考えることもできやしない。ただ、こうやって生きてきただけだよ」。だが、李小仙も人間だ。三十年以上も闘い続けて、辛いことや迷ったことがないはずがなかった。それを言葉にできないだけで、胸にしまっておきたいだけで……。

　1970年以後、家族も家も忘れ、ひたすら闘いの現場に出かけて生き続けてきた彼女にとって、生まれたばかりの双子の孫はまた別の重みを持っていた。息子の泰三には、双子の子どもたちを思ったら、就職して金を稼ぐようにと言ってきた。お前まで闘うといって家を空けてばかりいたら、ヨジンたちは一体どうするんだと言いながら、労働運動からは一歩身を引くことを望んでいた。集会や籠城している所に泰三が現れると、どうして来たのかと怒ることもあった。

「トンジュンもトンミョンも、もうすぐ三十ですよ。昔ならとっくに結婚もして、子の親にもなってる歳なのに何が心配なんですか？」「まったくだよ。自分のこともきちんとできないで。子どもたちが言ってるよ。うちは父親も、婆ちゃんも大人たちが皆家出して、子どもだけで暮らしてるって。あの子たちが三食きちんと、家で食べてると思ってるんか。大学だって学費は奨学金をもらって、卒業してからも自分たちで稼いで返してるじゃないか。あたしだって祖母なんだから、申し訳ないと思わないはずがないだろ！」「心配性なんだから……。まだ若いんだから、子どもたちはどんなことしてもやっていけるよ。もう、機械がすっかり古くなって、体もちゃんと動かせないし、金も稼げない母さんの方がよっぽど心配になるよ」。

双門洞の家は再開発で立ち退いて、今はマンションで暮らしていた。李小仙が持っている唯一の財産だ。もちろん最初、引っ越した時にもらった融資の分はそっくり残してあった。それでも毎月の利子もばかにならない。その家に孫たちが暮らしている。八十になった彼女は孫たちが何を食べているのか、毎晩のように気がかりでならなかった。

李小仙は泰壹が死んでから、他の子どもたちが、どうやって生きていくのか考えたこともなかったという。何をしようが関心がなかったともいう。だが彼女の大きな耳にはすべてが聞こえてきた。チラシの一枚もむだに捨てたりしないで、丁寧に折ってとっておいた。彼女の部屋のタンスには、服の数よりこうした資料の方が多いだろう。タンスの片隅には、子どもたちに関係のある新聞記事をたたんで置いてあるものもある。もう黄色く変色してしまった資料も大事にとってある。

歳をとってから留学して、昌信洞《チャンシンドン》で〈真の女性労働福祉の広場〉を運営する全順玉についての資料が特に多い。「あの子が、あんな風に出しゃばってやってたら、人から悪く言われないか」と気にしながら、娘の記事をせっせと集めている。「子どもだからって、あたしの言うことなんか聞かないよ。婿は言うまでもないけど。あたしにはどうすることもできないよ。ただ、誰か悪くいう人がいたら、あたしが鎮めてやらなくちゃね。あんたも子どもの親なんだから、わかるだろ？」。

全泰壹から自由になれない自分の人生を、彼女は決して重荷を負っているとは考えていない。ただ、泰三、順玉、順徳、それに娘婿や孫たちのことにまで考えが至ると、彼女の心は限りなく揺れ動く。——子どもたちが何をして生きているのか、知らないし、関心もないよ……。子どもの話を切り出すと、きっぱりと言い切って口をつぐんでしまう李小仙……。

彼女の数え切れないほどの傷、その傷は皆が痛みだけではなかった。痛み故にだけ涙を流してきたのでもなかった。決して死ぬことなく胸のうちに永遠に生きている息子一人によって、その胸の中はいつも熱い涙で埋められている。

取り戻した清渓労組と全泰壹記念館

清渓の仲間たち、在野人士、学生、労働者など二〇〇名を越す人々が集まって、全泰壹の十三周忌追悼式が磨石モラン公園で執り行われた。式典を終えた参加者たちは、二車線の京春街道に出ると市街行進を始めた。文益煥牧師が「労働者万歳！」を叫ぶと、李小仙も清渓の労働者たちも喉が裂けんばかりに万歳と叫んだ。さらに文牧師が「民主主義万歳！」と唱えると、皆がもっと大きな声でこれに続けた。行進は磨石駅のところで止められた。催涙液を吐きだすペッパーフォッグ車が戦闘警察の隊伍の後方に控えていた。だが、誰ひとり怖気づく者はいなかった。警察は盾を構え、こん棒を手にかざして今にも示威隊にめがけて突進する気勢を見せていた。李小仙が若者たちを押しのけて、道をふさぐ警察に向かって行った。「全斗煥独裁は出て行け！」。

懲役を終えて出てくると、労組は強制解散させられ、組合員たちもばらばらになって顔を見るのもままならなかった。秘密裏に集まりを持って組合再建に力を尽くしてみたものの、軍事独裁に立ち向かうことは容易ではなかった。寝床に入るたびに、再起できるのかという不安に苛《さいな》まれ、すべてが終わってしまったような挫折感に身もだえした。朴正熙に続いて、全斗煥とも闘わなければならないと思うと暗欝になるばかりだった。終わりの見えない闘いだった。それでもこの日の追悼式に集まった労働者たちの堅い意志をその目にしながら、光州で市民たちを虐殺して権力の座に就いた、全斗煥政権に対する怖れを振り払うことができた。警察の妨害にひるまず追悼式を開催してスローガンを叫んで街に出たとたん、それまで押さえつけられていた胸のもやもやが、たちまちの内に吹き飛んでしまうようだった。組合員たちも、もう一度組合をこの手にできるという確信をさらに強くした。

１９８４年３月に、清渓被服労働組合再建委員会が組織された。新堂洞にある漢陽工高の向かいに五坪ほどの事務所を構えた。全斗煥政権によって降ろされた看板を、再びかけることができた。三年三カ月ぶりのことだった。

５月１日には奨忠洞《チャンチュンドン》の兄弟教会で、警察が厳重に封鎖する中で〈清渓被服労組の合法性に関する公開討論会〉を開催した。会場を埋めつくした大学生たちを見て、李小仙の胸にはこみあげるものがあった。討論会の最後にマイクを持った彼女の声が響いた。

「学生の皆さんが、清渓労組に関心を持って、やって来てくれたことに心からお礼を言います。泰壹が、学生と労働者が力を合わせて闘わなければ、足に重い鎖をつけて奴隷のように働かなくてはならないと言いました。独裁が好き放題にしている状況でも、針の穴ほどに見える光に向かって労働者と学生がしっかり団結すれば、その鎖を断ち切る日がきっと来るでしょう！　皆さんは泰壹が心底欲しいと思っていた、労働者の友人になることができるでしょう？　清渓労組を合法化するために、一緒に闘うことを約束してくれるでしょう？」。

教会をぎっしり埋めた労働者と学生たちは声を一つにして叫んだ。「オモニ、約束します！」この日学生たちがした約束は偽りではなかった。彼らは清渓組合員たちと共に、『労組の合法性獲得』を叫んで二〇〇〇名が東大門一帯に集結し、二度にわたって街頭デモを繰り広げた。80年の〈ソウルの春〉以後、これほど多くの労働者、学生が市街地で行動したのは初めてだった。

「清渓労組を認めろ！」

「労働三権を保障せよ！」

「労働悪法を改正せよ！」

催涙ガスに包まれた街路で李小仙も労働者、学生たちと並んで声を限りに叫んだ。「オモニ、私たちが頑張るから、ここから離れて見守っていてください！」皆は彼女が怪我でもしないかと、何とか隊列を離れるよう説得しようとした。だがそう言われてそうかと、従う李小仙ではなかった。数千の労働者、学生が一つになり、金城鉄壁のように見えた全斗煥政権の虚を突いて、都心のど真ん中を制圧したというのに、どうして遠くから見物などしていられるだろう。――これまでのことはむだじゃなかった。敗北に屈した沈黙じゃなかった。こうしてもっと大きな力となって反撃するために、歯を食いしばって力を蓄えていただけだったんだ……。たとえしばらくの間でも、前途に不安を持ち、挫折にひしがれていた自分が恥ずかしいと思った。

「何だって？　あたしが老いぼれたって言うのかい！　まだ高みの見物してるような歳じゃないよ。さあ、行こう！　あんたたちより、もっと早く走って、奴らを追い返してやるから、心配なんかするんじゃないよ！」デモ隊に襲いかかろうとする警官たちに、若者たちを押しのけて立ち向かおうとする彼女を、もう誰も止めることはできなかった……。

――ちゃんとした家の一つもあれば、奴らも好き勝手なことはできないのに……。ようやくのことで準備した新堂洞《シンダンドン》の労組事務所は、開所式の翌日には警察が押し寄せ、看板を取り外し什器を道に放り出してしまった。李小仙は道路に散乱した什器の前で、清渓労組の看板を抱えて警察とやりあわなければならなかった。「腹を空かせている組合員たちに、屑菜汁を食べさせてやるくらいなら、死ぬ気で古着を売り歩けば何とかなるけど、大家の目を気にしないで看板をかけられる、皆が集まれるような家が必要なんですよ！」誰かが労組を支援してくれると言うと、決まってそう訴えた。

年端もいかない幼い身でソウルに上京し、工場で十数時間もぼろぼろになるほど働きながら、屋根裏部屋で縮こまって寝なくてはならないシタたちが、集まっておしゃべりしたり、笑ったり、時には泣きじゃくって互いの身の上を慰め合える癒しの家。李小仙はそんな家を切望していた。独裁政権もうかつに手出しのできない場所があったら、シタたちの故郷にもなり、母の懐になってあげられるような家さえあったなら……。

そんな思いは在野活動家や宗教団体の支援を通じて、海外にまで伝わっていった。

労組を再建し、組合員を再集結させるのに奔走する合間にも、彼女は古着売りを休むことはなかった。中央市場に行く前に、道峰区の外れにある町の方にもよく出かけた。川の土手の下にある無許可のバラック集落を回ったり、今にも潰れそうな零細工場を訪ねては古着を売った。そうして見ると、真冬だというのに膝のすり切れた服を着ている人たちも多かったし、たんすを作る工場の前で風呂敷包みを広げると、少しでもしっかりした服を見つけようと丹念に品定めをする人たちの手が、せわしく服の上を行きかった。木枯らしを防いでくれる塀もない工場の空き地では、顔をにきびだらけにした十五、六の少年が一重の作業服しか着ないで、カンナ掛けをしていた。綿入れのジャンバーを着ても震えが止まらないくらい寒いっていうのに……。

タフタ生地に綿の入った水色のジャンバーをみつくろった李小仙は、作業する彼のところに近づいて言った。「寒くないのかい？　真冬だってのにそんな恰好で……、これを一度着てみい。あんたにぴったりだよ」。少年は手を止めて彼女をじっと見た。「だいじょうぶ。仕事してれば汗が出てくるから」。持っていたジャンバーを遠慮する少年の肩にかけて「これは売れ残りだから」と言った。ずうずうしく袖を通してしまうのも、かといってその温もりを知ると、そのまま手放してしまうのもためらわれて、少年はどうしたらいいか、困り果てた。「お金なんかいいから、温かくして仕事を続けな。息子のこと思い出して、あんたにやるんだから」そう言うと、冷たく凍りついた少年の手をしっかり握ってやった。

古着すら買えないような人には、ただで服をあげることもあった。値段を聞いて諦めて帰ろうとする人には、あるだけの金額で渡してあげた。後で払うからと言われれば、初めて見る顔でもつけで売った。つけの帳簿などは最初から持っていなかった。そうやって買った人たちは次に李小仙が包みを抱えてやってきたときには、代金を払ってくれた。その日の糧にも困っている彼らには、給料日でもなければ懐はいつも空っぽだった。「もうちょっと早く来てくれれば……。この間の支払いしようと思って持ち歩いていたのに、昨日そのお金で飯にする麦を買ってしまったのよ。ごめんなさいね。今度給料もらったらきっと返すから」「着ることより、食べるのが先だろ。飯を抜いてまでお代を払わなくてもいいんだから、今度くれればいいよ」。

モクレンの咲く1985年の春だった。まだ寒さの残る中央市場で座っていると、手足が凍えるようだった。「オモニ！」清渓労組委員長になった閔鐘徳《ミンジョンドク》が、息を切らしてやってきた。「全斗煥がくたばったのかい？　何でそんなにご機嫌な顔してんのさ」。満面の笑みをたたえてやってきた彼につられて、李小仙の顔もほころんだ。清渓労組から誰かが急いで自分のところに来るときは、たいてい警察が何か仕掛けて来た時だったが、今日の閔委員長の表情はいつもと違っていた。

「お金ができたんですよ！　金をくれるんだって」。だしぬけに金の話が飛び出して、李小仙はいぶかった。「金だって？　いったい誰が金を出すっていうんだい。いつも、変な金を受け取ったらだめだって言ってるだろ！」。金で息子の骨肉を売りとばすことはできないと、かたくなに険しい道を選んで歩んできた彼女は、金銭問題には人一倍敏感だった。「そんなおかしな金なんかじゃなくって、いつも欲しいって願っていた、俺たちの家を買うための資金ができたっていうんですよ！」。

閔鐘徳はゆっくりと説明を始めた。「フランスに『星の王子様』って本を書いた、サン・テグジュペリっていう人がいるんですよ。この人を記念して作られた〈人間の大地〉っていう慈善団体が、その作家の精神にのっとって貧しい国の少年、少女たちのために基金をくれるそうなんです。全泰壹が清渓川の幼い女工のために立ちあがり、清渓労組が労働教室を開いて教育をしているっていう話が伝わって、俺たちにその基金をくれるって言うんですよ。この金で家を買って、もう一度労働教室を開けばいいんです！」。

〈人間の大地〉から得た基金によって、東大門、昌信洞の小高い丘の頂にささやかな伝統家屋を買うことができた。また労組事務所が必要だという訴えを聞いた韓国社会宣教協議会を通じて、米国の長老教連合会からも基金が提供され、この支援で清渓七街にマンションを購入することになった。昌信洞の建物は〈平和の家〉と名づけられ、全泰壹記念館として使うことになった。一方マンションの方は組合事務所になった。

「オモニのお祈りは本当に霊験あらたかですね。家が一軒どころかいっぺんに二軒もできちゃったじゃないですか！」〈平和の家〉の懸板式（看板をかけるセレモニー）の日、閔委員長が耳元でささやくと「あたしのお陰なんかじゃないよ。あんたたちが空腹もがまんしながら、決死の覚悟で闘ってきたからじゃないか」と答えて、見る影もなくやせ細った閔鐘徳の腰をしっかりと抱きかかえた。

「オモニ、こんなおめでたい日には、踊りでも踊らなくちゃいけないでしょ？」文益煥牧師が李小仙を促した。文牧師は十一歳も年上だったが、いつも「オモニ」と呼びかけて敬意を表してくれた。全泰壹が世の中を目覚めさせ、自分自身も目覚めさせてくれたのだから、当然全泰壹のオモニは労働者のオモニであり、自身のオモニでもあると言うのだった。そう言われるたびに、彼女は恥ずかしくて身の置き所がなかった。牧師は両腕を大きく広げて、李小仙に合わせて踊り始めようという格好をした。「ありがとうございます。牧師様のおかげで、家もできたのに何てお礼を言ったらいいのかわかりません」「清渓の仲間たちとオモニがいるから叶ったことでしょう。記念事業会の会長とは名ばかりで、私がしたことは何もありませんよ」。

ケンガリ（鉦）の音を合図に、チャング（長鼓）と太鼓、銅鑼の音を鳴り響かせて、農楽隊が〈平和の家〉の門を開いて中に入っていった。居間や次の間、台所、手洗いまでぐるぐると回っていくサムルノリのリズムに合わせて、〈地神踏み〉（註5）を行った。清渓の仲間たちも皆、肩を軽やかに動かしながら、その後をついていく。李小仙も、文牧師と一緒に興に乗ったように両腕を伸ばしながら、ゆらゆら肩を揺すり踊りだした。告祀（註6）が終わると、閔鐘徳が彼女に挨拶をするように言った。

「在野で活動されている先輩方、清渓組合員の皆さん、本当にありがとうございました。ありがたすぎて、何て言ったらいいのかわかりません。独裁政権はこの労組を違法だと言っています。持てる者たちのための法律、もうこんなものは無視してもいい時が来たんだと思います。私たちの手で再び組合が甦り、事務所まで復活したんですから。清渓労組の名のもとに作られたこの家を、もう勝手に奪い取ることはできないでしょう。黙って奪われる私たちでもありません！　独裁が盗みを働けないように、私たちはもっとしっかりと力を合わせて闘い抜きましょう！」。

割れんばかりの拍手が沸き起こった。餅とマッコリをふるまう李小仙が、人々の間で忙しく立ち働いていた。清渓の仲間たちにはあふれるほどなみなみと、そこにいる一人一人の杯に注いで回った。

（註5）地神踏み　地を治める神を祀る儀式で、もともとは宮中の正月の行事だったが、地方の年中行事としても盛んに行われるようになった。民俗楽器を演奏したり、仮面舞を演じながら家の中庭、台所、倉庫などを周回して邪鬼を追い払い、福を招来することを祈願した。

（註6）告祀　家族の無病息災、豊作を祈願する家庭行事だったが、現在は事業を始めたり、建物を竣工したりするとき等に地鎮祭のような行事として行われる。祭壇を設け、盃事をしたり、時には巫女を呼んで儀式を行うこともある。

九老ゼネストとソ労連

　1985年の夏は熱かった。清渓労組で活動してから、九老《クロ》工業団地にある大宇《テウ》アパレルの労組委員長になった金準容《キムジュニョン》が拘束された。すぐに九老地域の民主労組が連帯闘争を準備した。九老ゼネスト。九つの事業場で二五〇〇名の労働者がストに入った。清渓労組は九老地域ではなかったが、連帯闘争に共に加わった。

　知らせを聞いた李小仙は文益煥牧師を始めとする在野の活動家とともに、清渓労組の事務所でゼネストを支持する籠城を開始した。闘争の四日目までで拘束された労働者は三六名になった。百余名が拘留または在宅起訴処分を受けた。警察や救社隊（註7）の容赦ない鎮圧によって病院の応急治療室は患者であふれかえり、長期療養が必要となった労働者は一六名にもなった。解雇者数も一二〇〇名を超え、解雇された者たちは平和の家に集結した。毎日のようにチラシを作り会議を開くなど、平和の家は蜂の巣をつついたような騒ぎだった。「オモニ、われわれがこんなに押しかけてきて大変でしょ?」「こんな時のためにこの家を買ったんじゃないか。何も大変じゃないよ。ここがこんなに労働者であふれかえったら、あたしがどんだけ元気が出てくるか!」。

　ソウル労働運動連合（ソ労連）が結成されたのもこの時だった。九老ゼネストに参加して解雇されたり、拘束された労働者を主軸に作られたのだった。ソ労連は労働組合が繰り広げる経済闘争を超えて、労働者たちの政治的覚醒と闘争が必要だと考えた。清渓労組の内部では、ソ労連に参加すべきかどうかで意見の対立が表面化した。

李小仙は組合が参加を決めると心配が先に立った。今まさに全斗煥政権の暴圧に向き合って、労働者たちが力を見せつけるときだったが、政権に対抗する政治組織を公開するかたちで作ることには危惧を感じていた。順玉と向き合って座った彼女は、自分の思いを娘に伝えた。

「心配でしょうがないよ。一生懸命闘うっていうのに止めるわけにはいかないけど……。今は組合をしっかりと作っていく時期じゃないかい。70年代みたいに組合をやりながら、その中から意識の高い者を選んで、皆とは別に特別な教育をして活動させるようにしなくちゃ。組合の名前を掲げて、公開的に政治組織だって触れまわるのは……ちょっと違うんじゃないのかね」。順玉も母の言葉にうなずいた。心配した通り、ソ労連の結成式を清渓労組の事務所で行い、閔鐘徳《ミンジョンドク》を委員長に選出したとたん、権力は緊急手配をかけて、二十日後に閔委員長は逮捕されてしまった。ソ労連の弾圧は清渓労組への弾圧へと続いた。閔の拘束で清渓労組委員長に新たに選出された黄晩鎬《ファンマノ》にも、緊急手配がかけられることになったのだ。捜査が組合に集中すると、労組活動も委縮せざるを得なかった。こっそりと小さな会合を持つくらいで、公然とした活動はほとんど麻痺してしまった。

李小仙の心配が現実のものとなった。「あたしがソ労連なんか止めろって言ったかい？　あんたたちがやるっていうから、それでも信じてうまくいくよう祈ったさ。だけどこりゃ何だい？　閔鐘徳が捕まったのに、ソ労連がうんともすんとも言わないのはどういうこった？　委員長が引っ張られたら、行って釈放しろって闘うもんだろ。それができなかったら声明書の一枚でも出すとか……」。双門洞に集まった組合員たちに彼女はきつく小言を言った。コップの水を飲み干すと、さらに強い言葉が口をついて出てきた。

「ソ労連は張り子の虎か？　虎の絵を描いて、虎だ虎だって口でばっかり言ってれば虎になるのかい？

まったく情けないよ！　委員長が捕まったら、他の皆が一斉に隠れてしまうのが運動なのかね。義理ってもんもないのか！　水の上に顔出して、ちょっと声を出したと思ったら、泳ぎもしないで水の中に潜っちまう運動！　そんな運動なら誰でもできる。そんなのが運動だっていうの？」皆、口をつぐんでうなだれるばかりだった。

まもなく清渓労組の解散と、事務所閉鎖の通知が下された。清渓の名前を付けた事務所さえあれば、腹が減ってもがまんできると訴えて作られた清渓七街の事務所を、みすみす警察に奪い取られてしまったのだった。電気もガスも止められた事務所の中で、何人かの組合員がハンストしながら組合を守ろうとしたが、警察の暴力の前にはなす術もなかった。事務所にあった什器は中区庁の地下室に係留され、事務所の前は二十四時間警察が封鎖していた。

李小仙は組合員たちに、ソ労連を脱退するよう説得した。組合に何かをするように要求したのは、それが初めてのことだった。

「今まで、あんたたちがやろうとしたことに、一度も反対したことはなかったよ。でも清渓労組の活動はね、ソ労連のやり方とは合わないよ。労働組合じゃないか。りっぱな活動家ばっかり集まった組織じゃないんだ。委員長が捕まって、事務所が閉鎖されたからって腹が立って言ってるんじゃないよ。もっとひどい目にもあってきただろ。だけどこれはだめだよ。労働組合が何なのか、もう一度考えてみなくちゃ。今、どうやって独裁と闘わなくちゃいけない時なのかもね。あたしは教育もないからうまく言えないけど、これじゃだめだって思うよ……」。そうしてこれまで胸に押しこめていたことを洗いざらい話そうとした。「労働者の中に組合がなくちゃ。何人かの運動家だけで労働運動をするんじゃないだろ。ソ労連を脱退して、労働者の中に入っていって、組合をもっとしっかりしたものにするんだ。その力で労働運動もするし、政治運動もやってくのが正しいんじゃないか。あたしのことを組合主義だとか、経済主義だとか悪口言っても構わないよ。だけど労働者がついていけない労働運動がどこにある？　あたしは労働組合やりながら、独裁とも闘ってきたよ。百万遍考え直したってあたしの答えは同じだよ！」李小仙は他の活動家のように、勉強をして論理を組み立てて動くのではなかった。労働者たちと一緒に泣き笑いしながら、独裁権力と命をかけて闘いながら、身をもって教えてきた。

清渓労組の幹部たちは徹夜で討論した結果、結局、ソ労連を脱退することで意見が一致した。討論の間ずっと、李小仙は彼らと一緒に夜を明かし、その場から離れなかった。脱退するのはよそうという主張が出てくると、涙を流しながら、もう一度考えてみてくれと訴えた。脱退が決議されるとよく考えたと、仲間たちを抱きしめながら泣きじゃくった。この日の会合には、手配中の委員長、黄晩鎬は参加できなかった。組合員たちは彼の意見を聞いて、後日また集まることにした。一週間後、黄晩鎬とソ労連に積極的に参加していた幹部たちが秘密裏に会合を持った結果を携えて、副委員長の金永先《キムヨンソン》が双門洞の家を訪れた。

「清渓はソ労連から脱退するけれど、個人の資格で引き続きソ労連の活動に参加することにしました」。その言葉を聞いた李小仙は何も言えなかった。一体何を言っているのか。組合としては脱退するけど、個人はソ労連に名前を残して活動する……。これまで組合員同士で拳が飛び交ったり、代議員大会で委員長が替わるようなことはあった。それでも一旦決まれば皆が一つになって忠実に決定に従ってきた。その団結こそが独裁権力に立ち向かって、組合を守ってきたはずなのに、今度ばかりはそうでなかった。個人の資格でソ労連に加わるという言葉に激昂した何人かは、それほど活動したければ清渓労組を脱退しろと迫った。

双門洞の家は怒声が響き、殺気だった。経済主義者、組合主義者、改良主義者、全泰壹の名前をかたって、労働運動の発展を妨害している……。互いに傷つけあう言葉ばかりが聞こえてきたが、李小仙にはもはや言うべき言葉がなかった。賛否を争う声が入り乱れ騒然とした家を背にして、そっと外に出ていった。――これじゃ、だめだ。こんなことしてたら……。


（註7）救社隊　言葉の意味は『会社を救う組織』ということになるが、労働組合に対抗して、会社側が作らせた非組合員の団体。時に外部の暴力組織の構成員まで動員して、組合活動やデモ、集会などを暴力で妨害、弾圧することを任務とした。

新興精密　朴永鎮《パクヨンジン》の遺言

1986年3月17日、九老《クロ》区禿山《トクサン》洞の新興精密に勤めていた朴永鎮《パクヨンジン》が、焼身抗議をはかった。李小仙はこの知らせを聞くと、清渓の仲間たちとともに江南《カンナム》聖母病院に駆けつけた。

すでに警察は病院の出入り口の内側で、訪問客を制限していた。「ここを開けないか！」入口を手でたたいても無理だとわかると、一緒に来た組合員たちが数歩下がったところから、思いきり走ってきてドアを蹴り倒そうとした。「さあ、もう一度、いち、に、さん！」頑丈な体格の若者たちの力にたまらず外れたドアが、開かないように押さえて立っていた警官の方に倒れていった。驚いて後ずさりする警官たちをしり目に、李小仙は重患者室に向かって駆けていった。すでにそこにも待ち構える刑事たちの姿が見えた。

「ヨンジン！　どこにいるんだい！」「今、ここは入れません」「自分の息子が死にかかってるのに、母親に会わせない奴がどこにいるんだよ！」刑事のジャンパーをつかむと思いきり引っ張ってわめいた。「朴永鎮のお母さんですか？」「そうだよ！　あたしの息子なんだ。さっさとどかないか！」母親の顔など知るはずもない刑事は、病室のドアを開けて彼女を中に入れたが、清渓の仲間たちは誰一人、集中治療室に近づくことはできなかった。部屋の中はうめき声があふれていて、一度も会ったことのない朴永鎮を見分けることはできなかった。「ヨンジン、どこにいるんだい？」「誰？　……ここにいますよ」。息も絶え絶えに、か細く聞こえる声の方に近づいていった。真っ黒に焼けて、腫れ上がった顔。髪の毛は黒く焦げて、目も思うように開けられないようだった。ふくれて裂けた唇の隙間から、白い歯がかすかに見えた。

「あたしは、泰壹の母親だよ」「ほ、ほんとですか？　全泰壹のお母さんなんですか？」朴永鎮はくっついてしまった瞼をぴくぴくさせながら、声を絞り出した。「そうさ。泰壹の母だよ。だけど何でこんなことしたんだい？」焼けただれた体のあちこちをさすってやった。「あぁ、俺は何て運がいいんだ……」。息を弾ませているように、嬉しそうな声が聞こえた。「今にも死にそうだってのに、何が運がいいんだよ」「オモニ、泰壹先輩のところに行ったら言うことができたよ」「生きて闘わなくっちゃ。泰壹のところなんかに行ってどうするんだよ！」「俺、先輩に会ったらオモニが一生懸命闘ってるって言うんだ！」燃えた服が皮膚にこびりついた隙間から、膿のようなものがじくじくこぼれていた。李小仙はマフラーを外して、膿を押しだしながら拭きとってあげた。

「俺のパンツの中を探してみて。言っておきたかったことが書いてあるから……」。焼けた皮膚にパンツが絡みつくようにくっついていた。膨れ上がった皮膚にべったり張りついた布は容易に離れなかった。病室にあったはさみで切り取ると、内側に布にくるまれたものがあって、中を探ると紙が出てきた。「それを友人たちに伝えて……」「死ぬつもりで、遺書まで書いておいたんだね……」。紙を丁寧にマフラーに包んだ。「違うんだ。それはいつも身につけて持って歩いてたんだよ。俺はただ、脅かそうと思ってただけなんだけど……警察と管理者の奴らが押し寄せて、俺に死ねって言うんだ。もう、ライターをつけるしかなくて……」。

朴永鎮はその日、昼休みに食堂に行くと工場の同僚たちと賃金引き上げを要求するビラを読みあげて籠城に入った。管理者たちが石や角材を持って駆けつけると、すぐに武装した戦闘警察が籠城している食堂を包囲した。警察が暴力で鎮圧にかかったため、彼は暖炉のそばに置いてあった灯油をかぶって「十数える内に出ていかないと、焼身自殺するぞ」と言いながら手にライターを握りしめた。「一、二、三……」その時、一人の刑事が彼に近づくと、ばかげてると言わんばかりに、うすら笑いしながら話しかけた。「そう言うんなら、やってみろよ。こっちがびびるとでも思ってんのか？　そら、早くやれよ。まばたきもしないで見物しててやるから！」朴永鎮はそんな言葉には耳も傾けずに数え続けた。「六、七、八……」「さっさとつけろよ。早く死んでみろ！」油をかぶったのはとっさのことだったた。死ぬつもりなどこれっぽっちもなかった。食べていけるくらいの賃金を上げてくれると言うのが罪だっていうのか！　警察までやってきて。俺に死ねだと？　そうだ、労働者は人間なんかじゃないんだ……。九つを数えた朴永鎮の声が震えた。瞬間、世界が止まってしまったように静まりかえった。その声だけが春の陽射しの中に、かげろうのように立ちのぼって響きわたった。「十！」声が途切れた。ぼうっと炎が燃え立った。

「オモニ、生きていけないから賃金を上げてくれって言ったのに……死ねっていわれたんだよ。オモニ、手を、手を握っていて……」。膿がだらだらと流れている手の上に、李小仙は自分の手を重ねた。「言いたいことがあったら、みんな言ってしまうんだよ。あんたができなかったことまで、あたしが、この身がぼろぼろになってもやり抜くから……」「オモニが俺のそばにいてくれて、ほんとに良かった。泰壹先輩がしようとしたことも、俺がやろうとしたことも同じだよね。今みたいに、こうして労働者のために、オモニがそばにいてくれさえしたらいいんだ……」。

突然、集中治療室のドアが開いて騒々しい靴音が響いた。「おい、朴永鎮の母親じゃないだろ！　まぬけが、いったい誰が中に入れたんだ！」まゆ毛の太い、額の狭い顔の刑事が苛立つ声をあげた。「さっさとつまみ出せ！」李小仙は刑事たちに部屋から引きずられ、廊下に放り出された。廊下には清渓の仲間たちと、永鎮の同僚たちが押し寄せ、シュプレヒコールを叫んでいた。

「朴永鎮と会いましたか？」後から駆けつけた文益煥牧師が、彼女を起こしながら尋ねた。力なくうなづく彼女に、朴桂賢《パクケヒョン》が近寄って水を飲ませた。「どう考えても……もうだめかもしれないね。人を集めなくちゃ。永鎮がどこかに連れて行かれてしまうに決まってる」「だいじょうぶですよ。今、労組や在野団体に連絡しましたから……」。警察が病院を囲んでいたが、労働者や在野団体の人々が続々とやって来ていた。

翌日の未明、朴永鎮は二十七歳の生涯を閉じた。九老ゼネストを目の当たりにした独裁政権は、労働者たちの集結を早期に押しとどめる画策をしていた。白骨団と呼ばれる白ヘルメットをかぶった武装警官を先鋒に、遺体を奪われまいと集中治療室の廊下を埋めた労働者たちを、次々と連行し始めた。

故人が横たわるベッドを守るために死力を尽くしていた彼らは、白骨団に追い詰められトイレに押しこまれながら警察に対峙した。だが、武装警察の暴力の前に、それ以上持ちこたえることができなかった。

皆が次々とひきずり出される中、李小仙は素早く一室に入ると、便器の上に座りこんで中から鍵をかけた。外からは怒声と悲鳴が混じった声が聞こえてきた。開けられないように両手に力をこめてノブを握りしめ、息を殺した。警察は一つ一つ、ドアを荒々しく開け閉めしながら、中に隠れていないか確かめているようだった。彼女が隠れている部屋の扉も、思いきり足で蹴とばして声を荒げた。「ドアを開けろ！」「何だよ！　用を足しているってのにドアを開けられるもんかね……」。中から老婆のような声がすると、警察もそれ以上は問い詰めずに外に引き上げて行った。

しばらくすると、辺りは静けさを取り戻していた。ドアを少し開けて表をうかがってみたが、籠城していた労働者の姿は見えず、警官だけがびっしりと張り付いている――このまま出て行ったら捕まっちまうし、どうしたもんか……。トイレの入り口の脇に、看護師たちが脱ぎ捨てた白衣を入れるケースが見えた。その中から白衣を抜き取って再びトイレの個室に入った李小仙は、着ている服を脱いでごみ箱に捨てると白衣に着替えた。膿を拭き取ったマフラーも、そのまま捨ててしまった。生まれて初めて着た看護師の服は、何とも照れくさく不自然でならなかったが、そのおかげで病院の門を出るまで、警察は誰ひとり彼女に気づくことがなかった。彼らの目の前を悠々と通り抜けた李小仙は、心の中では思いきり警官たちを罵ってやった。

病院の塀に沿って回っていくと、道の向こうに金東完《キムドンワン》牧師の姿が見えた。「金牧師！」振り返った牧師は声のする方をちらりと見て首をかしげたが、また歩き始めた。道を横切って牧師に追いついた彼女はどんと、肩をたたいた。「せっかく呼んでるのに知らん顔して……どこに行くのよ？」「あれ、泰壹のお母さんじゃないですか！」看護師のなりをした李小仙を見て、牧師はしばらく笑いが止まらなかった。「笑ってる場合じゃないよ！　死ぬ思いをしてやっと来たんだから……」「捕まらなかったんですね。皆連れて行かれたっていうから、これから警察署に行こうと思って……だけど一体その格好は？」近くの食堂に金牧師を連れていって、彼女は事の顚末を話してから、早くどこかで服を買ってくるよう頼んだ。朴永鎮の友人たちや清渓の仲間、在野活動家の人たちも連行されてしまったため、遺体はすでに警察の手に落ちていた。全斗煥政権は彼の死に茫然自失としていた遺族たちを脅迫し、素早く火葬場に運ぶと荼毘に付してしまった。炎に包まれながら斃れた朴永鎮は、再び火葬場の炎の中で灰となり、遺骨は裏山に散骨された。――時が経てば骨灰も散り散りになってしまう……。

病院を出てから心は焦るばかりだった。遺族から散骨された場所を聞き出した彼女は、故人と一緒に学習会をしていたという同僚の沈鎮九《シムジング》に、遺骨を回収してくれるよう頼んだ。夜の闇にまぎれて、彼は朴永鎮の叔父とともに裏山を探した。夜露に濡れて固まりつつあった遺骨の灰は、くぬぎの落葉の上にそっくり残されていた。かろうじて回収できた遺骨とともに、李小仙は奨忠洞にあった民統連（民主統一民衆運動連合）の事務所に駆けつけた。当時在野の民主化運動の求心点となっていた民統連の事務所には、李昌馥《イチャンボク》先生がいた。

「李先生、永鎮の遺骨をやっとのことで探し出しました。世の中が変わったら、改めて葬儀もしてやりたいけど、とりあえずは泰壹の墓の所を掘ってでも、埋葬してやらなくちゃならんでしょ？　あたし一人じゃ何もできないから、何かいい方法を考えてくださいな」。その言葉に李昌馥は顔が火照る思いだった。「申し訳ありません。私たちがしなくてはならないことを、オモニがやってくれるまで知らん顔していたみたいで……何とかいい方法を考えてみますから、少し時間をいただけますか？」「誰がやっても同じことじゃないですか」。自身を恥じているような李先生の態度に、かえって彼女のほうが恐縮する思いだった。ほどなく民統連の人々が集まり対策を論議し始めた。「李小仙さんがあんなに飛びまわっているというのに、我々が黙って見ていることはできないでしょう。たとえ犠牲を伴うようなことがあっても、何とか我々の手で葬儀をやりましょう」。

朴永鎮葬儀委員会が組織された。山つつじが山々を彩る頃、磨石モラン公園に人々が集まった。安企部から圧力を受けた公園の管理事務所は、墓地を提供することはできないと言ってきた。「そうかい、じゃいらないよ。泰壹の墓に合葬すればいいだろ！」李小仙が今にも息子の墓を掘ろうという勢いで詰め寄った。「李さん、よくご存じでしょ？　私らの好きなようにはできないってこと……」。管理所長は少し待ってほしいといいながら、あちこち電話をかけ続けたあげく、何とか朴永鎮の墓地を用意してくれた。山の中にまかれて、風でも吹けば散り散りに飛んで行ってしまうところだった遺骨は、ようやく安らかに眠りにつくことができた。彼が焼身抗議をしてから、ひと月と十日が経ってからのことだった。

太鼓の音とともに、鎮魂の儀式が始まった。李小仙の耳には朴永鎮の声がはっきりと聞こえるようだった。膨れ上がった唇の隙間から、息も絶え絶えに手を握ってくれといった声が今、すぐそばで耳元にささやくように聞こえたのだ。泰壹の焼身から十数年の歳月が流れたというのに、今も労働者たちが自らの命を捧げて闘わなくてはならないとは……。盛り上がった土に身を投げ出した彼女は墓の土をさすり続けた。

「生きて闘わなくちゃ、生きて……二度と帰って来られない道なのに、どうして行っちまったんだよ！」

葬儀の帰り道、ふと遺書のことを思い出した。あわただしい出来事の中ですっかり忘れていたが、病院で看護師の服に着替えたとき、マフラーとともに捨ててしまったのだった。情けなかった。大切な遺書を捨ててしまうなんて……。

平和の家籠城事件

朴永鎮の葬儀を挙行する前に、李小仙はもう一度大きな試練をくぐらなければならなかった。ソ労連が平和の家で籠城をするという事件が起きたのだった。

朴永鎮の遺骨を拾い集めてから、十余りの団体が民統連の事務所で会議を開き、葬儀の準備を進めた。彼女も清渓労組の朴桂賢とともに参加したが、途中、葬儀の際に朗読するビラの内容を巡って紛糾が持ち上がった。どんなスローガンを叫ぶのかについても、ソ労連と他の団体とは立場が違った。彼女は一言言いたいと口を開いた。

「私は教育もないからどう言ったらいいのかわかりません。聞いていると、皆正しいように思えるし……。ただ葬儀のときに叫ぶスローガンなら、労働者がどんな意味なのかをちゃんとわかった上で、一緒に叫べなくてはいけないと思うんです。あんまり先走った難しい理論を掲げたら、まだはっきりわかっていない労働者たちがついていけないんじゃないかね。知識を持っているからといって、それを権威みたいにして教えこもうとすれば、後からついて来ないでしょ。何も知らない労働者の母親がつまらないことを言ってると思わないで、もう一度考えてくれないかね。朴永鎮の命がけの行動の前で、あたしたちが分裂してるような姿を見せるのは、ほんとに恥ずかしいことだから。どうか、納得できる結論を出してくださ い。だらだらとまとまらないことを言って申し訳ありませんでした……」。多くの人たちがその言葉にうなずいた。だが、ソ労連は別個に追悼式をやると言って準備委員会を脱退することになった。――一人の労働者の死を前にして、自分たちが再び分裂しなければならないなんて……。がっくりと肩を落とした李小仙は会議場を後にした。

「オモニ！」誰かが傍に来て挨拶をした。朴永鎮の遺骨を集めてくれた沈鎮九《シムチング》という若者だった。「僕はオモニのおっしゃることが正しいと思います。他の人たちの言葉は耳に入ってきませんでした。現場で苦しんでいる労働者の心を一番深く、温かく理解してくださってると思えて、涙が出てきました。ありがとうございます。オモニがいてくださるから、力がわいてきます。今日のことはあまり気に病まないでくださいね」。彼女は若者の手を握って言った。

「あたしは誰が正しくて、誰が間違ってるって言ったんじゃないよ。ソ労連が別行動をとるっていうのを叱ったのでもない。争ったり、分裂したりしないで、労働者の心を一度考えてほしいと思ってるだけだよ。朴永鎮が何で死ななくちゃならなかったのか、よく考えてみたら一緒にやっていける方法はいくらでもあるはずなのに……」「こんなふうに、広い心で皆を抱きしめようというオモニの気持ちを、わかってくれればいいんだけど……」。ご飯はしっかり食べなさいよと、彼女は沈鎮九を抱きよせて背をたたいてやった。だが、奨忠洞から東大門運動場を過ぎて、昌信洞の平和の家に向かう間ずっと、胸の中には重苦しいものがわだかまっていた。

ソ労連は、朴永鎮の遺影を運んで来て、平和の家に焼香所をしつらえて籠城を開始した。形式だけの葬儀を拒否し、闘争で彼の遺志を継いでいくという決意の表明だった。

警察は平和の家を幾重にも取り囲んだ。誰も近づくことができなかったため、すぐに籠城している人々の糧食が尽きてしまった。「中にいるのはやっぱり私にとっては息子だし娘たちなんだから、警察に囲まれて食べ物もないっていうのに、考えが違うからって知らん顔なんかできるもんか！　早く腹の足しになるものを持ってってやらなくちゃ」。何とか金を工面して、食料をひと抱え買いこんできた。餓えている籠城者たちを前にして、正しいとか間違ってるとか言っている場合ではなかった。朴桂賢と包みを持って平和の家につながる路地に入ろうとすると、警察が押しとどめた。「お前ら、何であたしが自分の家に行くのをじゃまするんだよ！」無線機を手にして威張り散らしている、むくげの階級章(註8)をつけた指揮官にかみついた。だが、李小仙の手を振り払った指揮官は盾をかざした戦闘警察たちの後ろに隠れてしまった。「びびって後ろに隠れちまわないで出てきな！　こんなばあさんが怖いってのか？　あの子ら捕まえるのは勝手だけど、飢え死にさせてもいいっていうのか、それでも人間か！」小さな体躯で警察の盾に体当たりしたが、びくともしなかった。それでも再びぶつかっていくと、今度は警察が盾を突きだしたので小さな体が跳ね返されて、後ろにひっくり返ってしまった。

この光景を遠巻きに眺めていた市場の商人たちや、住民たちが抗議を始めた。「あんまりだろ！　若いもんが自分の母親みたいな歳の人を盾で殴りつけるなんて。お前らには親もいないのか！」住民たちの数が次第に増えて、警察にじりじりと詰め寄っていった。事態が不穏な様相を見せ始めると、隠れていた指揮官が再び姿を現した。「わかりましたよ。食料を渡す人を一人だけ通してあげましょう」。朴桂賢だけが、わずかに道をあけたところを通って、平和の家に入ることができた。だがしばらくすると、籠城を鎮圧するために警官たちが押し寄せていった。彼女がいくら抗議の声を振り絞っても、盾のバリケードを前にして身動き一つできず地団太を踏むしかなかった。襲いかかる警官たちに、籠城していた労働者たちは什器を投げつけて対抗しようとしたが、まもなくこん棒を振り回す警官たちによって、一人また一人と引きずり出されていった。そのとき突然、何人かの労働者が屋根に上がり、瓦をはがして取り囲む警官隊にめがけて投げつけ始めた。あわてた警官たちは盾を空に向けて持ち上げながら防ぐ一方で、鎮圧部隊を建物の中に投入した。盾に当たった瓦は粉々に砕け、隣の家の屋根にまで飛んで穴をあけたりしたが、抵抗もそこまでだった。頑強に踏みとどまって籠城を続けていた労働者たちも、ついに全員が連行された。

鎮圧を終えた警官隊が撤収すると、李小仙は平和の家の玄関の前にへたりこんでしまった。――天から雷でも降ってきたというのか……。まるで爆弾でも落ちた後のようだった。茫然として壊れた家を眺めるしかなかった。やがて戻ってきた警官が彼女を連行しようとしたが、何の抵抗もしないで素直に従った。逮捕は隣家に財産被害を与えたという名目だった。いつもなら獅子のように猛々しく警察に挑みかかる李小仙が、ただ留置場にぼんやりと座っているだけだった。誰を恨むこともできなかった。東大門市場で生地商を営むいとこの息子が、隣家の被害額を賠償すると約束して、ようやく釈放された。近所の人が薄い天幕を持ってきて、平和の家の屋根を覆ってくれた。「李さん、元気を出して。応急措置をしたけど、雨が降って垂木でも腐ってきた日にゃ、家ごと崩れちゃいますよ」。壊れた家の中で、彼女は食べるものも食べずに横になっているばかりだった。順玉がやってきて、双門洞の家に帰ろうと勧めたが、一歩も動こうとしなかった。

「母さん、しっかりしなくちゃ！　これくらいのことでへこたれてて、いつか天国で僕に会うときに面目が立ちますか？」雷が落ちるような一喝に、思わず目を開けた。夢だった。だが、確かにそれは泰壹の声だった。――そうだ、起きるんだ。立ちあがらなくちゃ。あたしが先に腰砕けになってどうする……。

李小仙はそれから、ソ労連のやり方が間違っていると確信するようになった。悪口を言われるんなら、あたしが言われればいい。残った組合員たちが矢面に立たされたらいけない――その後は清渓労組の組合員の中で、ソ労連で活動する者に会うたびに批判するようになった。――いつかあんたたちもわかるよ。あんたらが憎くてこんなこと言ってるんじゃないって。何を言われたって、あたしが出しゃばらなくっちゃ、組合がつぶれちまう。すまないけど……彼らを厳しくたしなめる時も、心の中ではいつも、あんたたちも皆、あたしの息子、娘たちなんだよと何度も何度も叫んでいた。

（註8）むくげの階級章　警察官の階級を現す徽章の一種で、幹部クラスの警察官が『むくげ』をつける。日本でいえば警部、警視クラスにあたる。

オモニの部屋で⑥　差別なき世の中

全泰壹記念事業会に行く途中に教会があって、その正門のすぐ横には道に野菜を広げて商うおばあさんがいる。李小仙がそこに立っていたので、何か買い物をするのかと思い傍に駆け寄った。ところがその表情はいつもと違っていて、息を荒げていた。野菜を売っているおばあさんから一〇〇〇ウォン札二枚を受け取ると、教会の前に停まっていた黒塗りの高級乗用車のそばに行ってドアを開くや、紙幣を投げつけた。「余計な金はいらんから、持って帰んな！」「どうしたんです?」「何でもないよ。行こう、ふざけた奴だ!」事の次第はこうだった。乗用車が路地を抜けようとして走っている途中、おばあさんの野菜かごを車輪で踏みつぶしてしまった。『屁をひった奴がくってかかる』というが、運転者が降りてくると、何で道端で商売なんかするんだと怒鳴りつけた。ちょうど遺家族協議会の事務所に行こうとしていた李小仙が、その光景を見た。

「あんた、悪いことをしたんだからそっちが謝るのが筋だろ。年寄りに向かって何意気がってるんだよ! 少しばかり金があるからって、道で商売する人間をばかにするんか!」その気勢に出鼻をくじかれた男は、しぶしぶ謝ってからいくら弁償すればいいかと尋ねた。おばあさんが八〇〇〇ウォンだと言うと、五〇〇〇ウォンでいいだろと言いながら札を投げつけて戻ろうとしたという。

李小仙が本当に五〇〇〇ウォンで足りるかとただしたところ、八〇〇〇ウォンでなくちゃ元が取れないと訴えた。運転席に座ろうとした男を追いかけて「八〇〇〇って言ってるのに、何で五〇〇〇ウォンしか寄こさないんだ? さっさと出しな!」と五〇〇〇ウォン札を投げつけた。一万ウォンを出した男は全部やると言ったが、「釣りを持ってくるまで、ここで待ってるんだよ! 余計な金はもらわないから……」。こうしておばあさんから釣りの二〇〇〇ウォンをもらって、男に突き返したというわけだった。

「あんなに図体のでかい奴に歯向かって、何かあったらどうするんですか?」心配して言うと、「もし自分がやられることがあっても、じっとがまんなんかできないよ! 大体このあたしが、あんな奴に負けると思ってるんかい? あたしはね、人を無視したり、差別するのは絶対に見逃せないんだよ!」

彼女は不義を見ると、ほとんど本能的に立ち向かっていく。特に相手が金や権力を持っていて、持たざる者を無視し、差別する姿を見た時は、決してそのままにしておくことができないのだった。泰壹が残した「腹がへったよ」という言葉は、差別だらけの世の中で疎外されている人々の、最後の絶叫だと考えていた。彼女が抑圧社会、不平等な社会に立ち向かい続ける訳は、差別のない社会を作りたいと思うからだ。教育ある人たちが理論や主張を並べて革命を語っているとき、李小仙は労働者とともに〈差別なき世の中〉という理想郷を思い描いていた。彼女は独裁に拮抗して清渓労組を守りながら、自身が強靭な人間に変わっていったという。

「オモニ、それは違うんじゃない？　小さい頃からずっとそうだったんでしょ」「そうかい。確かに子どものときから変わり者だったよ。あんたが見てもそう見えるのかね？」そうは言ったけれど、本当の気持ちは違っていた。

李小仙ほど気の弱い人間もいない。たった一言何か言おうとするだけで、何日も悩みながら夜を過ごす。何人もの人に尋ねたり、確認したり検証してもらう。言った後も果たして自分の言葉が間違っていなかったのか、その言葉で誰かが傷ついたのではないかと眠れぬ夜が続く。誰かを叱りつけた後には自分が正しかったのか、あまりきつく言いすぎたのではないかと自責の念にかられて私に尋ねてくる。「あまりくよくよ考えない方がいいですよ。それくらいの歳になったら、もう人の顔色うかがって話しをする必要はないでしょ。それに相手に気を使ったからといって、言うべきことを言わないで済ませたことなんてないんだから……。李小仙はそういう人でしょ」。

そうだ。李小仙はそういう人だった。だが、『そういう人』という枠に自分をはめてしまうことはない。彼女の言葉通り、受けた教育といったら日本の植民地時代に簡易学校に通ったことがすべてだった。自分の名前の三文字を書くのにも一苦労だった。こんな彼女の力はいったいどこからわいてくるのか？　李小仙は何に対してもそのまま素通りしてしまうということがない。

その日にあった出来事を何度も考えてみる。どんなささいな言葉だったとしても、そう言った人の真意を考える。何度も、何度も……。習慣だろうか。いや、それは愛情なのだ。人に対する。絶えず、人の思いや言葉をスポンジのように体内に吸いこむような愛情がある。日常の中で、ほんのささいな差別でも見過ごさない、民衆に対する限りない愛情を持ちながら、差別のない世界に向かって彼女は歩みを続けている。

その日の夜だった。あんたは事務室で寝るというのに、あたしが温かい部屋で眠れると思うかと言いだした。自分がたった今、差別が一番嫌だと言っておいて自分一人だけ気持ちよく眠れるはずがないと、自身の寝床の隣に寝る所を作ってくれた。時に話を聞いている途中で録音機を回しながら寝入ってしまうと、枕を頭の下に差しこみ、ふとんを掛けてくれる。そんなとき自分が本当に寝てしまっているときもあるし、寝たふりをするときもあった。李小仙は目を覚ましてしまわないかと、電気を消して息をひそめる。聖書も読まないし、お祈りもしない。そうしてじっとがまんして、明かりもなく、しょぼしょぼした目をこすって手洗いに立つ。帰ってくると人の足を踏みつけたり、扇風機を倒したりする……。

「ああ、びっくりした！」人の足を踏んだ彼女のほうが「びっくりした」という。「僕の方が驚いてるのに……だからオモニとは一緒に寝られないんだって。事務室に行くよ！」そうしなければ、自分も眠れないし、李小仙も大切な自分の夜を過ごすことができない……。

第5部

美しき出会い

1986年8月――2008年11月

民主化運動遺家族協議会

朴永鎮の葬儀を終えて、いくらも経たない日の夜だった。

「お客さんが見えましたよ」。李小仙が玄関を開けて中に入ると、台所にいたお嫁さんが飛び出してきて中の皆に知らせた。「やっとお見えですね。首を長くして待ってたんですよ」「いや、誰かと思ったら……」。宋光永《ソングァンヨン》の母、金鍾泰《キムジョンテ》の母、申虎樹《シンホス》(註1)の父が次々と部屋から出てきた。皆、独裁政権によってわが子を奪われた親たちだった。

全斗煥政権の下で多くの人々が死をもって抵抗した時代だ。朴永鎮の葬儀の日にも、ソウル大の学生、金世鎮、李載虎《イジェホ》が前線入隊を拒否して全身にシンナーを浴びた。4月30日には三煥タクシーの解雇労働者、邊永珍《ビョンヨンジン》が焼身をとげた。5月20日、文益煥牧師がソウル大で講演をしている時、李東洙《イドンス》という学生が学生会館の屋上から身を投げて命を落とした。同じ日、ソウル大生、朴恵貞《パクヘジョン》は漢江に投身した。全斗煥独裁の息の根を止めようとして、皆若い命を捧げたのだった。疑問の死も多かった。指名手配中であったり、警察に連行されたまま行方不明になった若者たちだった。申虎樹も国家保安法で警察に連行され、九日後に山の中腹で死体となって発見された。

「泰壹の母さんが一肌脱いでくれなくちゃ。独裁政権のもとでどれほど多くの若者たちが命を失っているか。遺族は子どもがどうして死んだのかも知らずに呆然とするばかりで、民主主義のために闘った子どもを罵る人もいるんですよ。耐えられずに命を絶ってしまう親たちだって……。遺族たちの集まりを作らなければなりません。私らが率先して、子どもたちがどうして闘ったのか世間に知らせることも必要だし、失意に落ちこんでいる遺族たちを慰めることも必要でしょ」。宋光永の母の言葉に李小仙はうなずいた。その通りだった。

若者たちが命を捧げて闘ったり、監獄に引きずられて行くのを目にするたびに、まるで自分の罪であるかのように胸が痛んだ。学生や労働者たちが『全泰壹評伝』を読んだために、命を捨てているように思えて苦しんだ。独裁に立ち向かって拘束された彼らは、法廷で「全泰壹の遺志に従って行動した」と最終陳述を述べたが、そのたび自分がもっと懸命に闘わず、独裁政権を倒せないことが情けなくて、胸を叩き、わが身を責めた。

だが、そう言われてもすぐに引き受けることができない状況があった。ソ労連と朴永鎮事件によって清渓労組が窮状に陥っていたからだった。組合の事だけでも自身が駆けずり回らなくてはならない状況で、遺族の集まりを作る活動は手に余るように思えた。どうするべきか。いったん組織を立ち上げたら、自分も名前だけを貸すようなことはできなかったし、やるならきちんとやり遂げなくてはならないと考えた。「言いたいことはわかりましたよ。少し時間をくださいな。今は清渓労組のことで手いっぱいで……」。

遺族たちの思いは切迫していた。申虎樹の父は息子の死の真相を明らかにしようと一人で悪戦苦闘したが、強大な権力を前にして何一つ解明することができなかった。手配中の息子が連行され、やがて死体になって帰ってきたが、警察は連行してから三時間後には釈放したと繰り返すばかりだった。三時間では調書一枚も作れないだろう。その程度の人間を警察がなぜ指名手配し、連行していったのか。息子が亡くなってから父は眠ることもできず、食事ものどを通らなかった。かといってこのまま自分が死ぬことは到底できなかった。

「私たちは何も知らないんです。遺家族協議会を作るとしたら、経験の豊かな李さんがやってくれなくちゃ何にもできませんよ」。宋光永の母が再び双門洞の家を訪ねて繰り返し訴えると、李小仙はそれ以上固辞することができなかった。「すまないね、こんなに何度も来させて。あたしがやるのが当然のことなのに、先頭に立つどころか迷ってばかりいるなんて、申し訳ないとしか言えませんよ」。清渓労組には十五年以上も関わってきた。朴正熙時代から、数え切れないほどの危機を乗り越えてここまできた組織だった。彼女はようやく、全泰壹のような犠牲を繰り返させないためにも、一日も早く遺家族協議会を作らなくてはならないと決意した。

その年の8月に、平和の家で民主化運動遺家族協議会が発足し、李小仙が初代会長に選出された。「あたしは教育もないから、会長のような役目は無理ですよ。ただ、皆さんと一緒に闘うときにくっついて行く、そんなことしかできません」。会長にはなれないと頑なに断ったが、全斗煥政権に立ち向かって組織を守っていくためには、どうしても引き受けてほしいという、たっての要請を無下にすることはできなかった。

事務所もなく、あちこちを転々としながら遺家協の活動が始まった。当面すべきことは、子どもたちの遺志を受け継いで政権と闘うことだった。会員たちは集会やデモがあると聞けば、すぐに駆けつけた。遺家協の父母たちは警察の盾も、振り回されるこん棒もものともせずに、子どもたちを守るために先頭で闘った。集会に参加した人たちも、遺家協の人たちが加わると大いに勇気づけられた。警察が参加者を連行しようとすれば、白髪の老婆たちが喊声をあげながら押し寄せて、権力の手から取り戻した。

警察もなりふり構わずかかってくる彼らの姿を見ると、後ずさりするほどだった。自身が連行されるのも恐れなかったばかりか、警察にとっても彼らを連れていけば厄介なことになった。調査をするどころか、反対にこっぴどく叱られる破目になったからだった。誰が捜査官なのか、被疑者なのか攻守が逆転していた。「独裁の犬たちめ、あたしも捕まえて殺してみろ！　その盾で頭を割って殺せ！」刑事たちの胸倉をつかんで詰め寄ることもしょっちゅうだったし、拘束された学生や在野活動家の法廷にも必ず集まっては、判事や検事にまともに審問をさせない勢いだった。

朴永鎮の父を始め、朴善榮《パクソニョン》、鄭然官《チョンヨングァン》(註2)の母は「特殊公務執行妨害」や「法廷騒乱罪」で拘束されたが、子を失った親たちには怖れるものなどなかった。わが子の死をむだにしないためには、独裁政権を倒す道しかなかったのだった。

（註1）宋光永　１９５８～１９８５年、平和市場の裁断師として勤務していたが、高卒検定試験を受けて大学入学。85年9月、学園民主化、民衆生存権擁護、独裁打倒を叫びながら焼身抗議した。

金鍾泰　１９５８～１９８０年、貧しい家庭で育ち、工場や工事現場を転々としながら、労働者の現実に目覚めて社会の民主化を熱望するようになった。軍入隊後、１９８０年6月、光州虐殺の真実を知ってこれを糾弾するため焼身抗議した。

申虎樹　１９６３～１９８６年、86年6月に国家保安法違反の容疑でソウル、西部警察署に連行された後、行方不明となった。同月19日に全羅南道の山にある洞窟で変死体として発見。当初自殺として処理されたが、後に独裁政権のスパイ事件ねつ造工作に関わるものであることが明らかにされた。

（註2）朴善榮　１９６６～１９８７年、ソウル教育大学入学後、数学科学会などに携わったが、大学側の学会、サークル解体によって挫折。当時全斗煥政権と結びつきを強めていた大学によって問題学生とみなされた。87年2月、非民主的学事運営と米国と結託した独裁政権に抗議して自死した。

鄭然官　１９６６～１９８７年、１９８６年に入隊後、部隊内で政府に批判的な言動を行ったとして警戒されていたところ、87年12月の大統領選挙に際して野党候補に投票したことを理由に、内務班で集団暴行を受けて死亡した。

大宇造船　李錫圭《イソッキュ》

１９８７年は新年の年頭から、激動の始まりを予告するできごとが起きた。

1月14日、ソウル大生、朴鐘哲《パクジョンチョル》が南営洞《ナミョンドン》の対共分室（註3）で拷問によって死亡した事件を発火点として、民主勢力と独裁政権の、互いに一歩も退けない闘いが開始されたのだった。その年の6月に烽火のように燃え上がった民主化闘争によって、大統領直接選挙制が勝ち取られ、続いて労働者たちの大規模な闘いへと引き継がれた。あらゆる工場で、工業団地で、籠城やストライキ、労組の結成が相次いだ。

李小仙は憑かれたように現場を駆けまわった。

「催涙弾を撃たれて労働者が亡くなったみたいです」「一体、どこで、誰が？」「巨済島《コジェド》（註4）ですよ。大宇造船の労働者だそうです」。島に行く人選を行った。清渓からは閔鐘徳と朴桂賢が李小仙とともに行くことにした。学生も一人同行することになったが、日曜だったので列車の切符を手配することができなかった。夜十時に馬山に行く統一号（急行列車）があったが、すでに座席は売り切れて立ち席しか残っていなかった。

「六時間もかかるっていうのに、立ち席しかないんですよ」「かまわないよ。もう独裁の奴らが遺族たちに騒がれないように手を打ってるはずなんだから、座席のことなんかどうでもいい。遺体を奪われたりしたら絶対にだめだ！　一刻を争うときなんだから、早く行こう！」。馬山駅に到着すると、まだ夜が明けていなかった。十分ほど歩くと市外バスターミナルがあった。改札まで時間があったので、裏手にある屋台でうどんを食べながら、巨済島に行く便を調べてみた。大宇病院に行こうとすれば、長承浦《チャンスンポ》まで行かなければならないが、大宇造船の労働者がデモをしているために、市外バスは途中の古縣《コヒョン》までしか行けないということだった。やむを得ず、古縣に行く始発バスに乗った。乗ったとたん一行はいびきをかいて眠り始めたが、李小仙は一睡もできなかった。――バスも途中までしか行かないとしたら、行くまでに検問が相当厳しいんじゃないか……。気持ちは焦るばかりだった。案の定、巨済大橋を渡ったところでバスが停まった。

銃を握った憲兵と私服警官がバスに乗りこむと「忠誠！　しばらく検問を行います！」と言いながら、憲兵が運転席の横で不動の姿勢をとったまま挙手敬礼をした。私服警官が目をぎらつかせ、乗客たちを一人ひとり舐めまわすように見ていたが、後ろの座席に行って戻ろうとするとき、突然立ち止まった。同行してきた大学生と清渓の仲間たちは、息を止めて体を強張らせた。朴桂賢の前で歩みを止めた私服警官が「身分証を見せてください」と言った。車窓から車内に差しこむ8月の朝の陽射しが、朴の顔を真っ白に見せた。ぎょろっとした目がいっそう大きくなったようだった。身分証を出すべきかどうか、朴は体を強張らせたまま、唇を震わせていた。
「あたしの息子なんよ。嫁に子どもが生まれるっていうから、早朝の仕事を終わらせて帰ってきた息子を引っ張って病院に行くってのに、何が検問なのさ！　こっちは居ても立ってもいられなくて、気がおかしくなりそうだってのに……」。後ろに座っていた李小仙は立ちあがって、刑事を一喝した。その気勢に驚いた刑事は消え入りそうな声で「息子さんですか？」と聞き返した。「見りゃわかるだろ？娘に見えるのかい！」「はっ、申し訳ありません」。刑事は後ろも見ずにバスから降りていった。憲兵も乗客に敬礼をしてから後に続いて降りた。そのときになって、朴の顔にようやく生気がよみがえった。「あんたを助けてやったんだよ！」「いやあ、オモニは肝っ玉が据わってますね！」「こんなときは一か八かだろ。はったりでも利かせなくちゃ。刑事に自分が悪かったって謝るんか？　それとも身分証を見せて、捕まえてくれっていうんか？」。朴桂賢は言い返すこともできず、首を横に振るしかなかった。

バスは左に巨済の海を見ながら、しばらくの間走り続けた。朝の光に輝く海がまぶしかった。巨済の入り口から通りのあちこちに、戦闘警察のバスが並んで見えた。終着地の古縣に到着したが、席を立って降りようとしたとき、運転手が今日から玉浦《オクポ》を経由して長承浦にまで行けるようになったので、先行く人はそのまま乗っていてくれと知らせてくれた。彼女の口から思わず安堵のため息がもれた。先ほどの検問の時から、長承浦までどうやって行くか心配だったが、これで何とか目途が立ったことになる。玉浦に差しかかると、窓の外に巨大な大宇造船所が姿を現した。威圧するような鉄の柱が空中に突き立ち、鉄製の構造物があちこちに並んでいる。工場というよりまるで巨大な山脈のようだった。行けども終わりのない造船所の全景に、皆が開いた口を閉じることができなかった。清渓川のごみごみと寄り集まった工場とは、比べようがなかった。「あの船を見てくださいよ！」「あれをあたしら労働者の手で作ったっていうのかい！」平和市場よりも大きな船が海に浮かんでいるのを見て、彼女も感嘆するしかなかった。一緒に来た誰もがこんな光景は初めて見るものだった。彼らはしばらくの間声を出すのも忘れて、窓の外を呆然と眺めていた。玉浦を過ぎてバスは長承浦に着いた。ソウルを出発して十四時間が経っていた。その間食べたものといったら、明け方にうどんを一杯食べたきりだったが、空腹など感じられなかった。急いで病院に向かった。

病院に続く細い路地に張られた横断幕が一行を出迎えた。――故李錫圭民主労働烈士追慕――目の前に見える病院の建物にも、幕が風になびいていた。「殺人警察は出て行け！」「李錫圭を生き返らせよ！」。病院の入口に到着すると、くすんだ群青色の作業服を着た労働者たちが、一行を止めた。「どこから来たんですか？」「全泰壹のお母さんです。指導部にそう伝えてください」。後から来た閔鐘徳が説明しようとしたが、李小仙はおろか、全泰壹の名前も知らない労働者たちだった。「警備室に行って話してくれんかね」。ぶっきらぼうな答えに一行は警備室に行くしかなかった。

「ほんとうに李小仙オモニなんですね？」その名を聞いたことのある労働者が尋ねた。「そうだよ。あたしが泰壹の母だよ」「光栄です！」白い安全帽をかぶった労働者が、彼女に頭をぺこりと下げて喜びの表情を見せた。皆が同じ作業服に、同じ帽子をかぶっていたため、歳も顔も区別のしようがなかった。「申し訳ないんすが、身分が確認できるまで誰も中に入れないんすよ。規則なんで……ちょっとだけ待ってもらえませんか」。全泰壹のオモニが来たと、どこかに無電を打った。無電機を叩く人差し指の半分が欠けていた。「その指はどうしてそんなになったんだい？」李小仙が尋ねると、きまり悪そうに切断された指を隠そうとした。「鉄板に挟まれちまって。造船所ではこんなもん何でもねえっす。タンクの中で爆発も起きるし、船の上で溶接してて落っこちたり、マンホールにはまったりが当たり前のことでっしょ。死んじまった者もどんだけいるか。指一本くらい造船所で働く資格証みたいなもんじゃけ」「アイゴ、それこそ奴隷の身の上じゃないかね。この島にあたしら労働者を閉じこめて、奴隷みたいにこき使った挙句に殺したってことじゃないか！」。

やがて、李小仙を知る三人の労働者が駆けつけてきた。「こんな遠いところまで来てくださって、有難うございます。もっと早くお迎えに来られなくて、済まんことです」「独裁の奴らにも検問受けたことのないあたしが、ここに来て労働者から検問をされたってことだね」。彼女は迎えに来てくれた労働者の手を握りしめて、笑いながらそう言った。「気を悪くせんでくだっせ。俺たちまだ未熟なもんで」「気を悪くなんかしてないよ。こんなにしっかりと守ってくれているんだから、嬉しいよ。こうでもしなきゃ、独裁に仲間の遺体を奪われちまうからね。もっと、もっと守りをかためなくっちゃ」。

李小仙は大宇造船の労働者の案内で、病院内に設けられた葬儀対策委員会の事務室に向かった。すでに国民運動本部（民主憲法争取国民運動本部）(註5)から調査団として派遣された李相洙《イサンス》弁護士が来ていた。造船所の作業服を着た一人の労働者をつかまえて、どうしてこんなことになったのか尋ねてみた。

「会長がいる玉浦観光ホテルには行かんかったですか。俺たちはほんと、犬みたいに働いたんす。現場の労働者は大宇の家族なんかじゃない。大宇の家畜でっしょ。獣みたいに扱われて、それこそ雀の涙の給料で働いてきて。85年から賃金が一ウォンも上がらなかったし、今年だけでも一万六〇〇〇人も首切られて……。どうしょもないから組合作って闘ってきたんじゃないすか。それを会長がずるずる交渉引き延ばして、労働者の言うことなんか、これっぽっちも聞きゃしね。8月22日の交渉ん時は組合の方が目いっぱい譲歩して、現場手当二万ウォンだけ引き上げることと、家族手当一万ウォンを出してくれって要求したら、そんくらいの事もならねえって訳で決裂しちまったっすよ。腹たったから交渉会場の玉浦観光ホテルに押しかけようとしたら、警察がやってきてむちゃくちゃに催涙弾打ちまくるんで、俺らは海辺のあたりまで追いやられたんすよ。もう一度集まりなおして、スクラム組んだんだけんど、警察が平和的デモなら道をあけてやるっちゅうんで、その言葉をそのまんま信じたんす。それから這いつくばるような姿勢で、手を頭の上に置いてしゃがんだまま足だけ動かして、十分行ったら休んで、また十分歩いて……。会長に、どうか可哀そうな俺たちの言うことを聞いてくれって叫びながら、会長っていったら俺たちには王様でっしょ。王様に会うのに地べたを這うようにして、軍隊でしごきでも受けてるみたいに、そんな恰好でホテルのある交差点のとこまで行ったんす。

そしたら警察の奴ら、約束を反古にしていきなり催涙弾を打ち始めた。先が何も見えなくなって、あたりは修羅場になっちまった。涙はぼろぼろ出てくるわ、鼻水は流れてくるわで訳がわからなくなって。無我夢中で走って逃げだそうとしたら、人に押されてコンクリの道にひっくり返って……そんな時、誰かがやられた！　って声が聞こえてきたんすよ。そっちの方に駆けつけたら、催涙弾に右胸を直撃された錫圭が、その場で即死っちゅう状態で！」状況を話してくれた労働者はこらえきれなくなったように、自分の右胸をこぶしでどんどん叩いた。

「錫圭はまだ二十二歳じゃないっすか。技術を身につけて成功するんだって、中学を卒業してすぐに職業訓練院に来たんすよ。技術を学んでから、兵役義務果たすって防衛産業の大宇造船に入って、無我夢中で仕事して……。残業だって、特別勤務だって嫌な顔一つしないで金ためるのに必死になって、一体何のためにそんな思いしたんだか！　あいつが死んじまった場所に、そこにあいつの靴が片っぽだけひっくり返っていたんすよ。その靴を見たらもう、胸がつぶれそうで……」。群青色の作業服に安全帽をかぶったがっしりした体つきの労働者は、それ以上言葉を続けられず嗚咽をほとばしらせた。

「こんなでかい工場に勤めてる労働者は、被服工場のシタなんかとは違うって思ってたけど、何も変わることないんだね！　一万を超す労働者が、こんな離れ島で奴隷暮らしさせられていたなんて、何てことなんだ！　済まないね、ほんとに申し訳ないよ。今になってやっとのこのこ現れるなんて、もっと早くに来なくちゃならんかったのに、面目ないよ……」。


在野活動家と労組執行部は葬儀委員会を設置し、李小仙が委員長を務めることになった。委員会は埋葬地をモラン公園と定め、国民葬として執り行うことを決定したが、事は思い通りに運ばなかった。財閥と独裁政権が、遺族や組合執行部に圧力をかけたのは明らかだった。李錫圭の親戚を名乗る、特殊戦司令部の陸軍少佐という男が遅れてやって来たかと思うと、遺族代表として祖先の墓のある南原《ナムオン》で、家族葬として執り行うことを通告してきたのだった。「あいつが遺族たちに釘をさしたんだな」。李小仙は事があらぬ方向に進もうとしていることに気づいていた。「家族葬にすると言ってるのに、何をぐたぐた言ってるんだ？」　陸軍少佐が対策委の事務所にやってきて、大声をあげた。

「誰が家族だって？　どこにいるんだ、どんな面か見てやろうじゃないか！」　ちょうどいい機会だと思った。思い知らせてやらなければならない。軍服を着てうろついている陸軍少佐に、何とかひと泡吹かせようと狙っていたところだった。「私が家族だが何か？」　少佐は李小仙に近づくと、居丈高に威圧しようとした。「ほほう、お前が軍服着て威張りくされば、こっちがへいこらするとでも思ってるんか？　軍隊の中ならともかく、あたしらの前じゃそんなもん屁でもないよ！　何をぐたぐた言ってるかだって？　お前は長幼の区別も知らんのか！　あたしらに向かって何て言い草だ。家族だって、笑わせるわ。軍人ふぜいが、独裁の番犬じゃないか！」彼女がこの時とばかりに一喝すると、これに遺家協の金鍾泰の母、宋光永の母、人民革命党事件の遺族たちが加勢した。

「ふざけた奴だ！　軍人ふぜいが何をえらそうに。うちの息子は軍人に殺されたんだ！　今度はお前が死んでみろ！　あたしは軍人見たら、いつか八つ裂きにしてやろうと思ってたんだ！」少佐は遺族たちの剣幕に驚いて、しっぽを巻くように事務所から逃げ出していった。

李錫圭が息を引きとって六日目の8月22日、しょぼしょぼと雨が降り続いていた。大宇病院の霊安室を出た棺が、大宇造船総合運動場に向かった。数百の弔旗と数千に及ぶ群青色の作業服の行列が続いた。葬儀委員長となった李小仙の足は震えていた。一人の労働者を再び、全泰壹のもとへ送らなくてはならないという悲痛な思いに胸がつぶれた。終わりのない葬列が続き、雨と涙で浅黒い労働者たちの顔がぐしゃぐしゃに濡れていた。

皆、むせびながら〈ニムのための行進曲〉(註6)を歌った。初めて巨済に到着したときは、〈われら労働者、チョッタチョッタ〉だけを歌い続けていた彼らだった。そのうちに〈出征歌〉も習い、〈老いた労働者の歌〉も歌えるようになった。分厚い鉄の塊を予熱していた溶接工の腕は、今にも世の中をひっくり返しそうな勢いで、天に向かって突き出された。内地から離れた島の中で、獣のように働かされてきた造船労働者たちが目覚めようとしていたのだった。

告別式を終えて、埋葬地に向かう車を振り分けた。先頭は遺影を掲げた車両、二台目には棺とともに、遺族が乗った。李小仙には三台目の番号票が渡された。葬儀委員と大宇造船の労働者たちが同乗した。二六台の車両が出発しようとするときだった。不吉な予感がしてならなかった。閔鐘徳にささやいた。

「車に乗る番号まで指定するっていうのが、何だか変だよ。途中で遺体を奪い取ろうとしてるに決まってる。霊柩車は真中にはさんで出発するようにしなくちゃ！」労働者代表として出席した閔は、葬儀委員の何人かと労組執行部に会って霊柩車を真中にはさんで行こうと提案した。だが認められなかった。――遺体を奪うのに躍起になってるはずだ。葬儀が終わったら独裁の奴らが、すぐに弾圧を始めるだろうよ。葬儀委員長まで引き受けたんだから指名手配されるのはわかりきってるし……。

遺影と霊柩車を先頭にしたバスの列は、巨済島を出て固城《コソン》三叉路に着いた。周囲には山と田んぼだけが広がっていた。ここから左に進めば全羅道の光州で、右に行けば、慶尚道の馬山だった。他に道はなく、埋葬は望月洞《マンウォルドン》の墓域(註7)に定められていた。一台目と二台目の車が左にハンドルをきった。霊柩車の後ろの部分が完全に左方向に曲がりきったとき、突然ダンプカーが飛び出してきて車列の間を遮断してしまった。同時に武装警官たちが降ってわいたように、山の茂みから次々と姿を現しながら、遺体を奪い取る作戦を開始した。

三台目の車から後方の車両は、ダンプと警察にはさまれて身動きもできなかった。状況が急変すると李相洙弁護士はかばんを李小仙に預けて、自分が警察に会ってくると外に出たが、そのとたんに、警官たちは弁護士を連行してしまった。「弁護士まで引っ張っていくってことは、ここにいる皆を残らず捕まえるつもりだろ！」彼女は閔鐘徳に逃げる準備をさせる一方で、大宇の労働者に作業服を脱ぐようにいった。「この人たちは捕まったら、外部勢力と見なされるから、作業服を着て紛れこまなくちゃ。早く脱いで！」固城三叉路は修羅場の様相を呈し始めて、抗議する労働者たちと、これを阻止しようとする警察との間に、一触即発の緊張感がみなぎっていった。警察の数は驚くほどふくれあがっていた。

李小仙は清渓の仲間たちと一緒に、田んぼのあぜ道を走って逃げた。労働者たちと対峙して陣を敷いていた警察たちは、これに気づかなかった。彼女は葬儀委員長だったという理由で指名手配された。六月民衆抗争で、皆があたかも独裁に終止符を打って、民主主義が目の前にやってきたかのように騒いでいたとき、彼女はいつ終わるともしれない逃亡生活を始めなくてはならなかった。今さらそれが恐ろしくはなかったし、つらいこととも思わなかったが、もどかしくてならない事態が繰り広げられようとしていた。

――6・29宣言(註8)だとか何とか言っても、労働者たちはいまだにやられっぱなしで、奴隷みたいに暮らさなくちゃならないじゃないか。独裁がはいはいと権力を明け渡すはずがないし、民主主義が黙って向こうからやってくるものでもない。まだまだ力を蓄えて闘いの手を緩めちゃいけないって時に、我もわれもと大統領選挙に血道をあげて……。巨済島をようやくのことで脱出した李小仙は馬山、大邱、城南を経て民青学連事件のころ、知るようになった呂益九《ヨイック》の助けを借りて、ソウルに身を隠すことができた。

（註3）南営洞の対共分室　1976年にスパイ捜査の専用施設として作られ、80年代を通して「南山」と呼ばれた国家安全企画部、「西氷庫《ソビンゴ》ホテル」と呼ばれた保安司令部対共分室とともに、民主化運動を弾圧するため、数多くの活動家を連行、拷問をほしいままにした。現在は警察庁人権保護センターとして、朴鍾哲記念館や、当時の取調室を保存した展示室などを一般公開している。

（註4）**巨済島**　慶尚南道の南海に浮かぶ韓国第二の島。秀吉の海上侵攻の際には朝鮮水軍との激戦地となり、朝鮮戦争時、北の捕虜を一七万人も収容した収容所があった歴史の現場でもある。１９７６年から大宇グループの傘下となった造船所には、最盛時三万人の労働者が働いていた。

（註5）**国民運動本部**　軍事政権の弾圧を受けていた在野民主化運動団体が、野党まで含む広範囲な結集軸として87年5月、大統領直選制改憲を共通の目標とする〈民主憲法争取国民運動本部〉を結成。汎国民糾弾大会、国民平和大行進など六月民衆抗争を主導した。

（註6）**ニムのための行進曲**　80年5月、光州の民主化闘争で、道庁を最後まで死守しようとして戦死した尹祥源と、労働者夜学運動に献身して事故死した朴キスンの霊魂結婚式のときに歌われ、80年代を代表する闘争歌となった。歌詞は民主運動家である白基琓の詩に基づいているといわれる。

（註7）**望月洞**　80年5月、光州で犠牲になった市民と、それ以降の民主化闘争の中で生命を捧げた数多くの人々を埋葬した墓域。２００２年に国立墓地に指定された。墓域にある追慕館では新聞スクラップ、映像などの資料を通じて、当時の生々しい記録を知ることができる。

（註8）**6・29宣言**　１９８７年6月29日、当時与党だった民正党の代表で、全斗煥の後継者に指名された盧《ノ》泰愚《テウ》が、六月闘争を通じた国民の民主化への熱望を受け入れ、大統領直接選挙による政権移行、政治犯釈放、言論自由推進などの内容を含む八項目の特別宣言を発表。これに基づいて年末に実施された大統領選挙では、野党側の分裂によって盧泰愚が当選した。

子を亡くした親たちの寄る辺　ハヌルサム

手配中、李小仙は結核にかかって苦しんだ。それでも、治療もちゃんと受けられないまま逃げ回らなければならなかった。１９８７年12月、直選制で実施された大統領選挙は、野党の分裂で盧泰愚が当選した。民主主義の夢は再び叶わなかった。独裁政権がまた権力を握った状況で、あてもなく逃亡生活をしながら歳月を送ることはできないのではないか。闘わなければならない。ぶつかっていかなくてはならない。遺家協の活動も進めなければならなかった。

彼女は潜行をやめて双門洞の家に戻った。家に行くには広いバス道路から降りて歩かなければならなかった。停留所の前には交番がある。いつもならこの道を避けて、遠回りをしながら家に向かったが、この日はわざわざ担当刑事の目につくようにしながら、交番前の店でりんごまで買っていった。すると交番にいた警官がばたばたと駆け寄ってきた。「李さん！　いったいどこにいたんですか？」「どこだって？　家にいたに決まってるだろ。ここでいつも目を皿のようにして見張っているのに、あたしがどこにいるのか知らなかったっていうのかい？」しらばっくれて果物かごを手にしたまま、家に入っていった。

「あれ、母さん！　いったいどうしたっていうんです？　こんな真昼間にやってきて……早く部屋の中に隠れてくださいよ！」何の相談もなく、いきなり姿を現した彼女を見て、たまたま家にいた全泰三はあわてふためいた。「何で隠れなきゃならないんだ？　自分の家に帰ってくるのに、真っ暗な夜中にこそこそ帰れっていうのかい！　いいから、ナイフでも持ってきな」。そう言っても、泰三は何のことかわからなかった。「りんごをむくのにナイフを持ってこいっていうのに、何してるのさ！」どういうつもりなのか、いくら腹が据わっているといっても、こんなふうに家に戻ってきた母の考えがわからなかった。今までに三回も投獄され、警察の留置場に引っ張られた回数は数え切れない。まもなく還暦を迎える歳だというのに……心配でいても立ってもいられなかった。

彼女が皮をむき始めたとき、玄関が開いて刑事たちが入ってきた。泰三が止めようとしたが、「りんごでも食べてからにしようや。ちょっと待ってな。泰三、お前も……」とりんごを一個すっかり食べ終えてから、悠々と起き上がった。「さあ、行こうかい。行って、あたしが一体どんな罪を犯したのか聞いてみようじゃないか」。そう言うと、自らの足で刑事たちの前にすたすたと歩いていった。

北部警察署では、簡単な調査だけ受けた後、釈放された。文益煥牧師を始めとする在野の活動家たちが警察署の前に陣取って李小仙の釈放を要求していた。全泰三が母と一緒に警察署に乗りこんで、署内でひと騒動起こしたりしたが、すでに時間が相当経過した事件であり、大統領選挙の直後ということもあって、うやむやのままに事件は終結となったのだった。

帰ってきた彼女は本格的に遺家協の仕事に取り組んだ。韓国基督教会館で、民主化運動の過程で疑問の死を遂げた人々の真相究明を訴えて、百三十五日間の籠城を行った。例を見ない長期間の籠城だった。会館の狭いセメント廊下に横になって睡眠をとり、食事もしながら籠城を続けた。その間に、遺家協の会員もずいぶん増えていった。事務所もないまま、街頭にくり出して闘いを続けてきた会員たちは、あちこち転々としながら集会をもった。地方から遺族たちが上京してきても、寝る所もない状況だった。

文益煥牧師が後援会の会長を引き受けていた頃だ。「李さん、何とかして事務所をひとつこしらえなくてはなりませんね」「それはそうだけど、資金がなければ事務所も作れませんよ」「書画展をやってみるのはどうでしょうね。何もなしにお金を集めるより、絵を売って正当に代金を受け取る方が、いいんじゃないでしょうか？」出版社を経営しながら、後援会の総務を任されていた金承均社長が提案した。「あ、それはいいですね。金社長がひとつお骨折りしていただけますかね」。文牧師もその提案に賛成した。

「書画展って何ですか？　さっぱりわからないけど、一体どうやってお金を作るっていうんです？」横で聞いていた李小仙は、どうにも理解できないというふうに尋ねた。「オモニが充分やっていけることだから、心配なさらずに、私が言う通りにやってくれればいいんですよ」。生まれて初めて耳にした書画展というものをやることになった。金社長が画家や、書道家の名前と住所を教えてくれ、遺家協の会員たちが全国津々浦々を訪ねてその人たちから作品をもらってきた。

ある日、朴鐘哲の父と一緒に江原道原州《カンウォンドウォンジュ》に住む張壹淳《チャンイルスン》先生を訪ねたが、外出中で会うことができなかった。遠くまでやってきたのにそのまま帰るのは残念と思い、日の暮れるまで待ったが戻らなかった。諦めて帰ろうとしたとき、路地の向こうから酔ってふらつきながら歩いてくる人が見えた。「張壹淳先生じゃありませんか？」「お宅はどなたです？」張先生がとろんとした目で彼女の姿を見定めようとしながら、聞き返した。朴鐘哲の父が訪問のいきさつを説明して、絵を所望した。「ああ、なるほど。それなら差し上げますよ。差し上げなくちゃね。まあ、入ってください」。張先生は快く引き受けて、家に入るよう勧めた。「今すぐにくださるっていうことでしょうか？」李小仙が確かめるように尋ねた。「もちろんですよ。ちょっと待っていてください。夕食を召し上がっている間に、描いてきますから。遠くからやって来られたんだから、今すぐ差し上げなくちゃ……」。

すっかり酔っている張先生が、すぐに絵を描いてくるというので彼女も驚いた。それも今すぐにというから、心配が先立った。酒に酔って描いた作品が売り物になるだろうか。「鐘哲の父さん、何だか無駄骨じゃないかね。こんなんじゃ」「しょうがないでしょ。くださるっていうんだから、もらって行かなくちゃ。しっかり描いて、後で送ってもらってもいいんだけどね」。二人で夕食をごちそうになっていると、張先生が描き終わったといって作品を持ってきた。それも四点もあった。

お礼のあいさつを言って外に出ると、作品を見てみることにした。小さな画仙紙に墨で描いたものだったが、筆の痕だけがさらさらと何本か描かれているだけだった。いくら見ても何を描いたものか、見当がつかなかった。「変てこなものを描いてくれたけど、これで売れるのかねぇ」。一日中待ち続けたのが骨折り損のような気がした。鐘哲の父も、書を見て「子どものいたずら書きみたいだな。わしでも書けそうだ」。張壹淳先生が誰なのか、作品がどんなものかも知らない李小仙にも、これはだめだと思えて、帰り道ではずっと不平を言い続けた。

アラム美術館を借りて遺家協の本拠地を作るための書画展が開かれた。「変てこな」張先生の作品も表具を終えて展示された。表具代が取れるのかと心配していたが、驚くことが起きた。一番早く売れたのがその作品だったのだ。それも四点とも皆売れてしまった。作品を受け取るとき、いくらで売るようにと販売価格を聞いていたが、その値の通りに売れた。

統一運動と反独裁に生涯を捧げ、80年代中ごろからは〈ハンサルリム運動〉[註9]を中心に、生命運動に献身してきた張壹淳先生は、「人生が偽りなく溶けこんだ」絵と書によって、世に高い評価を受けている書画家でもあった。「いやぁ、酒を飲んでへんてこりんに描いたもんだと思ってたら、そうじゃなかったんだね」。李小仙は作品を持ってくるときに、不平ばかり口にしていたことが思い出されて、胸がちくりと痛んだ。

作品を受け取ってくることも大変だったが、売るということはそれ以上に難しかった。作品の受け取りはほとんど、朴鐘哲の父が引き受けていた。今や、作品をいかに売って収益をあげるかが、他の会員たちに委ねられた仕事だった。李小仙はトラックを呼んだ。「三〇〇〇万ウォン分の作品を積んで！」「ええっ？　ずいぶん強気ですね。どこでそれだけの作品を売るっていうんですか」。遺家協に加わっている朴來群《パクレグン》は口をあんぐり開けて驚いた。彼は弟、來佺《レジョン》が崇実大《スンシル》で軍事ファッショ打倒を叫んで焼身抗議してから、遺家協で積極的に活動するようになった。彼のような若者が加わったことで会には活気があふれ、活動にも力がわいてきた。李小仙はささいなことでも、いつも彼に尋ねてから決定したものだった。

三〇〇〇万ウォン分の作品を積みこんだトラックは、東橋洞《トンギョドン》の金大中先生の家に向かった。先生が野党の総裁だった時だ。家に到着すると彼女は、朴來群に絵を降ろさせ始めた。李姫鎬《イヒホ》（註10）女史が驚いて飛び出してきた。「こんなにたくさんの作品を一体どうしろって言うんですか？　資金が必要ならそう言ってくれればいいのに」「私たちは政治家から、だまってお金を受け取って使うことはないんですよ。正々堂々と品物を売って、その代金として受け取らなくちゃ」「どうしましょ……」。

李姫鎬は彼女の性格をよく知っていた。70年代から民主化運動の現場で二人は行動を共にしてきた。いくら説得しても聞く人ではないと思った。「三〇〇〇万ウォンの価値あるものですよ」。李小仙は絵を全部降ろすと、後も振り返らずに去っていった。

書画展に出品された作品はほとんど残っていなかった。どこかで売ってくれると言いながら、数百万ウォン分の作品を持っていった人もいた。半ば無理やり押しつけることもあった。作品の代金が全額手元に入ったわけではなかったが、平和の家の近くにこじんまりした伝統家屋を契約することができた。ようやく遺家協の仲間たちが安心して集える家ができたと思うと、彼女の気持ちは高ぶった。

だが、喜びもつかの間、契約の残金を支払う日が近づいてきたのに、絵の代金が思うように集まっていなかった。このままでは、契約金も取り返せない事態になるところだった。金大中先生の自宅を再び訪ねた。代金を一部受け取っていたが、まだ残金があった。もはや体面を取り繕っている余裕がなかった。家の中には入らず、家の近くから大声をあげた。「総裁！　早く残金をくださいよ！」家の中から驚いた秘書が飛び出してきた。だがおかまいなしに知らん顔をして、もう一度声を限りに叫んだ。「総裁！　早く残金を払ってくださいよ！」秘書たちが家に入ろうと言っても、言うことを聞かなかった。もう他に手だてがなかったので、何があっても受け取ろうと決めていたのだった。

金大中先生が窓を開けると、手招きをした。「雨も降っているのに、早く入ってきてくださいよ、オモニ！」先生も李小仙をオモニと呼んでいた。二人の縁は、全泰壹が焼身抗議を決行して、金先生が病院にかけつけたときからはじまった。本人の顔を見ると、彼女はようやく家の中に入って行った。「生まれてから、こんなに堂々と家の前で大声をあげて取り立てに遭うのは初めてですよ！」あきれたように、首を振りながら笑って言うと「あたしが何回来ても総裁に会ってもらえないんだから、しょうがないじゃないですか！」李小仙は青筋を立てて切り返した。「血圧があがりますから、そんなに声を荒げないで、まあ座ってくださいな」「残金を払えないで弱り果ててるってのに、のんきに座っていられますか！　残ったお金をくださいよ」。

その日、李小仙は残りの代金を受け取ることができた。「先生の助けがなかったら、あたしたち遺家協のアボジ、オモニたちが道端で寝るしかないと思ったから、つい礼儀知らずなことをしてしまったけど、勘弁してくださいな。総裁以外の誰がこんなふうに援助してくれますか？　本当にありがとうございました」。家を出る時、金先生が分厚い封筒を渡してくれた。「これは何なんですか？」中には白い布に書かれた「天から舞い降りた天使」という墨書が見えた。

苦労を重ねて残金を調達し、1989年12月に入居式を執り行った。家の名は朴鐘哲の父が〈ハヌルサム（天上の生）〉と命名し、申榮福《シンヨンボク》先生が揮毫した扁額を門にかけた。

ハヌルサムは子を失った親だけのものではなかった。運動をしながら挫けそうになった人々がここを訪れては、烈士たちの写真を見ながら再び力を得て戻っていった。苦しんでいる人たちがやってきては、遺家協のアボジ、オモニたちに心の内を明かした。指名手配を受けている人が来れば、お金や服を調達して見送ってあげた。ハヌルサムは、いつも変わることなくこの家を守り続ける家族たちがいるからこそ、民主化運動をする人々にとっての、〈故郷の家〉という役割を果たし続けることができたのだった。

（註9）ハンサルリム（共に生きる）運動　自然と人間の生活を調和させるという観点から、有機農業生産者と都市の消費者を結びつけ、自然と健康を守る農産物流通を実現させる運動。近年は食品関連制度改善のための政策的提言、生命運動に関連した教育、研究活動、都市・農村共同体の交流プログラムなどの実践にも取り組んでいる。

（註10）**李姫鎬**　１９２２年～　金大中夫人。篤実なクリスチャン家庭で育ち、梨花女子大、ソウル大を卒業し米国に留学。帰国後、金大中と結婚して彼の政治活動を支えるようになった。夫が独裁政権によって逮捕、投獄等弾圧を受けながら苦楽を共にした。著書に『同行』『獄中書信』『明日のための祈禱』などがある。

額縁の中の子どもたち

不意に、オモニ、オモニって呼ぶんだよ。「オモニ、オモニ、オモニ」悲しみに沈んだ声で、前より近づいてきて呼ぶんだよ。「何だい？」そう聞くと「オモニ、オモニが私たちを守ってくれなくちゃ」。そう言うんだ。「誰なんだよ？」それからじっと見たんだ。細長い石もあるし、ぼてっとした石もあるし、何の模様もない石もある。その石たちが立って、順番に人みたいに言葉をしゃべるんだよ、あたしに向かって……。「私たちを守ってくれなくちゃ、そうしないと人間たちに踏まれてしまいます。道端に転がりながら、あっちに蹴られ、こっちに蹴られて踏みつけられれば砕けてしまうんです。粉々になって地面に埋もれて、何も無くなってしまうんですよ」。石たちが互いに争うように自分の話をしようとすると、そのうちの一つが、順番に一つずつ話そうと諫《いさ》めたんだけど言うこと聞きゃしない。「僕の足を見てください。みんなちゃんと靴を履いたり、服を着て死んだ者は一人もいないんですよ。僕は靴がない。明日は合同慰霊祭なのに、履いてく靴がないんです」と訴える石もある。「私は目がぐちゃぐちゃになって、何も見えないんです」、別の石が訴える。「私は唇がぱんぱんに腫れあがって何も食べられない」「僕はまだ体が熱くて、がまんできないよ」「私の頭はこんなふうに割れてしまってる」。確かにその石にはぽかんと陥没した穴ができていた。みんな聞いてやるから、もうちょっとゆっくり話せと言っても、石たちは聞かないんだ。——オモニが守ってくれなかったら、僕たちの事を記憶して、守ってくれる人はいないんだ……そう言いながら、どれほど切々と訴えようとすることやら。

「來群、レグン！」胸が痛くなって、あたしが叫んでしまった。汗を流して起き上がると、やみくもに大声をあげるから、朴來群が驚いてかけつけた。「どうしたんです？」「あたしが何だって？」「あんまり大きな声で僕を呼ぶから、びっくりしたじゃないですか！」そう言って水をくんできて飲めという。やっと落ち着いて考えたら、夢だったんだよ……。

ハヌルサムの壁には、独裁に立ち向かっていった子どもたちの写真が、大きな額に収められて掛かっている。李小仙はそれらの額の下に寝床をしいた。会員たちはここに来ると、額の中の自分たちの子どもと、長い間対話を交わす。まるで、生きている人間と話をしているようだった。笑ったり、泣いたりもした。李小仙は全泰壹だけでなく、額に収められた子どもたちみんなと話をしてきた。

遺家協を訪れた人は、初めてこんな姿を見るとたいてい驚いた。「いつかは、あんたたちの思いを晴らしてあげるよ。いい世の中がやってくるまでは、あたしたちが歯を食いしばって闘って、あんたたちが望む世の中を、この母さんがきっと作るって約束するからね！」彼女は額の中の子どもたちを見ながら、そう言って約束した。

オモニの部屋で⑦　尽きることない物語

李小仙と出会ってから、まる二年が経った。五百日の間、彼女と交わした話をどうやって整理しなければならないか、悩んでいるうちに二百日が過ぎた。その間は距離を置いていたかった。事務所の近くに別の作業室を借りた。彼女が作ってくれる食事もあえて食べまいとした。自分が作ったおかずがまずくて食べられないのかと、果物を持ってきてくれると、作業の邪魔になると憎まれ口をきいた。実にひどいことをたくさん言ってしまった。なぜそんなことを言ったのか、自分でもわからなかった。

2008年9月の末頃だった。酒を浴びるほど飲んで、オモニの部屋に転がりこんだ。寝床を敷いて横になっていた李小仙のとなりに倒れこんで、目を腫らして喉が涸れるほど泣き続けた。彼女は私の頭をなでながら、歌い始めた。何の歌だったかは、二人だけの秘密にしておこう。次の日から本を書き始めた。彼女の作った食事を再び食べ始めた。

――本が出るわけですが、どんな気持ちですか？

ふん、誰が読んでくれるっての。むちゃくちゃな人間じゃないかって言われるんじゃないかい？むちゃくちゃに生きてきたんだから……。

これだけ言ってくれればいいよ。有難かったって。みんなに有難うって。本当に。あたしはこんなふうに生きてきたんだから、その人たちがいなかったら、無事に生きてこられたか。考えてもみなよ。一人ひとり訪ねていって、お礼を言わなくちゃならないくらいなのに、もう自分一人じゃ歩くこともできないから、それもできないね。罪深い人間だよ。

洪性宇《ホンソンウ》弁護士があたしの弁護をしてくれたのに、まだお礼を言ってないんだよ。弁護士が具合が悪くて療養しているっていうのに、見舞いにも行けないし……。ほんとにあたしは悪い人間だと思うよ。趙英來弁護士の奥さんにもお礼を言いに行かなくちゃいけない。趙弁護士が評伝の印税を、活動するのに使ってくれって、あたしにくれたじゃないか。そのお金で今まで活動できて、あたしもこうして生きてこれたんだから。名前も知らない人はもっと多いよ。

南山に引っ張られて行ったとき、あたしのことを監視する任務の若いもんがいたんだよ。凍傷にかかってずいぶん苦しんでいたら、その子が薬を持ってきてくれて、こっそり足に塗ってくれたもんだ。1980年だったから、どんだけ恐ろしい時代だったか……。その子は命がけでやってくれたんだ。でも名前も、住まいもわからないから、どうしようもないね。

李錫圭のときに指名手配されたじゃないか。あのときは結核にかかって辛い思いしたけど、気軽に病院に入院もできなくて。その時も看護師が自分の家にあたしをかくまってくれて、注射までしてくれたんだ。なのに、お礼も言えないまま、こっそりそこを出なくちゃならなかったよ。

出てからタクシーに乗ろうとしたら、あたしのことを全泰壹の母だと気がついた若い夫婦が、お金を持たせてくれたのに、その人たちが誰なのかも知らないんだよ。逃げているときだって、オモニ、オモニって力を貸してくれようとする人たちがたくさんいたけど、自分には礼を言うような余力も残っていなかった……。

朝鮮戦争が終わって、ソウルに来たときは寝る所もなかったから、塩川橋の誰かの家の軒先を借りて、暮らしていたことがあったろ？　その家の主人は北から逃げてきた人だったけど、あたしたちを不憫だと思ってずいぶん良くしてくれたよ。息子が高校生だったけど、泰壹を自分の部屋に入れて寝かせてくれたり……。ずっと夢中でやってきたから、その人を訪ねて礼を言うこともできないまんまで、こんなふうに生きてるんだから。

ほんとにあたしの周りには有難い人たちばかりがいてくれた。お礼を言いたいんだけど、一体どうしたらいいもんか。あんたはあたしより賢いんだから、どうするのがいいか、ちょっと考えておくれよ。

──本には、オモニの気持ちをそのまま書いて出しますから。民主化運動をしながら、いちばん記憶に残って、尊敬している方はどなたですか？

文益煥牧師だよ。あたしのことを本当に大事にしてくれたんだ。牧師はいつ亡くなられたんだった？

──えーと、1994年1月18日ですね

そうだった！　冬だったよ。その日、宋光永の母さんが電話で、文牧師が亡くなったって言うんだよ。何を言ってるのかと思ったね。

その日の朝、あたしは牧師と電話で話したっていうのに。朝早く、電話があったんだよ。集会や行事があるときは、牧師があたしに電話をくれて一緒に行こうって誘ってくれたんだ。集会で警察が襲いかかってきたら、オモニ、こっちへ来てっていつもあたしの面倒を見てくれたりした。電話を受けて「こんなに早く、どうしたんです？ どこかで集会でもあるんですか？」と言ったら、「いや、薬を決まった時間にちゃんと飲みなさいって、私が教えてあげた通りにパスも貼ってと言いたかったんですよ」。そんなやりとりがあったんよ。牧師がピョンヤンに行ってきて、二十一カ月も投獄されたじゃないか？ 監獄で、パスを貼って病気を治すことを覚えたんだって。内側は真っ黒で、外側は真っ白のでかいやつを豆粒くらいにたたんで、誰かに会うたびに健康がいちばんだって、それを貼ってあげてたんだ。あたしは血圧も高いし、糖尿もあるからって、ポケットにたたんで入れていたパスを出すと、あちこち貼ったり、ひと固まりのパスをかばんに入れてくれたり……。その日の朝、パスを貼って健康で過ごしなさいと言っていた文牧師が亡くなるなんて！ 電話を切るとき、「統一されたら、ピョンヤンに行って踊りも踊らなくちゃならないのに、あちこち悪かったらだめでしょ！」って言っていた人が……。

――清渓の組合員たちに何か一言……

あの子たちがいなかったら、あたしはとっくにこの世にいられなかったよ。泰壹が死んで、病院にかけつけたあの子たちが、これからは自分たちが息子なんだって言ってくれて。ほんとにそう思ってきたよ。今までこんなあたしにどれだけ良くしてくれたか、腹を空かせて、ひどい仕打ちを受けながら、それでも組合を作って守ってくれなかったら、あたしが泰壹とした約束も果たすことができなかっただろ？　どうすることもできなくなって、そのまま死んじまったさ。

実の母親みたいに慕ってくれて。順徳が結婚するときも、トンジュン、トンミョンが大学に入るときも、あの子たちが泰壹の代わりを務めてくれたじゃないか。十二か十三歳にしかならないシタたちも、まだ子どもなのに、どれだけ苦労したと思う？　アカシア会とか何とか作って、勉強もするし、闘いもするし。労働教室に集まって、手洗いの水をたらいに汲んで、それを飲みながら籠城もしただろ？　あの子たちがいなかったら、清渓組合は続けてこられなかったよ。秋夕や正月には韓服を着て新年のあいさつに来たり、踊りを踊ったりしてたのを思い出すよ。あの小さな子らがもう、嫁に行って子どもを産んで暮らしてるんだから……。今でも餅を持って訪ねてくるよ。オモニに食べてもらうんだって。

――遺家協の初代会長を務めましたね？

言われなくても、その話をしようと思ってたんだ。遺家協のこと書いただろ？　それは全部書き直さなくちゃだめだよ。あたしが一人でやってきたみたいに思われたらどうする？　あたしに子どもがいるかい？　何があるってんだよ。こうしようって言われればこうしたし、ああしようって言われればああしただけなんだから。学問もないあたしを会長の椅子に座らせておいて、子どもを亡くした親たちが、苦労に苦労を重ねて作り上げたもんじゃないか！　だからあたしなんかが五年も会長でいられたんじゃないか。毎日來群に聞きながらやってきたよ。若いし、教育もあるから、あたしよりよっぽどわかってる。どこかに行けば皆が泰壹の母だと思って、前の席に名札を貼って出てくるように言われるんだけど、恥ずかしくって後ろに座ってるのに、前の席に引っ張って行くんだよ。他のオモニ、アボジたちに申し訳ないじゃないか。記者会見みたいなところもね。まだ子どもの名誉回復もできないでいる、疑問死のままのアボジたちのこと思ったら胸が痛くって……。あたしなんかが前でマイク持って、いったい何が言えるっての。

今も自分の子どもがどうして死んだのか、明らかにならないでいる人たちが多いんだ。許元根《ホウォングン》(註11)のアボジは未だに真相を明らかにするために裁判所を駆けずり回って、寒い時期に国会の前で一人デモをしてるじゃないか。泰壹の墓はモラン公園にちゃんとあるから心配ないけど、国民大に通ってて、工場で死んだほら、ユンギ、金允起《キムユンギ》は雨が降ったら流されちまいそうな所に埋められて、オモニがどんな気持ちでいるか……。あたしはもう歳とって、一人で歩くこともできなくなっちまったから役立たずで、心配することしかできないけど、墓ぐらいはちゃんと作って、真相も解明して、名誉も回復されなくちゃならないのに……。

(註11) 許元根　１９６２〜１９８４年　84年、陸軍部隊内で胸と頭に三発の銃弾を受けた死体として発見された。当初軍は自殺と発表したが、疑問死真相調査究明委員会の調査によって、上司に撃たれて死亡したことを軍が隠ぺいしようとしたことが明らかになった。

——１９９８年の冬に、国会の前で籠城を始めたでしょう？

四百二十二日間、国会の前にテントを張って籠城したんだよ。無念の思いで死んでいった子どもたちの名誉を回復させて、真相を究明しろって闘ったんだ。386世代[註12]で、前は民主化運動やってて議員のバッジをつけてる連中が、あたしらの前を黄色い書類封筒で顔を隠しながら通り過ぎていくんだから、お笑いだね。名前を呼んで、あたしの顔をちゃんと見てから通れって言ったら、こそこそと逃げ出すじゃないか。金大中大統領がどうやって大統領になったか。命がけで民主主義やろうとして闘ってなったんだろ？　IMF[註13]だか何だか、金の指輪を売れっていう話もいいけど、やることはちゃんとやらなくっちゃ。大統領の横にいる秘書っていうやつは、国会議員の候補者選びを商売にしてるんだから、そんなんで政治ができるってのかい？　金大統領に会ったときに、こう言ったんだ。金の指輪を集めて国の経済を立て直すのもいいけど、国家保安法をなくして、民主化運動で死んだ人間の汚名を晴らさなくちゃならないんじゃないかって。大統領だってその法律のために死ぬとこだったじゃないか。大統領の体面を考えて今は国会の前でやってるけど、ちゃんとしなかったら、次は官邸の前でやるよってね。

ほんとにこのオモニ、アボジたちは髪の毛は真っ白だっていうのに、夏は真っ黒になるほど日焼けして、冬はかちかちに凍りつきながら、名誉回復法（民主化運動関連者名誉回復及び補償等に関する法律）を作るために四百二十二日間闘ったんだよ。だから時間も忘れてない。1999年12月28日午後四時四十八分のことだった。民主化運動名誉回復法通過！　こうやってハンマーをとん、とん、とんって叩いたんだ。言っとくけど、あたしが法律を作らせたみたいに書いたらだめだよ！　教育のあるやつがそんな風に書いたらだめだって。遺家協の親たちが死ぬ気で闘って勝ち取ったって書かなくちゃ……。

（註12）**３８６世代**　１９６０年代に生まれ、80年代を大学で過ごし、学生運動、民主化運動の先頭に立った世代。この言葉が流行した90年代には年齢が三十代だった。民主化された後には、既成政党の政治家として与野党に所属しながら活動している人も多い。

（註13）**ＩＭＦ**　１９９７年にアジア通貨危機に巻きこまれた韓国で、企業倒産が相次ぎ、外貨不足による信用危機を迎えた。ＩＭＦ（国際通貨基金）より緊急援助を受ける一方で大幅な構造調整を余儀なくされ、失業者があふれた。国民は自発的に金供出などで協力を惜しまず、２００１年には一九五億ドルを全額償還して、危機を克服することができた。

――遺家協で「玉石を分けよう」っていう論争があったと聞いてるんですが？

どこでそんなこと聞いたんだい。どこかに書こうと思って？　何でもないことだよ。そんなこと書いて何になる？　遺家協の会員で、なりたくてなった人なんているもんかね。みんな自分の子どもや、夫を亡くしてここに来てるんだ。運動って何なのか、いまだにわからなくても、ともかくここに来たんだからやってるんじゃないか。無念の思いで子どもを葬って、その思いを抱きながら生きているんだから、並大抵の心持ちじゃないよ。そうして独裁が自分の息子たちを殺したっていうことに気づいて、闘っているんだ。殺されたのは学生もいるし、労働者もいるよ。労働者は労働条件を改善しろって闘うわけだから、民主主義のために闘って犠牲になった学生とは違う。こんな話から、一口に烈士と言ったって、みんなが一緒じゃないっていう議論があったんだよ。自殺した人と、独裁に立ち向かって死んだ人は違うって言ったり、寄与度なんて持ち出して、誰それは何％独裁との闘いに寄与したとかいう、訳のわからない意見もあったし。独裁と闘って死んだのを何％なんて表わせるもんかね！　人の命を数字にするなんてお話にならないよ。

初めのうちはよくわからないで、そんな意見をいう人もいたけど、無念を抱えた人同士が集まって話してみれば、学生だって、労働者だって、みんな独裁のために子どもを亡くしたことがよくわかる。議論を好む人が玉だ、石だって言ったことはあったけど、大した問題にはならなかったよ。疑問死のことだって、初めのうちは独裁が殺したのか、自分で死を選んだのかわからないだろ？　軍隊では本人が銃を持って自決したって言うけど、どういうふうに亡くなったのかもわからないんだから、遺家協に入るのは問題なんじゃないかって言う人もいたよ。だけど後ではっきりしてから、これは違うというんなら、そのとき外せばいいし、一緒に独裁と闘いながら真実を明らかにしていくのが、先決じゃないかって、あたしは言ったんだ。真実はまだわからないから、一緒に闘って真相究明して、その後で民主化運動の中で死んだのか、そうでなかったのか区別しようって。それで遺家協の中に〈疑問死〉支会を作ったのよ。人革党はアカだとか何とか言って、遺族を受け入れるのは良くないっていう話もあったさ。でも子どもを亡くした痛みを抱えている者同士で話してみたら、一緒にやっていけるようになったじゃないか。

組織っていうのは、こんな立場もあんな立場もいろいろあるもんだろ。それをお互いに話し合って、いい方法を考え出すものじゃないのかい？　初めて会を作ったときは、そのまま『民主化運動遺家族協議会』って言ってたんだけど、１９８８年からか、統一運動も盛んに起きてきたり、非転向長期囚の先生方もいるし、民族統一のために闘っている人たちもいるということで、「民族」という言葉も入れた方がいいんじゃないかって、それに「全国」も入れて、１９８９年からは『全国民族民主遺家族協議会』と名前を改めたよ。

――人革党の家族や〈疑問死〉支会の問題は、会長を務めていた時に解決できたんでしょう？

いつ会長だったから、何ができたって？　あたしは名前だけの会長で、何もやってないよ。遺族たちが話し合ってやってきたことじゃないか。いつのことだったかも覚えてないし。遺家協の親たちは本当に大切な人たちだよ。どれほどあたしが愛しているかわかるかい？　いいから、オモニ、アボジたちに有難いって書きなさいよ！

――１９９０年代の活動は、遺族たちと共にしてきたことが多く語られるんですが、全労協（全国労働組合協議会）や民主労総（全国民主労働組合総連盟）が作られるときは、どんな役割を果たしたんですか？

いいかい、その頃はあたしが還暦を過ぎた歳じゃないか、何ができるっていうの。全労協や民主労総は87年の後に、たくさんの組合ができていって、段炳浩《タンビョンホ》とか、労働運動やってる人らがやったことだろ。教育のある人も、懸命に運動してる人もいっぱいいるのに、あたしに何ができるっていうのさ。顧問をやってくれって言うからやったし、記者会見やるから出てきてって言われれば行くし、労働者大会みたいな集会があれば行ったよ。誰かが死んだっていえば遺家協の会員たちとかけつけて闘ったり、やれといわれてやってきたことが全部だよ。

91年だったか。ずいぶんたくさんの学生たちが犠牲になって、警察に立ち向かって行っては死んだりしたことがあったろ？　あのときはホントにがむしゃらに駆けずりまわったよ。だからといって、あたしがやったことなんて何もない。ただ、母親たちが先頭に立って闘わなくちゃ、子どもたちが死ぬことになると思って闘ってただけだよ。それと釜山に韓進重工業があるだろ。一人はクレーンの上で首をくくって死んで、もう一人は海に飛びこんで死んだところだよ。ともかく労働者が死んだってなると、駆けつけたもんだった。糖尿と血圧がひどくなってからは、ちゃんと闘うこともできなくなって、行くことは行っても、最後まで闘えずにこっそり帰ってきたりして……。そんなときはホントに苦しいよ。自分の体一つ思い通りにできないで、生きていなくちゃならないんかって思うこともあるし。

――**民主労総ができたときが、いちばん嬉しかったって言いましたね？**

そりゃ、当然だろ。泰壹がしようと思ってたことが、それじゃないか。労働者たちが一つになって、皆が集まって闘わなくちゃならないってこと。民主労総が合法化されたとき、これでやっと泰壹が望んでいたことが叶ったと思ってさ、だから涙が出るほど嬉しかったよ。

だけどね、去年だったたか、代議員たちが集まれなくて、民主労総の委員長も選べなくなったっていったときは、腹がたったよ。代議員大会もできないのが何の労働運動だって、思いきり言ってやったさ。いちばん底辺にまで降りていって、いちばん大変な思いしてる人の声も聞いてやれないのかってね。闘うときも同じだよ。いったん闘うことになったんなら、しっかり団結して終わりまで見届けにゃならないんじゃないか。

段炳浩が委員長だった時、労働者大会やるって、ものすごい数の労働者が集まったときにあたしが言ったんだ。街頭に出て、殴られたりしながら闘って、デモしたり、そんな必要あるかって。ここで、市庁前広場で要求条件を三つだけ出して、三日間でいいから皆で座りこんで、そしたら一つは解決できるよって。どこにも行かずに座りこんでがんばってればいいんだって言ったんだけど、だめだったよ。警察が完全封鎖するとか言うんなら、そのまま工場には行かないで、三日間だけ一つになって家から一歩も出ないでいればいいのよ。そしたら捕まえることもできないだろ。労働者って何だと思う？　この世のものをすべて、作ったり、動かしたりするのが労働者じゃないか。三日間それを止めてやったら、叶わないことは一つもないだろ。

正規職と非正規職が力を合わせなくちゃだめだよ。非正規職っていうのは、70年代でいったら、シタのことだろ。民主労総は、いちばん疎外されて辛い思いをしている人たちと一緒にいなくちゃならないんよ。非正規職の問題を解決できなかったら、民主労総なんかじゃないよ。

李錫行《イソッケン》が委員長になって訪ねてきたとき、何て言ったかっていうと、いちばん底辺に降りて行って、そこにいる労働者たちと話をして、その人たちが抱えている問題を解決できるような委員長になってくださいって。それが非正規職のことだろ。あんたはどう思う？　あたしが間違ってるかい？

──非正規職の問題について、もう少しお話してください

ほら、鉄塔に登って、起亜自動車だったか、もう何日も非正規雇用労働者が籠城してるって。その話をじっと座って聞いていたら、もうカッカしてきて、あたしが一人で行けないじゃないか。だから全泰壹記念事業会の事務局長に、連れて行ってくれって言ったら、オモニが出かけて行って、何を言おうというんですかって。確かにそうだよ。あたしが行って、籠城してる労働者に、心配だから要求条件が通らなくても降りてこいとは言えないし、かといってこの寒いのに空中にぶらさがって続けていろとも言えない……。その人たちに、あたしができることなんてないんだから、悔しくてね。一緒に上がって行って闘うことができるんなら、まだやりようもあるけど。起隆電子だったか行ってみたら、もう千日も籠城しているって、全斗煥の頃よりもっとひどいんじゃないかい。新しい政府（李明博政権）が立ちあがってから、何言うかと思ったら、これからは集会は完全封鎖でできなくする、独裁をやるってことだろ。労働者を皆殺しにしてやるっていう宣戦布告じゃないか。

正規職が労働貴族になっちまったらだめだよ。正規職が非正規職と一緒になって闘わなくちゃ解決できっこない。年棒何千万ウォンもらってるからって、労働貴族だってふんぞり返っていたら、すぐに乞食になるってことをわからなくっちゃね。自分だって非正規職になっちまうんだから。現代自動車だったっけ、正規職が代議員大会で、非正規職と一緒になって投票もするっていうから、絶対に力を合わせて闘わなくちゃいけないって言ったんよ。ところが今度も、三度目に

なるのに、また代議員会で否決されたって。あきれるよ。

労働者は一つだと言っておきながら、どうして同じ工場で働いてるのに、組合は一緒にやっていけないいんだか。だいたい、そんなことを投票で決めるっていうのがおかしいんじゃないかい？一緒にやるのが当たり前のことなんだから。正規職だろうが、非正規職だろうが労働者じゃないか。ともかく一つになって闘って非正規職問題を解決していかなかったら、皆が非正規職になって、奴隷みたいに足に鎖を巻かれて働かされる世の中になってしまうんだから、団結しなくちゃ。学生だって同じだろ。学生もいつかは労働者になるんだから、今は労働者と一緒になって、非正規職問題を解決するために闘うときだよ。テントを張ってハンストしながら、高い所に上がって闘ってるというのに、ろくに行くこともできないんだから、非正規職の労働者には申し訳なくて、言う言葉もないよ……。

――進歩政党について何か一言、話してください

あたしは民主労総ができたときが一番嬉しくて、その次が民主労働党が国会議員を出したときだった。想像もできないことだったからね。労働者が労働者の政党を作って国会に入ったんだから、どんだけ嬉しかったか。誰かが、五人くらいは国会議員になれるだろうっていうから、お祈りしたよ。やっと労働者の党ができたんだから、力はないけど、少なくても一〇人くらいは国会に行かせてくれなくちゃ、一〇人だけでいいからってね。そしたらほんとに、ちょうど一〇人が国会議員に当選したじゃないか！　イエス様有難うございますって、お祈りしたよ。あたしが誰

に投票したかって？　労働者の党の役に立たなくちゃいけないに決まってるだろ。民主労働党に入れないでどうするんだよ。ちょうど財布を見たら、二〇万ウォンくらいあったから、すっかりはたいて封筒に入れてさ、民主労働党に行ったよ。当選してくれて本当に有難いって、挨拶に行ったら魯《ノ》會燦《フェチャン》とかが出てきて、お祈りしたんだって言うと、オモニ、二〇人当選させてくれるようお願いしてほしかったなんて言うじゃないか。まだ始まったばかりで、それは欲張りすぎだって、まず一〇人から始めて、一生懸命やって二〇人に増やして行くもんだって、お祈りしてできるもんじゃないって言ってやったんだ。

　だけど、それが分かれてしまったんだから……。民主労働党と進歩新党に。それからあたしを国会に呼ぶってことになって、元老たちが集まって、意見を聞くんだとか。その日はイーランドの非正規雇用記者会見に参加してから、朴鐘哲の父さんと、李《イ》韓烈《ハンニョル》(註14)の母さんと一緒にタクシーに乗って国会に行ったんだ。あたしに何か一言言ってくれっていうから、韓烈の母さんが遺家協の会長になってるじゃないか、会長がいるのにあたしは何も言うことがないって黙ってた。何も言いたくないから、外に出て階段のところにうずくまってたら、もう終わるから最後に何か言ってくれって。それで、何か言えっていうんなら分かれてしまう前に、呼んで聞くべきだろって言ったよ。分かれてしまってから意見聞いてどうするんだよ。そうなる前に呼んでくれていたら、分かれたりしないように何とかしようとしただろ。何とか一緒に団結して闘わなくちゃならない時に、分裂なんかしてどうするんだよ。こうなってから、何を言うことがあるんだって言ってやったよ。

　ともかく、労働者たちが国会にもたくさん入って行かなくちゃいけないよ。弱い者を代弁する政党がしっかりして、疎外されている者たちのところにも行って、苦痛を受けてる労働者の心を癒しながら、差別のない世の中を作るのに奮闘しなくっちゃ。欲張らないで少しずつ、国民の支持を広げていって国会議員を増やしていけば、いつかは大統領も出せるようになって良いじゃないか。

（註14）李韓烈　1966～1987年、延世大生。87年6月9日、〈拷問殺人隠ぺい糾弾及び護憲撤廃国民大会〉を翌日に控え、延世大学で行われたデモの途中、戦闘警察の発射した催涙弾が後頭部を直撃、意識不明に陥り一カ月以上死境をさ迷ったが、7月5日に息をひき取った。六月抗争の間中、その存在が市民、学生たちに勇気と感動を与え、独裁政権の降伏を導いたといわれる。彼の葬儀の日には一〇〇万人の市民が市庁前広場を埋めつくした。

――全泰壹記念事業会に言うことはありませんか？

ハヌルサムで十年も暮らしたんだ。そしたら事業会の黄晩鎬と閔鐘徳がやってきて、これからはここで暮らすようにって、記念事業会の下の階に、『オモニの部屋』っていう部屋を作ってくれたんだよ。あの子たちが壁紙も貼って、冷蔵庫も買ってきてくれて、有難いことだけど、ここで暮らしているのは厚かましいんじゃないか？　そう見えないかね。双門洞の家ではトンジュンとトンミョンと孫たちが、ばあちゃん、自分たちがご飯も作るし、一緒に暮らそうって言うんだ。うちは父ちゃんも母ちゃんも、ばあちゃんも大人たちは皆んな家出しちゃって、子どもたちだけで暮らしてるってさ。もう、老いぼれてやることもないから、家に帰って暮らしてもよさそうなもんだけど、どこかに行こうとすると双門洞は遠すぎるんだよ。ここは遺家協も近いし、どこかで何かがあるとき、出かけようと思えばさっと行けるじゃないか。誰かが訪ねてくるにも便利なとこだし。だからこうやって部屋を作ってくれて本当に有難いと思ってる。

今、何か望みがあるとしたら、清渓労組の事務所も記念事業会も、皆一緒に集まってやっていける家が一つできればねえ。どこかからお金をもらったり、寄付を集めるようなことしないで、ここにあるものを売って、資料室とか記念館とか、事務所にも使える家だよ。あたしがいなくなっても無くならないで、労働者たちが来て休むこともできるし、泊まることもできる、しっかりして揺るぎない労働者の家。

記念事業会の人たちには有難いと思ってる。文牧師が会長だったろ？　あの頃、評伝も出したし、今の理事長、李光澤《イグァンテク》理事長も泰壹が死んだ時、ソウル大法学部の学生会長してた時に出会って、今も事業会の仕事をしているんだから、有難いことだよ。南相憲《ナムサンホン》先生や金錦守《キムグムス》先生も理事長だった。金錦守先生は今でも正月や、秋夕になるとちゃんと挨拶に来てくださるし、南相憲先生も事業会で会議をするときには来て下さる。李馨淑《イヒョンスク》は事務局長として苦労してるし、黄晩鎬、朴桂賢もそうだよ。今、監事をやってる、丁景花《チョンギョンファ》、体が悪いのに、ここまで来て一所懸命やってる姿を見ると、胸が痛むよ。みんな有難い人たちじゃないか。記念事業会で働いてる人たちに有難うって、そう書いておくれよ。

――お子さんたちにも何か一言

あたしはね、子どもたちには言うことがないよ。何を言えるっての。こうやってずっと駆けずりまわってるから、子どもたちがちゃんと食べているのか、どうやって暮らしているのかも知らないんだ。してあげたこともないしね。

順玉がイギリスに勉強しに行くっていうのに、それも知らなかったよ。行く前の日だったっけ。荷物をまとめてからやって来て、勉強しにイギリスに行くんだと。ああそうかと言っただけで、学費を一度でもやったわけじゃないし。自分で全部考えてやったことなんだから。

泰三はヨジンもいるし、双子の子どももいるから、もう集会には出るなっていうと、わかったって。それでも集会に行けば来てるんだよ。母さんが労働運動をできないようにするから、自分の人生が狂ってしまったなんて言うんだ。

順徳は、うちの家族は労働組合のことしか知らないから、お金は稼がない、姉さんも、兄さんも闘うことしか知らないんだって言ってるよ。

順玉は、昌信洞で何だっけ、「おしゃべり工房」(註15)とかいうのを作って何かするって言ってたっけ。だけどその事務所には一度しか行ったことがないんだよ。それも、銀行に行った時、エレベーターを間違えて降りたら、そこが順玉の事務所だったんだ。母さん、入ってってっていうから一度だけ入ってみたんだけど、あたしがそこに行って何になる? 自分の人生は自分でやっていくもんだろ。何もしてやれなかったのに、今になってああだ、こうだって言える立場でもないし。順徳はほんとに口数も少なくて、おとなしいんだよ。あたしのお腹から出てきたのに、どうしてこうも違うもんか。順玉とは全然違うんだから。順玉は絶対に負けるってことがない。あたしと双門洞の家で言い合ってると、順徳は寝ちゃうんだ。あたしは寝るから二人でがんばってなよって。それで朝起きると、夕べ、二人で家一軒でも建てたの？　なんて言うよ。

順徳は結婚して家を建てたけど、あたしは一度も行ってないよ。家に来て、ご飯も食べて暮らそうよって言われたけど、それでも母親なんだから一回は行かなくちゃならないだろ？　それがまだ行ってないんだ。何が忙しいんだか、いっぺんも行ってないなんて……。

（註15）おしゃべり工房　全泰壹の妹、全順玉が東大門一帯の縫製工場労働者の再教育を通じた、労働環境の改善、労働者の地位向上のために２００３年に設立。㈱チャム・シンナヌンオッ、教育機関、奨学会などの事業を拡大発展させている。

――記者会見はちゃんと出るのに、娘の家にはどうして行けないんですか？

何もすることないくせに、いろいろ忙しいっていうことかね。何もしてあげられなかったのに、行けるわけないって考えもしたし……。あたしはほんとにあの子の母親なのかねえ。

――息子である全泰壹のことを話してください

あの子はね、人間が好きだったんだね。そう言えば思い出すよ。学のある人たちがやってきては、烈士がどうのこうのって言うんだけど、親にとってはただの子どもなんだ。泰壹は烈士でも闘士なんかでもなくて、ただただ人のことが好きな人間だっただけなんだよ。それと焼身自殺したなんて言う人もいるけど、何が自殺なんだ。抗議したんじゃないか。焼身抗議って言わなくちゃ。学のある人間が、記者たちが自殺したって書くのを見ると、ほんとにちゃんと勉強してきたのかって思うよ。だから、あの子を烈士とか闘士とか言わないで、同志って呼んでほしいね。全泰壹同志。そうじゃないか？　泰壹は今でも労働者のみんなと一緒にいる同志だって。どうかそう呼んでほしいって書いてよ。

――李小仙が考える李小仙はどんな人ですか？

何を言ってるんだい？　あたしが人に見えないの？　そうだね、確かに人間じゃないのかもしれないね。これまで生きてきた姿を見たら、おかしいだろ？　あたしなんかこの世に生まれちゃいけなかったんだよ。母親が再婚したって責めたり、親のいうことも聞かないでいたずらばっかりして。おかしいよね。泰壹の父さんにだって、ちっとも心を開かないで悪かったって思ってるんだよ。みんなあたしのせいで……。

泰壹はあたしをほんとに好いてくれた。まだこの肌着は捨てられないよ。冬になったら必ず着てる。いつか工場にあった切れ端を集めて、あたしのために縫ってくれた肌着なんだから。前と後ろの色が違うんだよ。母さん、残り物の布で作ったからがまんしてよ、今度はきっと新しいもの買ってあげるからって言ってくれたっけ。泰壹はそんな子だったよ……（しばらくの間、話を続けられなくなった）。これは絶対捨てられないよ。冬にはいつも中に着てる。誰かが新しい下着を買ってくれるって言っても、そんなもの着ないでこれを着ているんだ。大体、いい服なんて一度も着たことないよ。誰かが、きれいな服を着ろって、高いものだからっていい服を買ってくれたって、どこにも着て行けないんだ。あたしには似合わない。この黒い外套は炫栽《ヒョンジェ》が買ってくれたんだけど、冬は毎日こればっかり着てるんだよ。そうすると誰かが自分の買ってあげた服はどうして着ないのかって言うから、だったら他の服も着なくちゃと思うんだけど……。でもそんなきれいな服を着て歩けないさ。この黒い服だけ朝も昼も着てるしかないんだよ。

　罪ばかり作って生きてきた人間だろ、あたしは。どんな人も何もない。何にも知らない人間だし、だから他の人に聞きながら、わからないことを教わりながら生きてきた。ほんとに聞くことだけは誰にも負けないね。

——人革党の行事のとき着ていた黄色いジャケットも、よく似合ってたじゃないですか。これからはもう少し華やかで、きれいな服も着て暮らさなくちゃ。最後に何か言うことはありませんか？

　まったく、この歳でどうやって派手な服なんか着られんの！　おとなしく話してやろうと思ってんのに、また余計なことを言い出す。それにさっきから何を言えっていうのさ。あんたが好きなように書けばいいじゃないか。あたしはみんなに有難うって言ってくれれば、それでいいって言ってるだろ。一人ひとり訪ねてお礼を言わなくちゃならないのに、申し訳ないって。あたしがこれまで生きて来られたのは、ずっとそばにいて助けてくれた、その人たちのおかげだから、本当に有難うございます。これで、いいかい？

――それとお願いがあるんですよ。やっぱり子どもの頃の話も、本の中にちょっと入れたほうが良くないですかね？

あんたはまた、人を怒らすようなことを言いだして。70年代から書けって言ったのに、解放後のことから書かなくちゃって言い張るから、そうかって話してやったけど、今度は子どもの頃の話を書くっていうのかい？　大東亜戦争の頃、大日本帝国の時代を書いて、いったい誰が読むっていうのさ。そんな話の何がおもしろいって、書こうと言うんだい？　しょっちゅういたずらばっかりして、母親の言うこと聞かないで暮らしてた、そんな話をどうしても書くっていうんなら、いちばん終わりのところにちょこっとだけ書きなよ。だらだら書き散らかさないでな。あたしは70年代から書いてくれればいいと思ってるのに。

――子どもの頃の話を書いてもいいってことでしょ？　それでこそ、話が全部つながりますよ。有難うございます

あることないこと自分の好き勝手に書いたりしてみな、本なんか出せないようにしてやるから。終わりのところにちょこっとだけ書くんだよ！

第6部

李小仙、幼い頃に
1929年12月——1945年8月

父

1929年の真冬、李小仙は慶尚北道達城郡城西面甘川里《キョンサンプクトタルソングンソンソミョンカムチョンニ》にあった、三部屋しかないみすぼらしい藁ぶきの家で生まれた。父は二十八歳の農夫、李成祚《イソンジョ》だった。米二俵を軽々と担いで走り回れるほど、広くがっしりした肩を持っていた。鎌の手さばきの早さといったら、皆が並んでいっせいに稲を刈り始めれば、他の人の倍は早く刈り終えると言われた。彼が小作をしている田にはめったに雑草も生えないほどで、あぜ道にも、ひょろ長く伸びた草は見当たらなかった。秋の取り入れのときは、どの田より収穫量も多かった。仕事ぶりと同じように、性格もきっぱりとしていて、間違ったことに対しては決して節を曲げることがなかった。

彼は十八の歳に、下の村に住む金粉伊《キムブニ》と婚礼を上げた。彼女は嫁に来てから、李小仙の上に男の子と女の子を産んでいたが、末娘は父親の手のひらにすっぽり入ってしまうと思えるほど、体が小さかった。それでも目鼻立ちははっきりしていて、顔だけ見れば三、四歳の子どもに見えた。決して大きくはない目だったが、瞳は濃く澄んでいて、父は可愛くてたまらない様子だった。「こいつの耳を見てみなよ。並の耳じゃないぞ。耳たぶは厚くて、仏様の赤んぼみたいじゃないか?」李成祚が子どもの顔やら、手の指、足の指、唇まで甘噛みして片時も離さないのを見て、金粉伊は「そんなことしてたら、この子の体がすり減っちゃうよ」と諌めた。「この子は喜んでるじゃないか。ほら、目をぱちくりさせて笑ってるよ」。子どもは瞳をくりくりさせて、父親をじっと見つめていた。「こうやってこの子を見てると、何も考えられんな。何だか夢の国にでもいるみたいだ。まるで天から降ってきた仙女だよ。ちっちゃな仙女。そうだ、この子の名前は小さな仙女でどうだ？　小仙だよ」。

李小仙が三歳のときだった。日本が朝鮮を侵奪してから二十年が過ぎていた。その間、農民たちは代々耕してきた土地を奪われ、小作農民に転落していったが、死ぬほど働いても小作料を差し出してしまえば、手元に残る物は何もなかった。李成祚は農民たちを集めて、小作料を引き下げる運動をしようとした。だが、こうした農民たちの抵抗も日本の警察による暴力の前に、何度も阻止されていた。「この国を取り戻せなかったら、自分たちは死人も同然なんだ」。彼は悔しさを抑えることができなかった。夜出かけることが頻繁になった。時に見慣れない人たちが夜中に訪ねてくることもあった。その人たちは明かりもつけない部屋の中で、李成祚と何事かをひそひそ語り合っては、また闇の中に消えていった。

あれはいつのことだったか。父ちゃんが連れて行かれた日は……。三歳のころだったよ、確か。どういうわけか家には兄ちゃんも、姉ちゃんもいなくて、あたしと母ちゃん、父ちゃんと三人で寝てたんだ。外から何だか声が聞こえるんだよ。うとうとしてる時、騒がしい声がするから、目がさめちゃったんだ。まだ夜だったけど月は出てたみたい。その頃は戸に障子紙を貼ってただろ。月の光が部屋を照らしていて、それは今もはっきり覚えているよ。外で誰かが騒いでるのに、父ちゃんはじっと部屋に横になってた。だけど起き上がって座りこんでる母ちゃんの顔は、真っ青になってるんだ。

門を開けろ！　李成祚出てこいって声が聞こえるんだけど、あたしはぼーっとして父ちゃんと母ちゃんのことばっかし見てるんだ。少し経って、何か壊れるようなけたたましい音がすると、部屋の扉の前に人影が押し寄せて、部屋の戸をがたがた揺すり始めた。そのとき、父ちゃんが起き上がって大声をあげたんだよ。こいつら、こっちから行ってやるから、そこをどけ！　そんなこと言ったんだ。するとしーんとしちゃって、父ちゃんの声にびっくりしたみたいに。あたしは横になったまま見てると、父ちゃんは白い韓服で寝てたんだけど、起き上がると、その上から外出用の外套をきちんと着て、足袋も履いてね、裾のところを、デニム（下衣の裾を縛る紐）だったっけ、それでしっかりくくったんだよ。そうやってから、扉を開いて外に出ていったんだ。

表には日本の巡査たちがいた。長い剣をさして、銃も担いでたし、つばのある帽子もかぶってたよ。父ちゃんが外に出て行ったから、母ちゃんも下ばきで寝てたけど、チマを履いて、その目つきで母ちゃんも一緒に、ついて行きそうな気がしたよ。あたしを一人残して行っちゃいそうだったから、怖いだろ？　思わず大声で泣き出したら、母ちゃんが抱き上げてくれた。そしたら、そいつらが父ちゃんを縛り上げるじゃないか。囚人を縛る縄でぎゅうぎゅうに縛って、外に引っ張っていくんだよ。母ちゃんがついて行こうとすると、周りの家に聞こえたら困るとでも思ったんか、行かせないようにするから母ちゃんも、何でだめなんだって大声を出して、後からくっついて行こうとしたんだ。いくら止めても聞かないから、ひとりの巡査が母ちゃんを身動きできないよう捕まえて、二人の巡査が父ちゃんだけ山の方に連れて行ったっけ。

どこに行ったかはわからんけど、少ししたら父ちゃんのどなり声が聞こえてきて……。母ちゃんの背中にいたあたしは、あっちに父ちゃんがいるから早く行こうってだだをこねたけど、巡査が絶対行かせようとしない。思わず大泣きしたんだよ、行かせてくれないってね。

その日を最後に、父に会うことはできなかった。李小仙は母親に背負われて、甘川里を離れた。村から外れようとするあたりで、背中が熱くなるのを感じた。母は歩みを止めて後ろを振り返った。彼女も一緒に振り向いた。村の真ん中で火柱が上がっていた。

暗闇に包まれていた村の姿が浮かび上がるようだった。母は再び足を早めた。「母ちゃん、燃えてる、あたしの家が燃えてるよ！」「見ちゃいけないよ！　あたしらにはもう、家も、父ちゃんもいないんだからね……」。李小仙は怖くなって、母の背中に顔を埋めてしまった。

オモニの部屋で⑧　初めて涙を見た夜

李小仙は子どもの頃の話をしてほしいと言うと、ずいぶん嫌がった。とりわけ母親が再婚した話は、何とか言うまいとしていた。誰にでも隠しておきたい話はあるものだ。胸の奥深くに秘めておいた話を表に出すことは、話す方も、聞く方もつらいのに変わりがない。言いたかった話をさんざんしゃべり終えて、それも繰り返しになったりする時は、話の終わりのあたりに、隠されていたできごとが滲み出してくるのは、よくあることだった。

「軍事裁判を受けたという話は、あと三回すればちょうど百回目になりますよ」「あたしが、いつあんたに話したのさ?」「したじゃない！　だったら僕が話してみようか?」「いいから、もう一度聞いてくれたっていいだろ」「うんざりするでしょ」「あんた、あたしのする話がうんざりだって？」「ち、違いますよ。じゃ、話してくださいよ。聞きながら寝ちゃえばいいんだから」「ふざけた奴だね。あんたは寝て、あたしが一人でしゃべってろってのかい。だから『ごろつき』だって言うんだよ」「またそんな言い方して。いったいどうして、七十年も経つのにお姉さんと連絡が取れないのか、ありのままに言ってというのに、絶対に言わないし」「だから母ちゃんが教えてくれなかったって、言ったじゃないか！」。

そうやって百日が過ぎて、ようやく母が再婚した話をしぶしぶ話し始めた。新しい父親は、母よりも二十歳も歳が上だった。李小仙には父ではなく、祖父のように見えた。「母ちゃんが再婚したのは、みんな兄ちゃんのためだったんよ。故郷を離れても日本の奴らは、あたしたちを監視し続けていたんだ。不逞鮮人の家族だからって、いつも見張ってたのさ。母ちゃんは、兄ちゃんがこのまま朝鮮にいたら、父ちゃんみたいに日本の巡査に殺されるかもしれないって考えた。

あたしはまだ、小さかったからわからなかったけど。再婚した母ちゃんはあたしと一緒に寝てくれないから、憎かったよ。子どもだったから、そのときの母親の気持ちなんてわからないだろ。母ちゃんに自分たちだけで暮らそうって、母ちゃん、兄ちゃんと三人だけで暮らしたいってだだをこねてたのよ。母ちゃんがどんだけ辛い思いをしたか……。それなのにあたしは口もきこうとしないで、ひどいことばっかりしてたんだから。

日本に叔父さんが住んでて、新しい父さんが兄ちゃんを日本で勉強させてやるって言ったから、再婚を決めたんだよ。その頃はまだ封建時代だったから、一人の夫にだけ仕えなくちゃいけないって考えで、再婚なんかしたら、罪人みたいに思われて、人らしい扱いを受けなかった時代だろ」。

「お姉さんはどうしたんですか?」「あたしはその頃、姉ちゃんがいるなんて知らなかったよ。父ちゃんが巡査に引っ張られて行ったとき、兄ちゃんと姉ちゃんは母ちゃんの実家に行ってて、いなかったんだって。それも後から聞いて知ったことだけど。父ちゃんが連れて行かれてから、実家から兄ちゃんだけが帰ってきたんだ。姉ちゃんが何で帰らなかったのかは知らないよ。小さかったから、よく覚えてないし。母ちゃんも姉ちゃんのことは何も話してくれなかったよ。だけど、何で急に姉ちゃんの話なんかするんだよ! 今何を話してたか忘れちゃったじゃないか。何か言おうと思ったんだけど、黙って聞いてろってのに……。もう話してやらないよ!」。

母親が再婚した理由は兄のためだという言葉を、日本の巡査たちに兄が殺されるかもしれないから、やむを得ず再婚したという話を、李小仙は何度も語った。そして自分はその話を幾度となく聞いてきた。話し終えた彼女は、だしぬけに歌を歌い始めた。

——この世がどんなに広くても　兄妹はふたりだけ
　いつまでも離れないと誓った　ふたりじゃなかったか[(註1)]……

李小仙の目もとから、初めて涙を流すのを見た夜のことだった。

(註1) 南仁樹(1918〜1962年)が1942年にオーケー・レコード社から出した『兄妹』と思われる。

兄との別れ

李小仙の母、金粉伊は慶尚北道達城郡多斯面《タサミョン》朴谷里《パクコンニ》朴室《パクシル》村に嫁いで行った。朴室村の人たちは母をヨンフ宅と呼んだ。ヨンフ宅は後妻に入る前の夫人の宅号（名前の代わりに出身地などに『宅』をつけて呼んだもの）だったが、そのまま李小仙の母の呼び名となった。朴谷里に来た母は、息子を密航船に乗せて日本に送る準備を進めた。抗日運動をしていた者の家族ということで、正式の手続きを踏んで日本に行くのは難しかった。

夕食に白米の飯が出された。日帝が米を供出させたので盆暮れや、法事の時でもなければ米の飯は目にすることもできない時代だった。李小仙は米の飯が食卓に並べられると、訳も知らずに嬉しくてしようがなかった。「これ、何ね！　お米のご飯！　法事でもないのに、何でお米なん？」彼女はおかずには目もくれず、ただただ、飯を口にほおばった。噛むひまもなく次々と呑みこんでいった。「水くらい飲んで食べな！」「ご飯粒が口の中でそのまんま溶けちまうんよ！」娘が飯を食べるのを見ながら、母は裁縫箱を取り出した。新しく仕立てた兄のズボンの内側に、紙幣を入れて縫いつけたのだった。

「兄ちゃん、どこ行くん？」「ばあちゃんの家にお使いに行ってくるんだ」母はそう言った。「だったら、あたしも行く！」「ばあちゃんとこへ畑仕事手伝いに行くのに、あんたが行ったら、邪魔で仕事になんねっしょ！」「だけんど、行くきに。おとなしくしてるっから、ついて行ってもいいっしょ？」「今度、母ちゃんと一緒に行こ！　さっさと行って来なくちゃならんのに、あんたなんか連れて行ってどうすんのさ」。李小仙は母の言葉には耳を貸さずに、強情を張った。兄のいない家に一人でいるのは嫌でならなかったからだ。「この子は、何でこんなに言うこと聞かんかね」。継父が舌打ちしながらそう言うと、李小仙は「何ね！　ひとの話に口出さんとって！」と、ふてくされて扉をばたんと開けて出て行ってしまった。

その夜、彼女は兄の横で寝入ってしまったが、部屋の扉が開く音に、うたた寝から覚めた。兄が外に出て行こうとしていた。便所に行くのか、その日に限って兄の行動がおかしいと思えた。少しすると外から、ぼそぼそと話し声が聞こえてきた。眠気はとうに吹き飛んでいってしまっていた。しおり戸がきしみながら開く音が聞こえると、ふと、兄がどこかに行ってしまうような気がして、扉を力一杯開け放ち、兄を呼びながら外に飛び出して行った。母が捕まえようとしたが、あまりに素早い動きで摑むこともできなかった。「あの子らがこれで別れ別れになったら、いつまた会えるかわからないからね……」。駆けていく娘の後をじっと見送りながら、母がつぶやいていた。

李小仙が兄の名を呼びながら追いかけると、兄はさらに速度をあげて走った。村の入り口にある鎮守の木を過ぎて、あぜ道を駆け抜けた。その道の終わるところには小さな山があって、タンコゲと呼ばれる峠があった。彼女は峠を半ばまで登ると、道端にぺたりと座りこんでしまった。息が切れてそれ以上走ることができなくなったのだ。

兄の名前を呼んで割れんばかりの大声で泣き叫び始めた。峠の頂にまで上がった兄のサンイルはその声を聞いて、歩みを止めた。妹の切ない慟哭を振りきって先に進むことはできなかった。元の道を戻って妹をよんだ。「小仙！」彼は妹を背に負って再びタンコゲを上った。頂に着くと兄は妹の涙を袖で拭ってやった。「兄ちゃんは、勉強しに日本へ行くんだ。勉強して、お金いっぱい稼いでくるよ。

お前が履きたがってた新しい靴も、ちゃんと買ってくる。それまではがまんして待ってるんだよ」。

彼女にとって頼れるのは兄しかいなかった。新しい父の部屋で寝ている母が憎くて、話もろくにしなかった。それなのに、その兄が行ってしまうなんて……。サンイルは妹の手に、一銭玉と五銭玉をいくつか握らせてやった。「兄ちゃんが朝鮮にいたら、父さんみたいに日本の巡査たちに殺されるかもしれないんだ。うちの家族が生き延びるためには、俺が日本にいる叔父さんのところに行くしかない。ほんとは兄ちゃんもお前と一緒に暮らしていたいけんど……」。李小仙は父のように、兄も殺されるかもしれないという言葉に、正気に返った。「父ちゃんは日本の巡査に殺されたん？」兄がうなずいた。「兄ちゃんも同じ目にあうの？」もう一度うなずいた。「ちょっとの間、隠れているだけだから。国を取り戻したら帰ってくるんだ。すぐに帰れるよ。兄ちゃんの言うことわかるだろ？」兄の顔をじっと見つめていた李小仙がうなずいた。

兄が死んでしまうという言葉が恐ろしかった。サンイルは松林を下っていった。下には琴湖江があった。松林に隠れて兄の姿が見えなくなると、李小仙はまた泣き始めた。そうすると兄もまた引き返して峠に戻ってきた。薄明るく夜が白み始めるまで、それは何度も繰り返された。

やがて峠の下の琴湖江の方から、火打石をかちかち鳴らす音が聞こえてきた。サンイルを待つ人たちが送ってきた合図だった。これ以上ぐずぐずしていることはできなかった。兄は妹の泣き声を耳に残したまま、降りて行った。いつの間にか兄の姿が見えなくなった。木の葉がすれ合う音だけが耳元に響いた。張裂けんばかりに兄の名を呼んでもむだなことだった。遠くから二人の子らの別れを見守っていた母が、泣きつかれた娘を背負って山を下りて行った。家に着いた母は、継父のいる部屋には行かず、李小仙の側で横になった。彼女は久しぶりに母親の匂いをかぎながら眠りについた。

こうして兄がいなくなってしばらくの間は、言葉を忘れてしまったように口をきかずに過ごした。家の裏手に座りこみ、木の枝でわけもなく地面をひっかきながら、ふんふんと鼻歌を歌っていた。

——この世がどんなに広くても兄妹はふたりだけ
いつまでも離れないと　誓ったふたりじゃなかったか
月日は流れ　兄さんも行ってしまい　あたしは一人で泣いている
広い広い　空の下　あたし一人で泣いている

簡易学校で覚えた九九

日本の植民地支配下では簡単な日本語と、計算を習える簡易学校があった。だが、母は娘を学校にやれなかった。四反の田を耕したところで、食べていくのがやっとというありさまだったから、子どもを学校に行かせるなど夢にも思えなかったのだ。李小仙は学校に行きたかった。本包みを小脇にして学校に行く友だちを見ると、彼女は急いで隠れた。学校に行けない自分が恥ずかしくて、友だちが見えなくなってようやく、ホミ（草刈り道具）を持って豆畑に向かった。

ある日、簡易学校に通っている従兄のドンインにせがんで、学校に連れていってもらう約束をした。約束の日に早く起きた彼女は、午前中いっぱいでやる仕事を朝の内にすっかり片づけた。母は、朝から落ち着かない娘をおかしいと思った。朝食もそこそこに出かけようとする様子だった。「朝っぱらから一体、どこをほっつきまわるつもりなんだい？」「明け方に起きて、犬のフンも片づけたし、焚き木もひと束くくって置いたもん。あたしがやることは皆、やっちゃったもんね」。李小仙はそう言うが早いか、あっという間にしおり戸の外に消えてしまった。本包みを肩にかけたドンインが、路地を抜けようとしていた。「ドンイン兄ちゃん！　一緒に行こうよ！」ちょこちょこと後をくっついて学校に向かった。

正式に学校に入学したのではない彼女に、座る席があるはずもない。先生がいないときを見計らってこっそり教室に入ると、ドンインの机の下に潜りこんで授業に耳を傾けた。教室の床は土の地べただった。細長い石を拾っては、地面に文字を書きつけながら勉強をした。机の横から顔を突き出して、黒板に書かれた文字をのぞき見ようとしたが、教卓がじゃまをしてよく見えなかった。それでも先生が話す言葉を、一つも聞き逃さないで必死に覚えようとした。家に帰って綿摘みをしている間中、彼女の口は絶えず何かをつぶやいていた。その日に学校で聞いた、先生の息遣いから咳払いまでも、物まねでもするように繰り返していたのだった。

中でも九九を習うのがいちばん楽しかった。先生の声について繰り返し、そのまま暗記さえすればよかった。黒板を見る必要もなかった。「三日後に、九九の暗記テストをやるぞ。最後まで間違えないでできた生徒には、賞としてゴム靴と学用品をやるから、しっかり覚えてくるように！　覚えられなかったら、できるまで学校で居残りさせるからな」。先生がテストをすると言ったとたん、生徒たちから一斉に「ウウー」という声が口をついて出た。三日でどうやって覚えるのかという抗議の声だった。「静かにしなさい！　三日後にテストだからな。覚悟しろよ！」先生は教卓を指示棒でたたくと、外に出ていった。

李小仙はドンインと一緒に帰る道で、九九をそらんじた。「お前は何でそんなによく覚えられるんじゃ？　俺は七の段から後はすぐ忘れちまうきに、教えてくれや」「ただ暗記するだけなのに、どうやって教えろっての？」だが、彼女がいくら上手に言えるようになっても、賞はもらえなかった。──あたしもゴム靴を賞にもらえたらいいのにな……。テストを受けられないことが悔しくてならなかった。それでも九九は何度も何度もそらんじてみた。一度始めたら息もつかずに、九九、八十一まで一気に暗誦した。テストの前の日には綿花畑に隠れて九九の練習をした。

ついにテストの日。先生は頭から湯気を立てて怒った。誰ひとり九の段まで言える生徒がいなかったのだ。「委員長、お前もできないのか！　誰かできる奴はおらんのか？」先生は棒で教卓をたたいて怒りをあらわにした。座っている生徒たちはみな、うつむいているだけだった。その時だった。「私が暗誦します！」李小仙が机の横から顔を突き出して、手を上げた。

先生はどこから声が聞こえるのかと、教室を見まわした。見たこともない子どもが、机の横から手を上げていた。「お前は誰だい？　立ってごらん」。彼女は机の下から這い出して、立ちあがった。立ってみると、背が他の生徒たちが座っている高さと同じくらいだった。「朴室村に住む、李小仙です」。先生は初めて見る子どもが暗誦するというので、唖然とした。「お前が九九を暗誦するって？」「はい、やってみます」。そう言うと、二の段から九の段までを、一度もつかえないで一息に暗誦してみせた。

ウワーっと生徒たちが手をたたいて、歓呼の声を上げた。「ちっちゃな子どものくせに、賢いんだな」と先生は李小仙に賞品をくれた。家が貧しくて学校に通うのは無理だという話を聞くと、親にあてた手紙まで書いてくれた。学費は払わなくていいから、学校に通わせなさいという内容だった。

「あんたはいいねえ、娘が学校で賞までもらって！」「えっ、いったいどういうこと？」シナムの母親から一部始終を聞いた母は、頭のてっぺんまで怒りがこみ上げた。綿花畑まで駆けつけて、有無を言わさず娘の腕を引っ張って、家に引きずっていった。「どういうことなんだい！　さっさと話してみい」。母が責めたてたが、李小仙は口をつぐんだ。「学校に行ってたってのは本当なんか？」「……」。何も言わずに首を縦にふると、黙って起き上がり裾をたくしあげた(註2)。

「お前はあたしに恥をかかせようというつもりなんだね」。母がお仕置き棒を取り出した。ばしん！　娘のふくらはぎに赤い筋ができるたびに、母の目が血走った。それは自分の胸がえぐられるような痛みでもあった。連れ子だから学校にやらないんだという噂がたったとき、まるで心臓を粗塩で揉みこむように辛い思いに苦しんだ。棒を振り下ろす母の手には、ますます力が入っていった。そのとき、継父が部屋に入ってくるなり、妻の手首をつかんで止めようとした。「もう、それくらいにしとき。みんな俺の稼ぎがないせいでねえか」。

李小仙は学校への未練を捨てた。だが、勉強はしたかった。ハングルを習いたかった。それなのに簡易学校では、日本語しか教えてくれなかった。隣にハングルの文字をよく知ってるお嫁さんがいた。この村に嫁入りしてまもなく、夫が徴用で引っ張られてしまったために、一人で舅、姑の世話をして暮らしていた。嫁入り前から読み書きがよくできたという噂を聞いた。李小仙に対しては、実に分かり易くハングル(註3)を教えてくれた。

「カの字にキヨックつければカッ、コの字にキヨックつければコッ……」。まるで歌を歌うように、一文字ずつ覚えさせてくれた。李小仙もお嫁さんの教えるリズムに合わせて、文字を読んでいった。「ナの字にキヨックつければナッ、ノの字にキヨックつければノッ……」。昼間一人で仕事をしていても、畑の畝の間に竹の串で文字を書いて覚えようとした。字を書くときも、お嫁さんに教わった通りに歌うように読みながら、書いていった。友だちから紙を一枚もらったときは、嬉しくて天にも昇る心地だった。炭の煤を手に入れて、紙に文字を書いてみると、地面に書くよりずっと楽しいし、上手に書けた。紙の上に隙間なくびっしり書いたあとでも、捨てることはなかった。紙についた煤を払ってから尿瓶に浸け、ざるですくいながら揺すると文字が消えた。濡れている紙を日光で乾かせば、また文字を書くことができるようになったが、それも三、四回繰り返して使えば、紙がぼろぼろになって使えなくなってしまった。

ハングルを読み書きできるようになると、ハングルで書かれた本を読みたかったが、簡単には手に入らなかった。友だちが学校で勉強している教科書は、みな日本語で書かれていたので、ソウルに上京して勉強している親戚が、休みで故郷に帰ってきたとき、何とか頼みこんでハングルで書かれた本を一冊、ようやくのことで手にすることができた。ゴマ粒みたいな小さな文字が、縦に書かれていた本だった。難しくてどんな内容なのかはさっぱり分からなかったが、たとえわかったとしても、それは別に意味がなかった。李小仙はひと文字ずつ、指先を上に当てながら声に出して読んでみた。文字を読んでいる時、それは彼女にとって、何物にも代えがたい幸せな時間だった。

（註2）子どもに対する体罰　昔から子どもをしつけるための体罰として、棒でふくらはぎや、両手の平を叩くことがあった。このとき、李小仙は叩かれることを覚悟して、自らふくらはぎを出して母の前に立ったことになる

（註3）キヨック　ハングル文字のうち、十九字ある子音の最初の文字。ハングルは上下、左右に文字を配置するが、子音の文字は全体を支える下の部分につくときパッチムといい、複雑な発音の一部を形成する

連れ子と呼ばれて

母について朴室村にやってきた李小仙は、しばらく村では仲間外れにされていた。連れ子だといわれて、差別されたのだった。ある日彼女が友だちの子らと一緒に、ジョンイの家で遊んでいた。みんなに溶けこんで、楽しく遊んでいる最中に遠くから、ジョンイの母親が家に向かって歩いてくるところだった。「ソソン、母ちゃんが来るよ！　あんた早く隠れんと」「なんで隠れんならんの？」ジョンイはやきもきしながら彼女に隠れるようせかした。「早く隠れんと、母ちゃんに叱られるっての！」李小仙は訳もわからずに、牛小屋の横に積み上げてあった干し草の後ろに、隠れなければならなかった。

ジョンイの母が再び出かけるのを見計らって、彼女はジョンイに問いただした。「何であたしに隠れろって言ったん？」「うちの母ちゃんが、あんたは連れ子だから遊んじゃだめだって」。そう聞くと彼女の顔は真っ赤になった。そしてジョンイの家を飛び出すと、山に登っていった。どこか遠くに行ってしまいたかった。

朴谷里朴室村は同族集落だった。お互いが親戚として姉さん、叔父さんと呼び合う者同士が暮らしていた。ところが李小仙は同族ではない母が、外地から連れてきた子どもだったから、一族の一員とは認めてもらえなかったのだった。それは幼心に深い傷となって、彼女を苦しめた。——あたしにいったい何の罪があるの？　みんなからのけ者にされて、乞食の子扱いじゃねえの！　友だちと遊ぶこともできねし……。

それからは友だちと一緒に遊ぶことが少なくなった。村の中を歩くのも怖くなった。遠くから人が来れば、顔を合わせないように来た道を引き返した。誰かが自分のそばを通り過ぎるたびに、連れ子だと後ろ指をさすような気がした。村には扁額のかかった祭祀堂《チェサダン》があった。一族の祭祀を執り行うところで、子どもたちがここに集まって漢文を学ぶこともあった。この堂には〈接長《チョプチャン》〉と呼ばれる村の長老がいて、村内の大小の行事などを管掌し、もめごとが起きた時には仲裁役を務めていた。接長が村人の意見を聞いた上で決定したことは、そのまま村の法となった。

お堂の前には小さな鐘が下がっていて、村人が何かひどい目にあったときは、ここにやってきて鐘を打ち鳴らした。すると接長が現れてその話を聞いてやり、解決策を教えたという。李小仙もお堂にやってきてその鐘を穴が開くほどじっと見つめた。――鐘をつけば、あたしもこの村の一族になることができるんかな……。えい、どうなってもいい！　叩くだけ叩いてみよう。鐘にぶらさがっている紐を引っ張ろうとしたが、背が低くて手が届かなかった。ぴょんぴょん飛んでみたが、むだなことだった。石ころを拾ってきて、鐘に向かって投げつけた。勢いはあったが横に外れてしまった。もう一度、今度は片目をつぶって鐘に狙いを定め、思いきり投げてみた。かあーんと鐘が鳴り響いた。

「誰かな？」接長が鐘の音を聞いて、外に出てきた。李小仙はおとなしく手を前で重ねて、立っていた。「ここに何の用があって来たんじゃ？」「お話したいことがあって鐘を鳴らしましたので、どうかお許しください」「お前が言いたいことがあるって？　言ってごらん。漢文の勉強でもしたくなったのか？」「違うんです。私には一つしか願い事がありません。この村では、私だけが（姓が）李氏だというので、仲間外れにされているのがとっても悔しいんです。どうか姓を鄭氏に替えていただきたいんです。これからは李小仙ではなく、鄭小仙と呼ばせてください。お願いします、接長さま！」

彼女は村でこれまで受けてきた差別を、あれこれと話した。言いながら悔しくなってきて、涙を流して話し続けた。接長はじっと目を閉じて、最後まで話を聞いてくれた。「ずいぶん辛い思いをしたんじゃな。明日、村の同族会議を開いて方法を話し合ってみるから、お前は家で待っていなさい」。

翌日の昼時に李小仙はお堂に呼ばれて行った。「姓というものはむやみに変えることは、できないんじゃ。また、姓が何かというのは重要なことではない。差別をしてきた鄭氏の大人たちの過ちじゃよ。姓が違うからといって、幼いお前を傷つけたとしたら、謝らねばならんな。同族会議を通じてすべての家に知らせることにした。お前が李氏だからといって、ばかにしたり、差別したりしてはいけないとしっかり注意しておこう。もしそんなことがあったら、一族の名で処罰するから、心配せずに友だちと遊びなさい。お前の母親はすでに鄭氏の家門に嫁いで来たのだから、その家族も皆わが一族の一員だし、この村の住人じゃよ」。李小仙は嬉しくてたまらないというように、接長に何度もお辞儀を繰り返した。長老の言葉は驚くべき効力を発揮した。村の誰に対しても、兄ちゃん、姉ちゃんと呼ぶことができるようになった。

「あたしはね、何があっても人を差別するようなことはしないよ。この世でいちばん嫌いなのは、人のことを差別する人間なんだ。そんな奴は、このあたしが黙っていないよ！」

やんちゃたれ

李小仙はことのほかナツメを好んだ。秋になると、誰の家のナツメがよくなったのか見当をつけておいてから、友だちを呼び集めた。誰が縄を持ってきて、誰がふとんを持ってくるかを指示してから、日の暮れるのを待った。あたりに人の気配がなくなるのを見計らって、みなナツメの木の下に集合した。竹ざおでナツメを落とそうとすると、時間がかかって主人に見つかることが多かったので、彼女はいろいろ考えた末に妙案を思いついた。ナツメの枝の両側に縄をかけてくくり、地面にはふとんを敷いておくのだった。子どもたちが両側から一斉に枝の縄を引っ張って揺すると、ナツメはいっぺんにばらばらとふとんの上に落ちてきた。落ちたナツメはふとんでぐるぐる巻きにして、素早く運び去った。「ソソンの言う通りにしたら、ナツメ取りがずっと楽になったな」「だから、ソソンが俺たちの隊長だっていうんじゃろ」。友だちは皆、彼女のことをもちあげた。

ひもじい思いをしていた頃、畑の作物や木の実のどろぼうは、子どもたちにとって最高の楽しみだった。果樹園にどろぼうに行っても、李小仙はたいてい捕まらなかった。主人が捕まえに来たとき、他の子どもたちは必死になって逃げ回ったが、彼女はその場に身を伏せ、息をひそめてじっとしていた。目の前で逃げていく者たちを追いかけようとするのが、人情というものだ。

「お前は何で捕まらないんじゃ?」「早く走るからよ!」不思議に思って尋ねる友だちに、彼女はくすくす笑いながらそう答えた。「おっかしいなあ。お前が俺たちより前を走るの、見たことないけんど……誰か見たことあるけ?」皆はいっせいに首を振った。村の人たちは彼女が厄介事を起こしてばかりだと、「やんちゃたれ」と呼ぶようになった。

クポおじさんのウリ畑は、子どもたちにびりびりするような快感を与えてくれる場所だった。毒蛇と呼ばれていた、クポおじさんの獰猛な性格のためだった。おじさんに捕まった日には、尻から火が出るはめになる。しかも、ぶたれるだけでは収まらなかった。盗まれたウリの何倍もの代金を、親から取り返した。だが子どもたちは、おじさんがそうするほど、いっそう熱心に果樹園を襲撃するのだった。ある日、またそこでウリを盗もうとして、おじさんに見つかった。作物置き場で見張っていたクポおじさんは、片手に棒きれを持ったまま追いかけてきた。李小仙もそこに行ったときは、他の畑のようにその場に隠れずに、皆と一緒に逃げだした。万一捕まってしまったときに、支払わなければならない代価があまりにも大きいからだった。子どもたちはみな、村の方に走っていったが、彼女はすぐにシナムの手をひったくるように掴むと、貯水池の向こうにある朴山の方に向かうことにした。みんなが逃げ出した方向とは、違う道を行くほうが有利だと考えたからだった。

山の中腹に喪輿《サンヨ》小屋[註4]が見えた。普段、大人たちでさえ、怖がって近づかない所だった。扉を開けて中に入ったとたん、がさがさという音がしたかと思うと、何かが目の前ににゅっと現れた。「うわぁ、びっくりした！」二人はお化けが飛び出してきたと思って仰天した。すぐに引き返して外に出ようとしたところで、敷居につまずいて転んでしまった。影法師がやってきて李小仙の足首をつかんだ。恐ろしさにぶるぶる震えた。シナムは身動きもできずにその場に立ちつくしていた。

「静かにするんだ！」男の声だった。「ソソンじゃないの？」聞いたことのある声だった。ジョンイの姉さんのようだった。「あんた、ここであたしを見たなんて言ったら、どうなるかわかるだろ？」「あたし、何も見なかった……」「約束だよ。あんたは、何も知らないんだからね」「真っ暗で誰だかちっともわからねす。どうか家に帰してくだっせ」。シナムは驚きのあまり、服に小便をもらしてしまった。「ジョンイの姉ちゃんじゃないの？」シナムが山を下りながら彼女に聞いてきた。「そうじゃ。だけんど、男の人は誰か、あんた知ってる？」「下の村で砂防工事してるおじちゃんみたいだけんど……わからん、早く家に帰ろ」。李小仙は帰り道ずっと黙っていた。

しばらくして、ジョンイの姉が村から消えた。どうして消えてしまったのか、村中に様々な噂が流れた。子どもをおろしたという話もあったし、砂防工事の男とできて一緒に逃げたという噂もあった。京城に金を稼ぎに上京したという話から、大邸で車にひかれて死んだという話まであった。その後、ジョンイ一家は田畑を売り払い、故郷を去った。満州に行くと言っていた。ジョンイにはそれから、再び会うことができなかった。

「あんた、喪輿小屋で見たこと、誰かに言った?」シナムに聞いてみた。「いんや、誓って誰にも言ってないきに!」ジョンイの家の前を通るたびに、破れた戸の目張りが、泣き声をあげているように聞こえた。この家に遊びに来たとき、わら束の後ろに隠れていたことが思い浮かんだ。――連れ子なんだから、遊んじゃだめだよ、と言っていたジョンイの母さんのことも思いだされた。そのことがあってしばらくの間、道で顔を合わせても挨拶もしなかったっけ……。それがいつまでも胸に残って、申し訳なかったと、ほろ苦い気持ちを噛みしめ続けた。

(註4)喪輿小屋　棺をのせて墓地に運ぶための喪輿と、それに付属する様々な道具を入れて、保管した小屋。村の構成員の葬礼に村の住人全員が参加した時代は、葬礼に関連した道具などは村で共有していた。小屋は普通、村の近隣や山のふもとに建てられた。

紡績工場の辛い日々

「パガヤロ!」機械の騒音の合間に、汚い言葉が飛び交った。作業者を監視する監督たちは、動作が緩慢だと思えば細長い棒を持って、背中を叩きつけた。隣の人と話をすることもできなかった。昼休み以外は手洗いにも行けずに、小便をがまんしながら働いた。食事はおからやとうもろこしに、小麦粉を混ぜて作った握り飯だった。おかずと言ったら、大根の葉に塩をふっただけの、シレギ一枚が全部だった。いつも空腹を抱えながら、毎日十四時間、工場で働いてから寄宿舎に帰れば、倒れるようにふとんに潜りこんで寝るしかなかった。

日帝は、太平洋戦争がし烈さを加えると、女性たちを挺身隊として引っ張っていった。挺身隊には戦場に連れて行かれる「従軍慰安婦」と、工場で労役させられる「勤労挺身隊」とがあった。

李小仙も１９４５年の早春、大邱の紡績工場に連れて行かれた。工場の中は窓一つなく密閉されていて、まるで雪でも降っているように、白いほこりが空中をふわふわと舞い、やがてほこりが下に降り積もった後には、髪の毛もまゆ毛も真っ白に変わっていた。のどに痰がからんだり、肺炎にかかって血を吐く者もいた。通風ができないために、いつも息が詰まるようで苦しかったし、機械から出る熱で絶えず汗が流れ続けた。それほど汗をかいても、寄宿舎では充分に体を洗うこともできなかったから、体中にあせもができた。皮膚病にかかって一日中、腋や股間をかきむしる者もいたが、その横にいると、自分までかゆくなるような気がした。

工場の機械は恐ろしかった。モーターの力で回る、家一軒ほどの巨大な水車のような機械が、作業者の頭のすぐ上にあった。水車は、下にいる作業者をすぐにでも呑みこんでしまおうと、舌なめずりしているように見えた。ゴオオーン、ゴオオーンと、機械は怪物のようなうなり声を上げて回り続け、途中でガクンという音がするたび、冷や汗が出た。李小仙の仕事は、その巨大な水車に糸が均等にまきつくようにすることだった。糸が落ちたり、切れたりすれば、すぐに結び目をこしらえてつないでやらねばならない。切れてしまった糸を素早くつなぐことができなければ、機械が空回りを始める。そうなると機械を止めて、切れた糸の先を探してつながなくてはならないが、監督に見つかったら最後、容赦なく棒で叩きのめされる。地獄のような時間だった。

塀の向こうでは桜が咲いていては、散った。遠くに見える八公山《パルコンサン》には、濃い緑の間に真っ白なアカシアの花が咲いていた。友だちと一緒にその花を食べた日のことが思い出されて、思わずごくりと唾を呑みこんだ。腹がぐうと鳴った。辛い工場仕事は、少しずつ体に慣れていったが、ひもじさは、だんだんひどくなるようだった。よもぎ餅が思い浮かんできたし、山つつじで作ったファジョン（花煎）(註5)も焼いて食べたかった。ナズナのしょうゆ漬けにご飯を混ぜて食べたら、どんなにうまいだろう。握り飯で昼食を済ませて、日当たりのいい所に同僚たちと輪になって座れば、食べ物の話ばかりだった。罪人のようにぶたれながら、工場に押しこめられて暮らさなくてはならないなんて……。

李小仙は、工場から逃げ出す算段ばかり思いめぐらせていた。一緒に働いていたヒョンニミ姉さんが事故で死んでからは、いっそうその決意が固くなっていった。

ヒョンニミは彼女のすぐ隣で仕事をしていた。背は一回りも大きく、うりざね顔で、二重瞼の大きな目は澄んでくっきりとしていた。監督たちは彼女の周りにまとわりつき、糸を結ぶのを手伝うふりをしては体をくっつけて、胸を触ったり、通りがかりにお尻をなでたりした。そのたびに驚いて身をすくめたが、それ以上の抵抗はできなかった。もし、監督たちに睨まれでもしたら、すぐさま戦場に慰安婦として送られてしまうからだった。

李小仙は結び目を作るのが苦手だった。糸をつなげる前に、糸の先はとっくに機械の上にのっかってしまって、なす術がなかった。そんなときはヒョンニミが助けてくれた。自分の持ち場を離れると監督に叩かれるのが常だったが、彼女には甘かったので李小仙もおかげで、叩かれずに済んだものだった。その日も二人は時々目を見合わせ、微笑みあったりしていたが、突然鋭い悲鳴が上がった。糸を巻く機械に、ヒョンニミの髪の毛が巻きこまれたのだった。どうすることもできないまま、彼女は機械に巻きこまれ、体が水車にからまるように引きこまれていった。李小仙があっと叫んだ。ばしゃっと血があたりに飛び散りながら、白い糸が真っ赤に染まっていった。ヒョンニミの体は機械の向こう側に放り出された。水車は赤い血を吸いこんだまま、なおも回り続けた。ゴゴオーガシャン、ゴゴオーガシャン……。

夢にヒョンニミ姉さんがよく現れた。銀色に波立つ川の前に立って、彼女は手を振っていた。李小仙が近づこうと走っていくと、突然、土の中から塀がせりあがって行く手をふさいだ。何とか塀を乗り越えようと必死に登って越えると、また塀が現れた。何度も何度も越えてはまた、塀が道をふさぐ夢ばかり見るようになった。夢から覚めると下着まで汗でびっしょりだった。

女工たちは、親が面会に来て小遣いをもらうと、貯めておいておやつを買ったりしていた。だが工場の中に店はなく、外に出ることもできなかったから、工場の塀越しに待っている商人に頼るしかなかった。自分が食べたいものを紙に書きつけて、お金と一緒に石ころにくくったものを、塀の外に放り投げるのだった。すると待ち構えていた商人が、紙に書かれたものを金額に合わせて揃え、投げ返してくれた。

「今日はあたしが、おやつを買うから」。いつもごちそうになってばかりだった李小仙が、紙に食べたい物を書いてお金と一緒に外に投げた。だが、その日に限って外からは何も帰って来なかった。昼休みはもう終わろうとしていた。――すぐに始まりの鐘が鳴っちゃうのに……。今か今かと待つ李小仙は気が気でなかった。「どうしよう、あたしのお金を持って逃げちまったんかな。何で投げてこないんだろ」「今日は取り締まりしてるんよ、きっと。明日くれるから、中に入ろ。そんなことが時々あるんだって」。シナムがいらいらする彼女をなだめた。「鐘が鳴るよ。早く戻らなくちゃ、ぶたれちゃうよ!」これ以上待てないというように、シナムは先に中に戻っていった。せっかく奮発して買おうと思ったのに、今日に限って取り締まりだなんて……。

腹が立ってならなかった。そのとき、塀の下に豆炭を入れた袋を積んで置いてあるのが見えた。その上に上がれば、塀の外を見ることができそうだった。豆炭の上によじ登ってみた。だが、塀の外には人影がなかった。思わずため息が出た。このまま帰るのが悔しかった。――この塀を越えちゃえばいいんだけど……と思い、塀の下を見下ろした。工場の中から塀を見上げるのとは違って、地面まではそれほど高くないように見えた。――どうせ死ぬしかないんなら、ここで死んでも、どこで死んでも同じことだ……、目をぎゅっとつぶって飛び降りた。ずいぶん長い間空中を飛んでいるように思えた。地面に着いた瞬間、足首を少しくじいたようだったが、死ぬか生きるかの瀬戸際で、ためらっていることはできなかった。後ろも振り返らずに走りだした。

「誰かが逃げるぞ!」ぴりりり、ホイッスルが鳴り響いた。正門の前にいた警備員が、自転車に乗って追いかけてきた。いくら必死に走っても、すぐに追いつかれそうだった。とっさに苗が一尺ほど伸びた水田に入って、対角線方向に駆けていった。足が田んぼのぬかるみにずぶずぶ入った。しばらく走り続けて後ろを振り返ると、警備員も自転車を捨てて、田んぼに入ってきた。李小仙は体が軽かったので、足が沈んでもすぐにぬかるみから抜けることができた。だが警備員は、飛びこんだところからなかなか出られなかった。足を両手で引き抜きながら、一歩ずつ前に進むしかなかった。田んぼを横切って這いあがった彼女は、山道を上り始めた。りんごを植えた果樹園が目の前に現れた。りんごの木の間を走りながら、身を隠すところを探した。

「紡績工場から逃げ出してきたんじゃね。よくも捕まらずに来たもんだ」。一人の老婆が、目の前をふさぐように現れたかと思うと、ゆったりとした口調で話しかけてきた。身なりを見ただけで言い当てたのをみると、それが初めてではないようだった。「おばあさん、どうか助けてください！」李小仙は老婆にしがみつくように訴えた。果樹園の中に農機具や、わらで編んだかごがうず高く積まれた納屋があった。老婆は納屋の横に積んであった、焚き木の束の中に彼女をかくまってくれた。「この中でじっとしてるんだよ」。

夜が更けてから、ようやく外に出ることができた。老婆が持ってきてくれたきゅうりの漬物と麦飯を、むさぼるように食べ終わると、「工場で着ていたモンペと上着は脱いで、これに着替えな」。今度は、下着から韓服の上下までそろえて持ってきてくれた。チマは腋の下までたくしあげても、まだ地面をひきずって歩かなくてはならないくらい長かったし、チョゴリの袖は三重、四重に折りこまなくてはならなかった。老婆がチマを巻きあげ、ひもでくくってくれた。「家はどこなんじゃ？」「朴谷里です。琴湖江の向こうにある……」「そこに帰ったらすぐに捕まっちまうさ。親戚とか、他に隠れる所はないんかい？」「漆谷《チルゴッ》に伯母さんちがあるけんど」「なら、そこに行ってみい。伯母さんとこがお前んちより安全じゃろ」。老婆が漆谷に行く道を教えてくれた。

「大通りから行ったら捕まるに決まってる。果樹園の裏の道から山を越えて行くと、ちっちゃな川があるけんど、そこの水は浅いから心配しないで渡ってみい。すると汽車の線路があるから、そっから左へ左へと上がっていけば、そこが漆谷じゃ」。李小仙は老婆の言う通りに山道を越えて、漆谷に向かった。伯母さんは、甘川で日本の巡査に殺された父親の姉だった。朴谷里に住んでいたとき、母に連れられて行ったことがあるので、すぐにわかった。

「伯母さん、伯母さん！」李小仙は声を押し殺して伯母を呼んだ。「あれ、ソソンじゃないかい？一体どうしたっての」。目を覚ました伯父は、驚いた様子で彼女をまじまじと見た。「紡績工場に行ってるって聞いたけど、何でまた……」。伯母も口を開けてぽかんとするばかりだった。その夜は家の中に入れて寝かせたが、翌日、夜が明けるとすぐに、伯母は彼女を山にある畑の方に連れて行った。「うちだって、いつ探しにくるか知れんから、山に隠れてるのがいい」。

李小仙は昼間は山の中に隠れて過ごし、夜になると伯母の家に降りていった。日帝の監視が厳しかったため、人目につけばすぐにばれてしまうからだった。食事は伯父や伯母が畑に仕事に出てくるとき、こっそり持ってきてくれた。山では何もすることもなく、ただ隠れていろというから、おかしくなってしまいそうだった。工場にいたときより、もっと辛いように思えた。何か話をしなければ、口にカビが生えてしまいそうだった。それで、さえずりまわるシジュウカラに話しかけることにした。父親が引っ張られていった日のことを、兄が行ってしまった日のことを話して聞かせた。ヒョンニミ姉さんの、澄んでくっきりしたまなざしのことを聞かせてあげた。

（註5）ファジョン（花煎）　もち米、小麦、きびなどの粉をこねて平たくし、つつじ、菊の花など、野で摘んできた花の花びらをつけて焼いた餅。高麗、朝鮮時代から女性たちの野遊び、宮中の遊びのひとつとして受け継がれてきた。

オモニの部屋で⑨　李小仙は泣かない

——工場から逃げて伯母さんの家に隠れたあと、どうなりましたか？

どうなったって？　解放を迎えたんだよ。綿花畑に隠れていたけど、ある日伯母さんが、大声でソソン！　て呼ぶんだ。いつもは小さな声で呼んでたのに。これは伯母さんのとこに巡査が来て、こっぴどくやられたから、あたしが隠れてることしゃべっちゃったんだなと思ったよ。だから畑のあぜ道を這うようにして逃げ出した。すると、もう隠れなくてもいいんだって、解放になったんだよ、日本の奴らは逃げ出したんだよって言うんだよ。

初めは何のことかわからなかったよ。お化けにでも化かされてるのかって思ったさ。走っていったら、伯母さんがあたしをぎゅっと抱きしめて、これで助かったって言いながら泣きだした。一緒に村の方に降りていくと、大騒ぎさ。鉦を打ち鳴らして解放だ、解放だって……。太極旗を振り回しながら、町の方に行くじゃないか。巡査を殺してやるって言いながら、群れをなして、牛に乗って行くもんもいるし、馬車に乗るもんもいて、みんな万歳を叫びながら町に向かっていったよ。

それで、次の日だったか、伯父さんと一緒に朴室村に帰ったら、母さんがずいぶん老けちゃって……。初めはあたしのことをむちゃくちゃに殴りつけたかと思ったら、そのうちに大泣きしてね。それから早く嫁に行けなんて言うんだ。

――挺身隊に一緒に引っ張られていった友だちは帰って来ましたか？

　あたしの村からは七人の友だちが引っ張られていったんだけど。シナムとあたしは紡績工場に行って、残りはみんな戦場に連れてかれたよ。シナムも解放後に村に戻ったけど、仕事しているとき片方の腕を切断されたって。他の子たちがどこに行ったのか、どうなっちまったのか、知ってる者もいなかったよ。まともに生きていたのは、あたしだけだったんだ。

――日本に行ったお兄さんは？

　兄ちゃんとは連絡も取れないままだったけど、いろいろあって三十六年ぶりに会えたよ。兄ちゃんの友だちが韓国に来たとき、兄ちゃんから李小仙を探してくれって頼まれていたんだね。その人が何とか探し出して、泰壹の伯父さんの家を訪ねたんだけど、泰壹の事件が起きた後だったから、小舅は情報部か何かがやってきたのかと思って、初めはちゃんと教えてやらなかったんだって。

　情報部の連中があたしのこと、どんだけしつこく追いかけてきたか。舅の法事のときだって、情報部や、刑事たちがあたしを追い回して何人もやってきたし。法事の最中にも路地に立って煙草なんかふかしてるから、舅の家の人たちは近所にどんだけ恥ずかしい思いしたか……。だからもう、あたしには来なくてもいいって言われたよ。それで見たこともない人間が訪ねてきたんで、教えてやらなかったんだろね。

だけど、その人が手紙を残していったんだ。それでその住所に手紙を書いたら、日本にいる兄ちゃんから返事が返ってきたんだよ。手紙じゃ本当に妹なのかわからないみたいだったから、子どもの頃住んでた朴谷里とか、育った所なんかを書いて送ったのよ。そしたら写真を送ってくれって。送ったら、兄ちゃんも自分の写真を送ってきた。写真を見たら妹に間違いないって。それで、いついつに韓国に来ることにしたんだけど、泰壹が死んだ後、70年代の中ごろだったかね。

泰壹の友だちやら、泰三が空港に出迎えに行って、兄ちゃんが紙に自分の名前を書いて、こうやって手に持って出てきたけど、あたしも李小仙って書いた紙を持っていたんだ。そしたら兄ちゃんが先にあたしを見つけて、ほんとに小仙なんだなぁって泣きだしたんだけど、あたしはどうしたらいいかわからなくて、涙も出て来ないんだよ。ただ、ほんとに兄ちゃんなんだねって聞くだけだった。お前の兄ちゃんに間違いないんだって言うんだけど、それでも涙が出てこない。兄ちゃんのほうは、涙を振り絞って泣いてるっていうのに……。その後も四回くらい行き来したんだけど、もう亡くなってね。いないんよ。会いたくてももう、会えないんだよ。

——お姉さんは？

ほら、平和市場に全泰壹の銅像建てたとき、あの時あたしがテレビに出たのを姉ちゃんの子どもたちが見たんだね。それで放送局に尋ねて、甥たちがあたしに連絡してきたのよ。あたしは姉ちゃんがいるのも知らなかったのに。母親が何も教えてくれなかったから……。何で隠してたのかわからないよ。姉ちゃんが死ぬ前に故郷がどこで、妹の名前が李小仙だって、あんたらの叔母さんなんだから、自分の妹なんだから一度訪ねてみろって子どもたちに言ったみたい。ところがテレビに全泰壹の銅像を作るって言って、あたしの名前が出たから、あれは叔母さんなんじゃないかって、いろいろ調べてようやく会うことになったのよ。

だけど、その時はもう姉ちゃんは亡くなった後だったから、結局会えなかったね。甥っ子たちはあたしに対して、よくしてくれたよ。ネックレスなんて、一度もしたことなかったけど、泰壹があああなってから、服もちゃんとしたの着たことないのに、ネックレスなんてする訳がないだろ。だけど、これは特別なんだよ。初めてさ。あの子たちがあたしの誕生日だからって、首にかけてくれたんだから。これをしてると、顔も知らなかった姉ちゃんが、あたしの側にいてくれてるみたいで、嬉しいよ。これを触って姉ちゃんのことをよく考えるんだよ。それからというもの、甥っ子たちは電話はしてくるし、居昌に住んでる子なんかは、りんごの時期だっていうと小包で送ってきて、浦項にいる子も、盆暮れには贈り物だって言って何か送ってくるんだ。あたしを母親だと思うようにしてるんだって。姉ちゃんが亡くなったからは、これからはあたしが母親なんだと……。

だけど、この頃は何で子どもを一人しか生まないんだい？　あんたも早くもう一人作りなよ。一人しかいなかったら寂しいじゃないか。あたしが一人きりで育ったからよくわかるんだ。あんたは知らないだろうね。兄弟がいなくて、ひとりぼっちで大きくなってくのが、どんだけ寂しくて悲しいことなのか……。

李小仙の子どもの頃の話を聞いている途中、彼女は何度も確かめてきた。「あたしがひねくれ者で、母ちゃんの言うこと聞かないでいたって話も、本に書くつもりなのかい？」「おもしろいでしょ」「何がおもしろいもんか。他の人があたしを見て何て思うの」「オモニがいつ、他人の目を気にして生きてきたんですか？　いつだって、自分のしたいようにしてきたんでしょ。それこそ李小仙じゃないですか」「そりゃそうだ。自分の好きなように生きてきたよ。あたしは母ちゃんにはほんとにひどいことしてきたんだ……」。

朴室村の前に連なる山から、琴湖江を眺められる墓に眠っている母を思い出したのか、李小仙の目が潤み始めた。幼い頃の話をするときは、よくメガネを拭き取っていた。目に涙が浮かぶと、レンズも白く曇ってくるのかもしれない。

李小仙は泣いたことがないと言う。泰壹が死んでから、一度も泣かなかったと言う。泣かなかったからこそ、清渓労組を作ることができたし、今までずっと闘って来られたんだと言う。彼女と同じ食卓を囲んで飯を食べるまでは、同じ部屋で夜を過ごすまでは、自分も李小仙が絶対に、涙など流さない人だと思っていた。

そして……、今でも李小仙は泣かないと信じている。

エピローグ

まるまる二年と一日が過ぎた。政権が替わったこと以外にも、数多くのできごとがあった。絶対、杖はつかないと言っていた李小仙は結局、杖をつかずにいられなくなった。三回休めば遺家協まで行けたのに、今では四回、五回と休まなければ行くことができない。目の前がぼんやりすると言って、一生懸命レンズを拭き取っていたが、眼科で診察を受けたら白内障だという。手術を受けなければならなかった。糖尿があって、血圧も高いから手術ができるかどうか不明だ。

濁った世の中をもがきながら生きてきたけれど……、澄みきった世の中をどうしても見なくてはいけないと思いながら。薬の量もだんだん増えていった。初めて会った頃は二袋だった薬が、三袋になった。水を一口含んでから薬を口に入れ、三、四回かぶりを振りながらようやく呑みこんでいたが、量と回数が増えるにつれ、それさえも辛そうにするようになった。かぶりを振る時にも以前とは違って、眉間にしわを寄せて苦しそうに見える。

自分の体よりも辛いと思っていることがあった。彼女の胸をずっと痛めてきた、起隆電子の金ソヨン分会長のハンストが、九十四日目で中断されたのだった。職場に復帰できないまま、病院に搬送されなければならなかった日、李小仙はまた眠ることができなかった。

ニュースを見れば、独裁の時代よりもっとひどいことになってると言いながら、胸をたたいて嘆いた。彼女は脱稿の瞬間まで、有難く思っている人たちの名前が全部入っているのか、気にしていた。話の中にみんな出てくるからと言っても、最後まであきらめなかった。正直言って、すべての人の名をあげることはできなかった。その誰もが大切な人たちだったから……。

「一緒にいてくれたすべての方たちにお礼を言います。ほんとうに有難う」

心からそう語る、李小仙の声は永遠に消えることがないだろう。

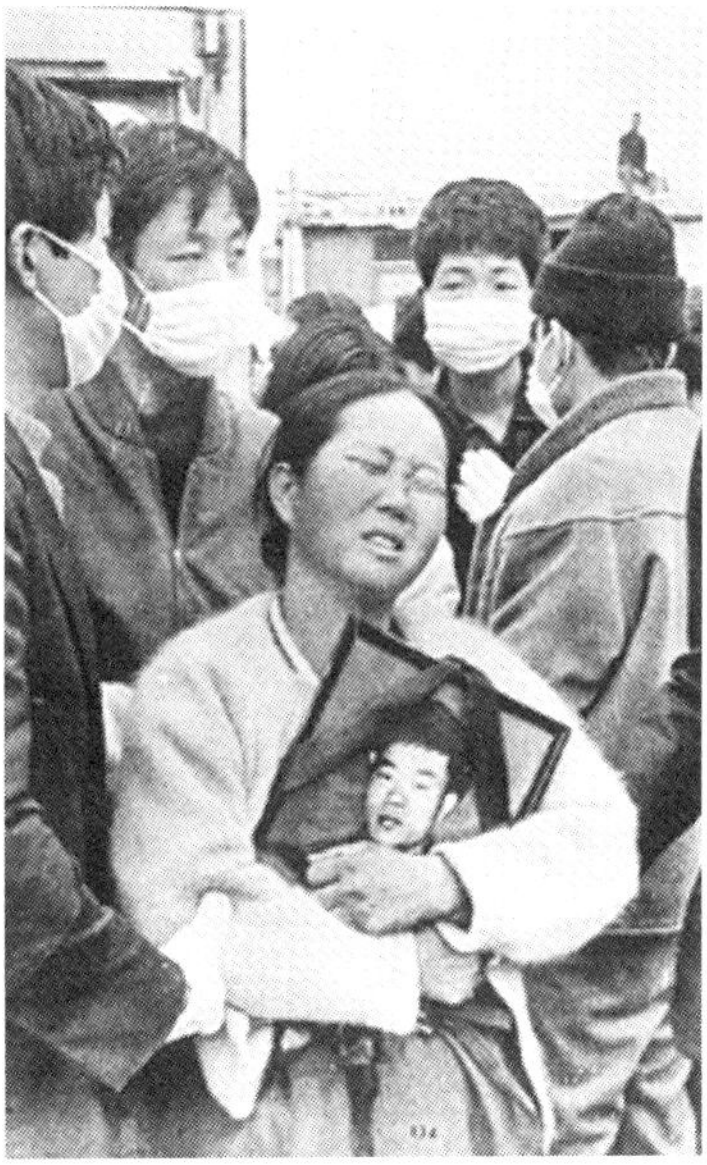

〈訳者あとがき〉

本書は日本の植民地支配から解放された後も、苦難のやむことがなかった韓国の苛酷な現代史を、一人の女性〈李小仙〉の生涯を通じて映し出しています。そして社会の底辺でいつも踏みつけられてきた労働者を、我が子のように側にいて見守り続けた彼女が、決して歴史を飾る偉大な人物などではなく、名もない貧しい庶民であり、どこにでもいそうな母親であったことに改めて気づかせてくれます。

著者であるオ・ドヨプさんは、李小仙さんが「ずっと心に持ち続けた八十年の記憶」をたどるために、同じ建物に住み、同じ食卓を囲んで、寄り添うようにして二年間にわたって、口述作業を続けました。著者はまた、自ら労働現場に長く身を置いてから、やがて詩を書くペンを捨てて、労働者や農民の聞書きに専念するようになりました。自ら語れない人々の声を「伝令の役割に忠実に」書きとめようと、たとえば『めしと薔薇』（２０１０年）では、あまり人の目に触れることのない、非正規雇用労働者の肉声を記録しています。

今回、日本語版を出版するにあたって、日本の読者のためにメッセージをお願いしましたが、「今はまだ、李小仙オモニについて何かを語る時期ではなく、私にとっては、もうしばらく沈黙の時間が必要なようです」という返事をいただきました。記録者に徹しようとしながら、否応なしにその人の苦痛と悔恨と、歓喜の思いが憑依《ひょうい》するような、濃密な時間が積み重ねられたことが想像できますが、「李小仙のことを書きながら、李小仙から逃げたかった」という著者の言葉の重みをもう一度かみしめたいと思いました。

本来、単なる翻訳者にすぎない私が、このような文を引き受けることになったのは、そのような経緯があったことをご理解いただければ幸いです。

最後に本書の背景となっている韓国の労働運動について、日本にはあまり伝えられていないという現状を踏まえ、１９４５年以降の歩みに限って簡単に整理してみました。出処は〈全国民主労働組合総連盟（民主労総）〉の学習資料『韓国労働運動の歴史』等です。

なお、本書の翻訳出版にあたって、困難な出版事情にも関わらず、あえて出版を決断してくださった（株）緑風出版の高須様ならびにスタッフの皆さまに、末尾ながら心から感謝申し上げます。

本書が今困難な状況に立ち向かっているすべての人に、勇気を与えてくれることを信じてやみません。

韓国労働運動のあゆみ

［第１期］　１９４５年11月に、朝鮮共産党の指導下に〈朝鮮労働組合全国評議会〉が結成された。これは鉄道、金属、土建、電力など一六の産別組合を統合し、五〇万人の組合員を結集する最大の組織だった。全評の最もめざましい闘争としては、１９４６年9月に行われた、鉄道労働者を中心にした〈9月ゼネスト〉で、特に大邱市庁前で行われたデモに対しては警察が発砲し、多数の死傷者が出た。

これが、本書の第一部『全相洙の絶望』で李小仙の夫、全相洙が「警察から逃げ回り、路地の隅に身を隠して涙を流すしかなかった」という大邱市内での恐怖の弾圧だった。その後、

1948年に単独選挙を通じて大韓民国が成立し、李承晩が初代大統領に就任すると、全評は非合法化された。一方で政権に近い立場の大韓労総が結成され、労働運動は委縮した。

[第2期] 1950年6月に勃発した朝鮮戦争は、生産活動に壊滅的な打撃を与え、一切の労働運動が禁止されるという非常事態をもたらした。それでも戦争末期の53年には労働組合法、労働争議法などの組合運動の基盤になる法律、さらに勤労基準法が制定されて、労働者の権利が明確に規定されたはずだったが、その後歴代の政権によって骨抜きにされ、それらの法は有名無実になっていった。

戦後、大韓労総は大統領選挙の与党応援に労働者を動員したり、労使協調をかかげて労働者の闘争を抑圧するなど、政府の翼賛機関としての役割しか果たせなかった。

これに対し、ようやく59年に全国三七の労働組合連合体中、二四の連合体の代表によって、〈全国労働組合協議会〉が結成された。全国労協は「民主的な労働運動を通じて、労働者の人権擁護、福利増進を図り、労資平等社会実現と国際労働運動との連携」をかかげた。1960年、李承晩独裁政権が学生、労働者、市民の決死の闘争によって崩壊した直後、5月には一七〇の組合を新たに編入して、全国一六万人の労働者を傘下にして、大韓労総の対抗勢力となった。

[第3期] 民主主義を軍靴で踏みにじって登場した朴正煕軍事政権は、日韓条約の締結やベトナム戦争派兵などを通じて、日米の資本との結びつきを深めていった。輸出主導の経済体制を築くために、地域間格差を助長し、生活に困窮した農村から低賃金労働力を都市に呼び寄せる政策を進め、

都市貧民と化したこれらの人々を劣悪な労働環境で酷使し続けるようになった。その結果は家族がバラバラになってソウルに暮らすという、李小仙一家のような悲惨な生活の中で、多くの庶民が生存の危機にさらされることとなった。

軍事クーデター以後活動を停止されていた労働組合は、61年8月に〈韓国労働組合総連盟（韓国労総）〉のみが政府の承認を受けて活動を再開したが、最低限の暮らしすら保証されず、人間の尊厳を奪われた労働者たちの権利の回復をめざす運動は望むべくもなかった。

やがて1970年11月13日に決行された全泰壹の死を賭した告発によって、多くの労働者が自らの置かれた状況を、自身の力によって変革する道を求め始めた。彼の死の直後、清渓被服労組が、友人たちを中心に結成された。**本書の第2部『清渓被服労働組合』にはそこに至るまでの困難な道のりが描かれている。**

その後、70年代を通じて、二五〇〇余りの組合が新たに誕生し、民主労働運動の流れを少しずつ、だが着実に固めていった。中でも東一紡績、YH貿易労組の労働者の闘いは、後に朴政権が倒れるきっかけになる、大規模な民衆闘争の引き金の役割を果たした。

［第4期］　1980年の春は再び残忍な軍部の銃剣によって血塗られた。光州で沸き起こった民主化運動が、全斗煥率いる新軍部の弾圧を受け、多くの労働者が犠牲になった。

いくつもの民主労働組合が閉鎖され、労働運動を担った人々は次々と逮捕、投獄されたが、厳しい冬の時代を乗り越えて、85年6月には、九老地域の中心的な労組だった大宇アパレルの金準容委員長が逮捕されたことに抗議して、同地域の一〇の組合、二五〇〇名余りの労働者がゼネストに突入した。さらに他地域の労働者、学生、在野団体なども合流して、政治的要求と経済的要求が結合した、46年の9月ゼネスト以来の大規模な闘争を作り出し、〈ソウル労働組合連合（ソ労連）〉などの政治闘争をかかげる組織が生まれる契機ともなった。**第4部『九老ゼネストとソ労連』では、歴史的な転換点ともなったこの時期の労働運動の、産みの苦しみともいえる内部の葛藤を伝えている。**

朴政権以来、26年間続いた軍部独裁政治に終焉を告げようとする民衆の闘いが、87年6月、怒濤のような進撃を開始した。全斗煥の退陣を勝ち取った運動は、さらに労働者の闘いへと引き継がれた。これまでの中小・零細企業の労働者が中心だった闘争に比べ、重化学工業の大企業労働者が前面に進出したのも特徴だった。**第5部『大宇造船 李錫圭』では、その一つの例を克明に伝えるとともに、容赦ない権力の弾圧の実態も描き出している。**

［第5期］　1990年1月、民主労組運動の結集体として〈全国労働組合協議会（全労協）〉が、93年6月には全労協、全国業種労働組合会議、現代グループ労組協議会等を中心に「全泰壹精神の継承」を掲げて、〈全国労働組合代表者会議〉が結成されたのに続き、95年11月には、公共部門労組と民間労組、事務職と生産職、大企業と中小企業の民主労組を網羅して、八六一組合、四一万八一五四名の組合員が結集する、〈全国民主労働組合総連盟（民主労総）〉が創立された。

一方、93年に保守大合同の末に〈文民政権〉を掲げて登場した金泳三政権は、〈世界化〉というスローガンのもと、ＯＥＣＤに加盟すると金融、資本市場を自由化し、外国資本の韓国市場参入を容易にするために、弾力的な雇用政策と称して、98年のＩＭＦ危機に先だち、構造調整、整理解雇を強行していった。

政権と資本による露骨な労働者抑圧に対抗し、総資本と総労働の対決という局面に備える中央組織として、民主労総は政府、資本と融和的な韓国労総に対抗する、文字通り民主労働運動のセンターとしての旗幟を鮮明にしていった。

［第6期］　１９９７年末に大企業の倒産ドミノで始まった金融危機の結果、政府はついにＩＭＦから二〇〇万ドルの資金援助を受けるに至った。その条件として提示された構造調整、整理解雇の徹底によって多くの失業者が路頭に迷うことになった。

以降、金大中、盧武鉉、李明博政権に引き継がれていく、新自由主義的政策を通じて財閥は息を吹き返し、労働者は雇用不安と労働条件の低下に甘んじながら、全体の六〇％近くを占めるという、大量の非正規雇用労働者を生みだすに至った。

今日、多くの非正規雇用労働者が、孤立を強いられ生存すら脅かされている状況は、依然として韓国労働運動の大きな課題として残されたままだ。１９９９年、ハルラ重工業で社内下請の労働者たちが解雇撤回と正規職への転換を求めて立ちあがって以来、非正規雇用労働者たちの闘いは、２００６年、起隆電子の労働者が携帯のメール一本で解雇通知を受けたことに抗議し、８年に渡る闘争で解雇撤回を勝ち取った闘いや、２０１１年韓進重工業の整理解雇に抗議して、三五メートルの高みにあるクレーンに三百九日間、籠城を続けた金鎮淑の闘争と心を寄せる多くの市民が参与した〈希望のバス〉など、様々な成果を生みだしつつ、格差をなくし、非正規雇用のない世の中を実現するための苦闘が続けられている。

著者　呉　道燁（オ・ドヨプ）

1967年、全羅南道で生まれる。詩人、フリー記者、ルポ作家。建国大学で学生運動に参加して追われる身となる。89年から昌原工業団地で溶接工として勤務。94年には国家保安法違反で拘束。大田矯導所に収監されたが40年以上非転向を貫く良心囚を知って詩に目覚める。97年「頑丈でなければならないものがある」で全泰壹文学賞を詩部門で受賞。詩集「そして6年が過ぎて出会う」刊行以後は「詩を書くのが難しくなり」、15年続けた工場生活に終止符を打って労働者、農民の声を記録する仕事に没頭する。2004年、再び全泰壹文学賞を、生活文部門で受賞。全泰壹記念事業会（現全泰壹財団）で偶然出会った李小仙の評伝を執筆するため、ほぼ2年にわたって李小仙の近くに起居しながら聞き書きを続けた。

著書に「そして6年が過ぎて出会う」（1999年）、「めしと薔薇」（2010年）、「全泰壹」（同）、「人生を変える文章教室」（2012年）など。

訳者　村山俊夫（むらやま・としお）

1953年、東京で生まれる。

1979年頃から朝鮮語を学び始め、1986〜87年まで韓国留学。帰国後、通訳・ガイド業を経て、2007年より京都でハングル講座「緑豆楽院」を運営し、現在に至る。

著書に「アン・ソンギ—韓国『国民俳優』の肖像」（2011年、岩波書店）、「転んだついでに休んでいこう」（2013年、白水社）がある。

この身《み》が灰《はい》になるまで

——韓国労働者の母・李小仙《イソソン》の生涯

2014年3月31日　初版第1刷発行　　定価2000円＋税

著　者　呉　道燁
訳　者　村山俊夫
発行者　高須次郎
発行所　緑風出版 ©
〒113-0033　東京都文京区本郷2-17-5　ツイン壱岐坂
［電話］03-3812-9420　［FAX］03-3812-7262［郵便振替］00100-9-30776
［E-mail］info@ryokufu.com［URL］http://www.ryokufu.com/

装　幀　斎藤あかね
制　作　北陽工房　　印　刷　中央精版印刷（株）・巣鴨美術印刷
製　本　中央精版印刷（株）　　用　紙　大宝紙業・中央精版印刷（株）　E1200

〈検印廃止〉乱丁・落丁は送料小社負担でお取り替えします。

本書の無断複写（コピー）は著作権法上の例外を除き禁じられています。なお、複写など著作物の利用などのお問い合わせは日本出版著作権協会（03-3812--9424）までお願いいたします。

Printed in Japan

ISBN978-4-8461-1404-6　C0031

◎緑風出版の本

■全国どの書店でもご購入いただけます。
■店頭にない場合は、なるべく書店を通じてご注文ください。
■表示価格には消費税が加算されます。

ワーカーズ・コレクティブ
その理論と実践
メアリー・メロー／ジャネット・ハナ／ジョン・スターリング著 佐藤紘毅／白井和宏訳
四六判上製 三八四頁 3200円
労働者協同組合＝ワーカーズ・コレクティブ運動は、資本の論理に対抗し、労働と生活の質を変える社会運動として注目されている。本書は、ワーカーズ・コレクティブ運動の歴史と現状、理論と実践の課題をまとめたもの。

未来は緑 ドイツ緑の党新綱領
同盟90／ドイツ緑の党著／今本秀爾監訳
四六判上製 二九六頁 2500円
本書は、「ベルリン新綱領」の全訳である。21世紀のための持続可能な発展のモデル／プランが、体系的に環境、社会、経済の各分野に展開されている。政権参加の経験を基に、理解しやすく易しく書かれている未来の政策集。

緑の政策事典
フランス緑の党著／真下俊樹訳
A5判並製 三〇四頁 2500円
開発と自然破壊、自動車・道路公害と都市環境、原発・エネルギー問題、失業と労働問題など高度工業化社会を乗り越えるオルターナティブな政策を打ち出し、既成左翼と連立して政権についたフランス緑の党の最新政策集。

緑の政策宣言
フランス緑の党著／若森章孝・若森文子訳
四六判上製 二八四頁 2400円
フランスの政治、経済、社会、文化、環境保全などの在り方を、より公平で民主的で持続可能な方向に導いていくための指針が、具体的に述べられている。今後日本のあるべき姿や政策を考える上で、極めて重要な示唆を含んでいる。

エネルギー倫理命法
１００％再生可能エネルギー社会への道

ヘルマン・シェーア著／今本秀爾、ユミコ・アイクマイヤー、手塚智子、土井美奈子、吉田明子訳

四六判上製　三九二頁　２８００円

原発が人間存在や自然と倫理的・道徳的に相容れないこと、小規模分散型エネルギーへの転換の合理性、再生可能エネルギーによる代替の有効性を明らかにする。脱原発へ転換させた理論と政治的葛藤のプロセスを再現。

政治的エコロジーとは何か
フランス緑の党の政治思想

アラン・リピエッツ著／若森文子訳

四六判上製　二三二頁　２０００円

地球規模の環境危機に直面し、政治にエコロジーの観点からのトータルな政策が求められている。本書は、フランス緑の党の幹部でジョスパン政権の経済政策スタッフでもあった経済学者の著者が、エコロジストの政策理論を展開。

バイオパイラシー
グローバル化による生命と文化の略奪

バンダナ・シバ著／松本丈二訳

四六判上製　二六四頁　２４００円

グローバル化は、世界貿易機関を媒介に「特許獲得」と「遺伝子工学」という新しい武器を使って、発展途上国の生態系を商品化し、生活を破壊している。世界的に著名な環境科学者である著者の反グローバリズムの思想。

グローバルな正義を求めて

ユルゲン・トリッティン著／今本秀爾監訳、エコロ・ジャパン翻訳チーム訳

四六判上製　二六八頁　２３００円

工業国は自ら資源節約型の経済をスタートさせるべきだ。前ドイツ環境大臣（独緑の党）が書き下ろしたエコロジーで公正な地球環境のためのヴィジョンと政策提言。グローバリゼーションを超える、もうひとつの世界は可能だ！

ポストグローバル社会の可能性

ジョン・カバナ、ジェリー・マンダー編著／翻訳グループ「虹」訳

四六判上製　五六〇頁　３４００円

経済のグローバル化がもたらす影響を、文化、社会、政治、環境というあらゆる面から分析し批判することを目的に創設された国際グローバル化フォーラム（ＩＦＧ）による、反グローバル化論の集大成である。考えるための必読書！

フランサフリック

アフリカを食いものにするフランス

フランソワ＝グザヴィエ・ヴェルシャヴ著／大野英士、高橋武智訳

四六判上製　五四四頁　３２００円

数十万にのぼるルワンダ虐殺の影にフランスが……。植民地アフリカの「独立」以来、フランス歴代大統領が絡む巨大なアフリカ利権とスキャンダル。新植民地主義の事態を明らかにし、欧米を騒然とさせた問題の書、遂に邦訳。

鉄の壁［上巻］

イスラエルとアラブ世界

アヴィ・シュライム著／神尾賢二訳

四六判上製　五八四頁　３５００円

公開されたイスラエル政府の機密資料や、故ヨルダン王フセイン、シモン・ペレス現大統領など多数の重要人物とのインタビューを駆使して、公平な歴史的評価を下し、歴史の真実を真摯に追求する。必読の中東紛争史の上巻！

灰の中から

サダム・フセインのイラク

アンドリュー・コバーン／パトリック・コバーン著／神尾賢二訳

四六判上製　四八四頁　３０００円

一九九〇年のクウェート侵攻、湾岸戦争以降の国連制裁下の一〇年間にわたるイラクの現代史。サダム・フセイン統治下のイラクで展開された戦乱と悲劇、アメリカのＣＩＡなどの国際的策謀を克明に描くインサイド・レポート。

石油の隠された貌

エリック・ローラン著／神尾賢二訳

四六判上製　四五二頁　３０００円

石油はこれまで絶えず世界の主要な紛争と戦争の原因であり、今後も多くの秘密と謎に包まれ続けるに違いない。本書は、世界の要人と石油の黒幕たちへの直接取材から、石油が動かす現代世界の戦慄すべき姿を明らかにする。

イラク占領

戦争と抵抗

パトリック・コバーン著／大沼安史訳

四六判上製　三七六頁　２８００円

イラクに米軍が侵攻して四年が経つ。しかし、イラクの現状は真に内戦状態にあり、人々は常に命の危険にさらされている。本書は、開戦前からイラクを見続けてきた国際的に著名なジャーナリストの現地レポートの集大成。